本书为国家社会科学基金项目
"孤儿作品的版权问题研究（14CFX077）"
研究成果

孤儿作品版权问题研究
兼论对著作权法的反思

吕炳斌 ◎著

RESEARCH ON THE COPYRIGHT
ISSUES OF ORPHAN WORKS
Concurrently on the Reflection
on Copyright Law

北京大学出版社
PEKING UNIVERSITY PRESS

图书在版编目(CIP)数据

孤儿作品版权问题研究:兼论对著作权法的反思/吕炳斌著.—北京:北京大学出版社,2023.6
ISBN 978-7-301-34184-1

Ⅰ.①孤… Ⅱ.①吕… Ⅲ.①著作权法—研究 Ⅳ.①D913.04

中国国家版本馆 CIP 数据核字(2023)第 122254 号

书　　　名	孤儿作品版权问题研究——兼论对著作权法的反思 GUER ZUOPIN BANQUAN WENTI YANJIU ——JIANLUN DUI ZHUZUOQUANFA DE FANSI
著作责任者	吕炳斌　著
责 任 编 辑	姚沁钰
标 准 书 号	ISBN 978-7-301-34184-1
出 版 发 行	北京大学出版社
地　　　址	北京市海淀区成府路 205 号　100871
网　　　址	http://www.pup.cn　新浪微博:@北京大学出版社
电 子 信 箱	zpup@pup.cn
电　　　话	邮购部 010-62752015　发行部 010-62750672　编辑部 021-62071998
印 刷 者	河北滦县鑫华书刊印刷厂
经 销 者	新华书店
	730 毫米×1020 毫米　16 开本　17.25 印张　256 千字 2023 年 6 月第 1 版　2023 年 6 月第 1 次印刷
定　　　价	78.00 元

未经许可,不得以任何方式复制或抄袭本书之部分或全部内容。
版权所有,侵权必究
举报电话:010-62752024　电子信箱:fd@pup.pku.edu.cn
图书如有印装质量问题,请与出版部联系,电话:010-62756370

目 录

引　言　　　　　　　　　　　　　　　　　　　　　　　　001

第一章　孤儿作品的概念、问题及规模　　　　　　　　　　015
　　第一节　孤儿作品的概念界定　　　　　　　　　　　　015
　　第二节　孤儿作品的问题所在　　　　　　　　　　　　019
　　第三节　孤儿作品的规模考察　　　　　　　　　　　　023

第二章　孤儿作品问题的制度成因和产生背景　　　　　　　028
　　第一节　孤儿作品问题的制度成因　　　　　　　　　　028
　　第二节　孤儿作品问题的产生背景　　　　　　　　　　040

第三章　解决孤儿作品问题的宗旨和目的　　　　　　　　　048
　　第一节　促进作品的传播以及文化的发展　　　　　　　048
　　第二节　促进文化遗产的数字化保护和传承　　　　　　050

第四章　现有制度或规则应对孤儿作品问题的不足　　　　　062
　　第一节　合理使用制度不足以解决孤儿作品问题　　　　062
　　第二节　图书馆例外条款无法解决孤儿作品问题　　　　065
　　第三节　"反向占有"或"时效取得"难以适用于孤儿作品　　066
　　第四节　默示许可规则难以适用于孤儿作品　　　　　　067

第五章　解决孤儿作品版权问题的主要模式　　　　　　　　071
　　第一节　解决孤儿作品版权问题需要制度创新　　　　　071
　　第二节　孤儿作品的强制许可模式　　　　　　　　　　073
　　第三节　公共文化机构有限例外模式　　　　　　　　　081

第四节　权利救济限制模式　089
　第五节　小结和启示：我国的选择　093

第六章　我国孤儿作品问题解决方案的基本原则与具体架构　096
　第一节　解决方案的基本原则　096
　第二节　解决方案的具体架构　098

第七章　孤儿作品的大规模数字化使用　136
　第一节　孤儿作品大规模数字化中存在的两大问题　136
　第二节　促进孤儿作品大规模数字化使用的方案　141

第八章　新兴技术发展与孤儿作品问题解决方案之优化　150
　第一节　勤勉查找要求：孤儿作品解决方案存在的问题　150
　第二节　区块链技术在孤儿作品解决方案中的应用　155
　第三节　人工智能与勤勉查找的自动化　159
　第四节　"技法融合"下的孤儿作品问题解决之新希望　161

第九章　挟持理论下孤儿作品解决方案之反思　164
　第一节　孤儿作品现有解决方案存在的缺陷　165
　第二节　挟持理论下孤儿作品问题之再审视　169
　第三节　挟持理论下孤儿作品解决方案之修正　176

第十章　当代版权法下版权强制登记制度缺失之反思　190
　第一节　版权强制登记制度的缺失及其问题　190
　第二节　版权登记制度革新的主要学说　191
　第三节　在线版权交易平台发展与版权登记制度革新的契机　197
　第四节　版权自愿登记制度的完善　214
　第五节　版权登记制度的革新完善与孤儿作品问题的解决　217

第十一章　当代著作权法的理论基础之反思　219
　第一节　公共领域理论视野下的孤儿作品版权问题　219

第二节	许可文化与自由文化的冲突	225
第三节	作者分化视野下的版权保护之反思	228
第四节	著作权法的理论前提：从"经济人假设"到"社会人假设"	232
第五节	著作权作为绝对权的负面效应及其化解	255

结　论　264

后　记　271

引　言

一、研究的问题及其重要性

"孤儿作品"是一个形象的术语,译自英文"orphan works",特指那些尚处于版权保护期,但其权利人身份不明或权利人的身份虽可明确但经勤勉查找无果的作品。通俗地讲,这些作品的"主人"不好确定或是失联了。

孤儿作品的出现反映了当代著作权法的一个内在缺陷,其产生的主要原因是当代著作权法奉行权利自动产生原则,废除了百余年前曾实施的著作权强制登记制度。如今,随着信息网络技术和数字化技术的发展,孤儿作品问题逐渐暴露和凸显出来。针对孤儿作品的大规模数字化利用问题,研究知识产权的学者们进行了非常激烈的讨论。孤儿作品的利用和保护由此成为著作权法中的一个全球性议题。

我国著作权法学界对此也展开过积极的讨论。《中华人民共和国著作权法》(简称《著作权法》)第三次修正时也曾在草案中将孤儿作品的利用规则作为创新点纳入其中。[①]但由于先期理论研究不足,学界和立法界对孤儿

[①] 我国《著作权法》第三次修正于2011年7月13日启动,历时甚久。姚文平:《我国启动著作权法第三次修改工作》,载《中国知识产权报》2011年7月15日第1版。国务院法制办公室于2014年6月公布的《著作权法(修订草案送审稿)》第51条第1款曾尝试解决孤儿作品问题,其规定如下:"著作权保护期未届满的已发表作品,使用者尽力查找其权利人无果,符合下列条件之一的,可以在向国务院著作权行政管理部门指定的机构申请并提存使用费后以数字化形式使用:(一)著作权人身份不明的;(二)著作权人身份确定但无法联系的。"该修订草案送审稿引起了学界、实务界的广泛关注和激烈讨论。2020年,全国人大常委会启动对《著作权法》修正案的审议。为促进法律修正早日通过,修订草案送审稿中的一些争议较大的条款最终未被采纳,其中就包括孤儿作品条款。因此在我国,孤儿作品仍是一个在法律上有待解决的疑难问题。

作品问题的解决方案未形成共识，我国《著作权法》第三次修正最终搁置了这一问题。然而，立法上的搁置并不意味着问题难以解决甚至无法解决，更不是说不需要再研究这一问题。立法上面临困境意味着学界需加强对该问题的研究，为该问题的解决提供更多的理论支撑。

在"先授权、再使用"的财产权规则下，权利人的信息不明或难以联系导致作品出现了许可、授权难题，进而阻碍了此类作品的利用。对于大规模数字化项目而言，孤儿作品严重阻碍了其实施。在作品的大规模数字化中，一一寻找权利人并获得其许可会产生高昂的成本，加之很多作品的权利人即使耗费很多精力也难以确定，因此在现有规则之下，孤儿作品实际上很难得到利用，此类作品的价值难以得到发挥，著作权法促进作品传播、促进文化发展和繁荣的宗旨与目的也会受到贬损。

孤儿作品问题是当代版权法面临的主要挑战之一。[①]解决这一问题的重要性在相关研究中也被多次提及。有学者认为，孤儿作品问题是"版权制度需要调整解决的最为显著的失败"[②]；有学者认为，孤儿作品问题是当代著作权法中的一个"悲剧性问题"[③]；还有学者认为，孤儿作品问题"可能是新作品创作的最大障碍"[④]。

如何解决孤儿作品的版权问题，促进孤儿作品的利用，同时又给予权利人恰当的保护，是当代版权制度难以回避的一个根本性问题。对孤儿作品版权问题的研究，不仅涉及此类作品版权保护和利用的具体制度设计，还牵涉著作权法的制度根基和理论基础，是对著作权法制度和理论的反思，

---

① Katharina de la Durantaye, Finding a Home for Orphans: Google Book Search and Orphan Works Law in the United States and Europe, 21 *Fordham Intellectual Property, Media and Entertainment Law Journal*, 2011:229-233.

② Ian Hargreaves, Digital Opportunity: A Review of Intellectual Property and Growth, https://www.gov.uk/government/publications/digital-opportunity-review-of-intellectual-property-and-growth, visited on Oct. 2, 2019.

③ Submission to the Copyright Office: Proposal on Orphan Works, http://web.law.duke.edu/cspd/pdf/cspdproposal.pdf, visited on Oct. 2, 2019.

④ Preservation and Reuse of Copyrighted Works: Hearing before the Subcommittee on Courts, Intellectual Property, and the Internet of the Judiciary House of Representative, https://www.copyright.gov/orphan/reports/orphan-works2015.pdf, visited on Oct. 2, 2019.

具有重要的实践价值和理论意义。

二、国内外主要研究概述

(一)国外主要研究概述

关于孤儿作品的讨论肇始于欧美,因此此处先简要概述国外研究状况。

美国于2006年和2008年两次提出《孤儿作品法案》,但由于争议较大,两次均未获通过,后该法案被搁置。欧盟经过不断讨论,于2012年10月通过了《关于孤儿作品的特定允许使用的2012/28/EU号指令》(简称《孤儿作品指令》),并规定其成员国需在2014年10月29日前修改国内法实施该指令。与立法争议相呼应,西方国家对孤儿作品的学术研究也较为繁荣。美国杜克大学公共领域研究中心在2005年就对孤儿作品问题进行了研究,并向美国版权局提交了研究报告和立法建议。[1]众多学者围绕谷歌数字图书馆的版权许可策略从国际法、美国法、德国法等不同视角展开研究。[2]杰里米、艾哈迈德等人在其文章中较为全面地介绍了加拿大公共机构代为行使孤儿作品版权许可的制度模式及其实践。[3]莫斯纳从法经济学角度分析了孤儿作品问题背后的市场失灵和无效。[4]丹尼斯、达林、梅根分别

---

[1] Submission to the Copyright Office: Proposal on Orphan Works, http://web.law.duke.edu/cspd/pdf/cspdproposal.pdf, visited on Oct. 2, 2019.

[2] Bernard Lang, Orphan Works and the Google Book Search Settlement: An International Perspective, 55 *New York Law School Law Review*, 2010:111-155; Christina M. Costanzo, Have Orphan Works Found a Home in Class Action Settlements?, 83 *Temple Law Review*, 2011:592-598; Jan Williams, The Pre-amended Google Books Settlement, International Orphan Works, and German Copyright Law: An Analysis, 19 *University of Miami Business Law Review*, 2011:51-80.

[3] Jeremy de Beer, Mario Bouchard, Canada's "Orphan Works" Regime: Unlocatable Copyright Owners and the Copyright Board, 10 *Oxford University Commonwealth Law Journal*, 2010:215-254; Bzhar Ahmed, Orphan Works Situation Under Canadian Copyright Act, 95 *Journal of Law, Policy and Globalization*, 2020:93-98.

[4] Joshua Mausner, Copyright Orphan Works: A Multi-Pronged Solution to Solve a Harmful Market Inefficiency, 12 *Journal of Technology Law and Policy*, 2007:395-425.

探讨了弃权、反向登记、逆权侵占等规则在解决孤儿作品问题上的可适用性。①

值得注意的是,虽然美国的孤儿作品专门立法遭遇阻碍,但美国学界关于孤儿作品的研究一直在继续。毕竟,孤儿作品是版权法中的一个制度性难题,学术研究的积累可以为在立法、司法上解决此问题提供理论支撑。美国版权局一直对孤儿作品进行官方研究,并于 2015 年发布了《孤儿作品和大规模数字化》的专题研究报告。该报告从大规模数字化视角对孤儿作品问题进行了梳理和分析,并提出借鉴延伸性集体管理制度来解决大规模数字化利用中的孤儿作品许可困境。② 2016 年,哈佛大学图书馆委托汉森就孤儿作品在数字化和开放获取过程中如何减少法律风险展开研究。该研究最终形成了一份 122 页的报告,其中详细地对孤儿作品所涉法律问题进行了分析,尤其针对使用孤儿作品可以援引的抗辩做了有益的探讨。③尽管其中的分析大多基于美国法,尤其是涉及基于普通法、衡平法的一些抗辩事由,但其背后的法学理论仍然具有一定的启发性。此外,美国学者关于孤儿作品的研究也非常丰富,其中不乏对策论方面的持续研究,④也不乏理论方面的探讨。⑤例如,戈登费思和亨特对区块链技术在解决孤儿作品问题

---

① Dennis Khong, Orphan Works, Abandonware and the Missing Market for Copyrighted Goods, 15 *International Journal of Law and Information Technology*, 2007: 54-89; Darrin Henning, Copyright's Deus Ex Machina: Reverse Registration as Economic Fostering of Orphan Works, 55 *Journal of the Copyright Society of the USA*, 2008: 201-222; Megan Bibb, Applying Old Theories to New Problems: How Adverse Possession Can Help Solve the Orphan Works Crisis, 12 *Vanderbilt Journal of Entertainment & Technology Law*, 2009: 149-181.

② United States Copyright Office, Orphan Works and Mass Digitization: A Report of the Register of Copyrights, https://www.copyright.gov/orphan/reports/orphan-works 2015.pdf, visited on Oct. 20, 2022.

③ David Hansen, Digitizing Orphan Works: Legal Strategies to Reduce Risks for Open Access to Copyrighted Orphan Works, https://dash.harvard.edu/handle/1/27840430, visited on Oct. 20, 2022.

④ David R. Hansen, Kathryn Hashimoto, Gwen Hinze, Pamela Samuelson, Jennifer M. Urban, Solving the Orphan Works Problem for the United States, 37 *Columbia Journal of Law & the Arts*, 2013: 1-56; Robert Kirk Walker, Negotiating the Unknown: A Compulsory Licensing Solution to the Orphan Works Problem, 35 *Cardozo Law Review*, 2014: 983-1020.

⑤ E.g., Tun-Jen Chiang, Trolls and Orphans, 96 *Boston University Law Review*, 2016: 691-715.

上的应用进行了初步探讨。① 其他一些关于著作权登记制度、著作权保护期限、作者在死后仍然享有版权的正当性的研究,对于深入理解孤儿作品的版权问题也有一定的启示。②

在欧洲的相关研究中,冈珀尔较全面地分析了法定例外模式、救济权限制模式、合同模式和登记模式等不同解决方案,并根据欧洲的实际情况进行了分析。③而当欧盟《孤儿作品指令》实施后,欧洲学者则主要围绕该指令在各成员国的实施情况以及存在的问题展开研究。罗萨蒂分析了欧盟《孤儿作品指令》在英国的实施问题。④蒙塔尼亚尼和佐伯利经过实证研究认为,尽管欧盟《孤儿作品指令》旨在解决公共文化机构使用孤儿作品的问题,并试图促进孤儿作品的大规模数字化,但实际效果却不尽如人意。⑤施罗夫、法瓦尔和伯托尼三位学者对欧盟各主要成员国实施的孤儿作品勤勉查找要求进行了实证研究,发现各国对此规定不一、查找要求标准不一,这导致使用者的查找成本较高,对孤儿作品的使用造成了一定的阻碍。⑥英国知识产权局也在其孤儿作品制度实施一周年之际,专门发布了官方报告,对英国孤儿作品强制许可制度的实施及实施欧盟《孤儿作品指令》的情况

---

① Jake Goldenfein, Dan Hunter, Blockchains, Orphan Works, and the Public Domain, 41 *Columbia Journal of Law and the Arts*, 2017:1-43.

② Omri Alter, Reconceptualizing Copyright Registration, 98 *Journal of the Patent and Trademark Office Society*, 2016:930-955; Claire Demos, Returning the Photographer's Autonomy: The Integration of Blockchain Technology into Copyright Registration, 18 *John Marshall Review of Intellectual Property Law*, 2018:221-241; Eva E. Subotnik, Artistic Control After Death, 92 *Washington Law Review*, 2017:253-314; Kathryn Penick, The Life Cycle of Copyright Law: A Push for Copyright Reform, 21 *Tulane Journal of Technology and Intellectual Property*, 2019:71-89.

③ Stef van Gompel, Unlocking the Potential of Pre-existing Content: How to Address the Issue of Orphan Works in Europe?, 38 *The International Review of Intellectual Property and Competition Law*, 2007:669-702.

④ Eleonora Rosati, The Orphan Works Provisions of the ERR Act: Are They Compatible with UK and EU Laws?, 35 *European Intellectual Property Review*, 2013:724-740.

⑤ Maria Lilla Montagnani, Laura Zoboli, The Making of an "Orphan": Cultural Heritage Digitization in the EU, 25 *International Journal of Law and Information Technology*, 2017:196-212.

⑥ Simone Schroff, Marcella Favale, Aura Bertoni, The Impossible Quest—Problems with Diligent Search for Orphan Works, 48 *IIC—The International Review of Intellectual Property and Competition Law*, 2017:286-304.

进行了总结,并提供了统计数据。①针对欧盟《孤儿作品指令》的实证研究有利于正确认识和评价欧盟在解决孤儿作品问题上所采取的模式。肖结合电影档案的特定问题,对《孤儿作品指令》在具体领域的具体实施进行了分析。②这些具体研究有利于深入了解欧盟的孤儿作品版权制度及其实施情况。法国、德国等国家在孤儿作品相关的"绝版作品"的许可和管理上也进行了积极的探索,对解决孤儿作品版权问题具有一定的启示性作用。马丁利对法国的绝版作品法律制度进行了研究,并认为该制度对美国解决孤儿作品问题有所启发。③欧洲学者吉博和施罗夫对法国和德国采取的延伸性集体管理制度进行了研究,认为在延伸性集体管理制度中,集体管理组织需要满足以下三个条件,进行延伸管理才具有正当性:(1)集体管理组织必须在其服务的市场中拥有广泛的成员资格;(2)在作品类别和所涵盖的权利方面,集体管理组织必须拥有权利人的适当授权;(3)必须采取适当措施,使(非)成员了解和行使权利。④该研究对通过延伸性集体管理制度来解决大规模数字化利用中的孤儿作品问题具有重要意义。欧洲学者除了探讨《孤儿作品指令》的具体实施问题外,还在理论上对孤儿作品进行了探讨,比如法瓦勒认为,为了防止孤儿作品被遗忘,针对著作权多次许可、转让产生的权利人信息不清问题,可以考虑引入著作权的复原制度,在一定情况下将著作权复归原始作者享有,从而可以针对某个特定的自然人展开查找。⑤

---

① Orphan Works: Review of the First Twelve Months, https://www.gov.uk/government/publications/orphan-works-annual-report, visited on Oct. 20, 2022.

② Annabelle Shaw, Copyright, Rights Research, and Orphan Works in the UK, 99 *Journal of Film Preservation*, 2018:51-56.

③ Francis Mattingly, If You Don't Use It, You Lose It: What the U.S. Could Learn from France's Law on Out-of-Commerce Books of the 20th Century, 27 *Indiana International & Comparative Law Review*, 2017:277.

④ Lucie Guibault, Simone Schroff, Extended Collective Licensing for the Use of Out-of-Commerce Works in Europe: A Matter of Legitimacy Vis-à-Vis Rights Holders, 49 *IIC—The International Review of Intellectual Property and Competition Law*, 2018:916-939.

⑤ Marcella Favale, Bouncing Back from Oblivion: Can Reversionary Copyright Help Unlock Orphan Works?, 41 *European Intellectual Property Review*, 2019:339-346.

在亚洲地区,除我国外,日本也是研究孤儿作品较多的国家之一。日本学者指出,就孤儿作品而言,日本"没有像欧美那样进行深入的讨论,而是通过改善已有的裁定制度,予以应对"①。此处所谓的裁定制度指的是日本法律中已经存在的孤儿作品的强制许可制度。但日本学者同时也认为,"关于孤儿作品问题的解决对策,依然处于混乱的状态。"②其他国家和地区也有关于孤儿作品的相关研究,但受语言能力所限,笔者难以一一考察。放眼全球,孤儿作品问题远未得到解决,这要求我们在学理上加强对这一问题的研究,尤其是原理性的研究,以便为真正地解决孤儿作品问题提供理论支撑。

总而言之,孤儿作品问题具有全球性,各国学者都在不断探讨其解决方案,或对实践中已经存在的解决方案提出完善建议。国外学者对孤儿作品问题的分析对我国具有一定的启发意义。

(二)国内主要研究概述

1. 总体研究状况概述

有学者专门对2008年至2017年间"中国知网"期刊数据库中发表的关于孤儿作品的论文进行了分析,并得出结论:2008年至2012年为我国孤儿作品问题研究的"初始阶段";2012年至2014年为孤儿作品问题研究的"发展阶段";2014年以后为孤儿作品问题研究的"稳定阶段"。③对此,笔者表示赞同。我国学界关于孤儿作品的研究,源于比较法,受到了国外立法和司法的影响。这表现为2008年至2012年的相关论文以探讨美国立法动态和谷歌数字图书馆案中呈现的孤儿作品问题为主。2012年后,我国学者对孤儿作品的研究有了"本土资源",即我国《著作权法》第三次修正时曾试图引入孤儿作品条款,这也使得相关文章的发表数量在修正草案送审稿公布后达到了一个高峰。在《著作权法》第三次修正最终放弃增加包括孤儿

---

① 〔日〕田村善之编:《日本现代知识产权法理论》,李扬等译,法律出版社2010年版,第249页。
② 同上书,第250页。
③ 王杰:《基于CNKI期刊数据库的我国孤儿作品研究文献分析》,载《情报探索》2018年第1期。

作品条款在内的争议条款后,我国学界对孤儿作品问题的研究有所放缓,但仍在继续。可以说,我国学界对孤儿作品问题的研究既有比较法资源,又有实践需求,还存在可以不断深化的讨论空间。

截至 2022 年 9 月,"中国知网"上发表的孤儿作品期刊论文已有 406 篇,硕博学位论文 147 篇,①且自 2008 年来每年都有一些论文发表。可以说,该研究得到了我国知识产权法学界的持续关注。此外,还有个别学者使用"无主作品"的术语进行相关研究,相关论文有 3 篇,分别发表于 2015 年(1 篇)和 2016 年(2 篇)。②

在著作方面,截至 2022 年 8 月,关于这一主题的研究,我国学者已经出版两部专著,这两部专著都是基于相应作者的博士学位论文修改而成。③

2. 具体研究状况概述

我国关于孤儿作品版权问题的研究源于比较法,在方法上也以比较研究为主。④我国法学类核心期刊《环球法律评论》在 2009 年第 1 期刊登了美国《2006 年孤儿作品法案(议案)》和《2008 年孤儿作品法案(议案)》的中文译文,将孤儿作品问题推向整个中国法学界。我国法学类核心期刊发表外国法律议案的译文是罕见的举动,可见这个问题引起了我国法学界的关注

---

① 此数据依据"中国知网"的主题检索功能检索,最后检索日期 2022 年 10 月 1 日。
② 汤妮燕:《我国无主作品著作权保护的司法困惑与破解路径》,载《河北法学》2015 年第 1 期;肖少启:《我国无主作品著作权保护的路径选择与制度构建》,载《政治与法律》2016 年第 8 期;王果:《无主作品著作权归属的"公""私"之争》,载《中国版权》2016 年第 4 期。
③ 赵力:《数字化孤儿作品法律问题研究》,经济日报出版社 2015 年版;邵燕:《孤儿作品著作权问题研究》,法律出版社 2017 年版。第一本专著共八章,分别为:孤儿作品及其数字化问题的提出、孤儿作品数字化的合理勤勉检索问题、数字化孤儿作品著作权取得与权属问题、数字化孤儿作品数据库权问题、数字化孤儿作品的追续权问题、数字化孤儿作品争议解决机制、数字化孤儿作品反垄断问题研究、中国孤儿作品及其数字化问题研究。第二本专著共六章,分别为孤儿作品的使用困境、孤儿作品制度的历史考察、孤儿作品使用的正当性研究、孤儿作品使用方案的比较研究、孤儿作品的使用机制、我国孤儿作品著作权制度。从内容框架上说,我国现有研究主要还停留在制度构建层面,研究的精细度和理论深度还有进一步提升的空间。
④ 袁泽清:《论孤儿作品的利用与保护》,载《西南民族大学学报(人文社科版)》2008 年第 2 期;黄旭春:《浅析美国 2008 年孤儿作品议案》,载《电子知识产权》2009 年第 7 期;周艳敏、宋慧献:《版权制度下的"孤儿作品"问题》,载《出版发行研究》2009 年第 6 期。

和重视。①

比较研究贯穿于我国学者对孤儿作品的研究。早期的比较研究主要以美国法律议案和谷歌数字图书馆案为参考资料,随着欧盟《孤儿作品指令》的通过,我国学者对这一指令确立的特殊制度也随即展开研究。②

随着时间的推移,我国学者对孤儿作品相关制度的比较研究也逐渐深入。比如,有学者认为,美国的"责任限制"方案秉承了市场经济导向,有利于促进高效的版权交易市场的形成,最终使消费者和使用者获得双赢。③此类研究已经逐步脱离了对规则的表面比较,开始进一步探讨其背后的原理,并比较各方案的优劣。

在比较研究之外,我国学者也针对我国著作权法展开了研究。有学者对在我国著作权法中设立孤儿作品条款的必要性展开分析,并对我国孤儿作品制度的模式选择和具体构建进行了初步探讨。④也有学者在讨论美国孤儿作品法案遭受阻力、未获通过的基础上,指出我国《著作权法》第三次修正时曾试图引入的粗略条款会造成的不良后果。⑤还有学者对我国《著作权法》中"作者身份不明的作品"的条款和"著作权无人继承"的条款进行了研究,认为这些规定不仅不能用于解决孤儿作品问题,还存在一些不合理之处。⑥有学者认为,无人继承的著作财产权归国家会产生权利行使中的主体虚化问题。⑦

在比较研究和对我国法律法规现状进行分析的基础上,我国学者也提

---

① 《〈2006年孤儿作品法案〉议案及〈2008年孤儿作品法案〉议案》,韩莹莹译,载《环球法律评论》2009年第1期。
② 何炼红、云姣:《论公共文化机构对孤儿作品的合理使用》,载《知识产权》2015年第10期;王本欣:《欧盟〈孤儿作品指令〉法律效力及其制度环境研究》,载《图书情报工作》2015年第4期。
③ 刘家瑞:《论著作权法修改的市场经济导向——兼论集体管理、法定许可与孤儿作品》,载《知识产权》2016年第5期。
④ 王迁:《"孤儿作品"制度设计简论》,载《中国版权》2013年第1期。
⑤ 管育鹰:《欧美孤儿作品问题解决方案的反思与比较——兼论我国〈著作权法〉相关条款的修改》,载《河北法学》2013年第6期。
⑥ 董慧娟:《孤儿作品的利用困境与现行规则评析》,载《中国出版》2010年第18期。
⑦ 赵力:《孤儿作品法理问题研究——中国视野下的西方经验》,载《河北法学》2012年第5期。

出过相关立法建议。①2012年3月31日,国家版权局在官方网站上公布了《著作权法》修改草案,并公开征求意见,我国学者随即对修改草案的相关条款展开评析。②由于孤儿作品问题的全球性,此类评析还带有浓厚的比较法色彩,我国学者在评判相关条款的优劣并进一步提出构建设想时也主要以比较法上的资源为依据。

  随着研究的推进,我国学者关于孤儿作品问题具体解决方案的探讨也在逐渐深入。有学者探讨和比较了法定许可、集体管理、开放许可等不同模式在解决孤儿作品问题上的可适性,并认为要综合利用各种模式来解决孤儿作品问题。③有学者在比较主要国家和地区的孤儿作品查找机制后,认为各主要模式都在努力降低孤儿作品使用中的查找成本。④有学者在比较欧美国家勤勉查找规则的基础上,对我国孤儿作品使用的勤勉查找规则提出了进一步完善的建议。⑤有学者认为,我国《著作权法》试图引入的孤儿作品强制许可行为具有民行交叉的特点,因此在救济方式上也会具有特殊性,可能需要以行政管理机关为被告。⑥除了探讨直接解决孤儿作品使用困境的各种方案之外,也有学者从完善登记制度的视角探讨孤儿作品问题的彻底解决之道。⑦还有学者借鉴国外理论和实践,基于延伸性集体管理制度可以拓展到非会员作品,提出"延伸管理制度使'孤儿作品'的合法利用成

---

  ① 周艳敏、宋慧献:《关于孤儿作品著作权问题的立法设想》,载《电子知识产权》2011年第3期。
  ② 赵锐:《论孤儿作品的版权利用——兼论〈著作权法〉(修改草案)第25条》,载《知识产权》2012年6期。
  ③ 孟兆平、李含:《互联网时代孤儿作品的利用困境及其解决机制》,载《电子知识产权》2013年第7期。
  ④ 许辉猛:《数字图书馆建设背景下孤儿作品查找机制研究》,载《图书馆论坛》2014年第12期。
  ⑤ 赵力:《孤儿作品合理勤勉检索规则研究》,载《图书馆论坛》2015年第12期。
  ⑥ 杨丹:《孤儿作品行政许可过程的特点及相关司法救济途径》,载《科技与出版》2017年第7期。
  ⑦ 张颖:《探索孤儿作品问题的解决之道——以完善版权登记制度为视角》,载《编辑之友》2016年第1期;邵燕:《孤儿作品著作权登记制度研究》,载《广西政法管理干部学院学报》2017年第4期;吕炳斌:《版权登记制度革新的第三条道路——基于交易的版权登记》,载《比较法研究》2017年第5期。

为可能"①。

除了知识产权法学界关注和研究孤儿作品问题外,图书馆学、情报学的学者也对孤儿作品问题进行了很多研究,并结合数字图书馆建设对孤儿作品问题的解决提出了迫切的需求。②这些学者主要对公共文化机构在利用孤儿作品方面的问题进行探讨。多位学者对以图书馆为主的公共文化机构如何使用孤儿作品的问题展开了专门分析。③

随着人工智能、区块链等技术的发展,有学者对这些技术与孤儿作品相联系可能产生的问题进行了初步探讨。比如,有学者认为,人工智能创作成果可以采用孤儿作品的模式进行保护。④也有学者认为,在人工智能作品作者认定困难的情况下,可以暂时将其作为孤儿作品对待。⑤这些学者意识到了人工智能创作作品在作者缺失的情况下可能成为孤儿作品的问题,然而将这些作品归入孤儿作品进行保护和管理,无疑极大地增加了孤儿作品的数量。因此笔者认为,应当采取措施,避免人工智能创作成果沦为孤儿

---

① 林秀芹、李晶:《构建著作权人与作品使用人共赢的著作权延伸性集体管理制度——一个法经济学角度的审视》,载《政治与法律》2013年第11期。

② 王本欣、曲红:《图书馆孤儿作品利用的法定许可制度研究——以著作权法第三次修改为背景》,载《图书情报工作》2013年第15期;王本欣:《孤儿作品立法中图书馆著作权例外与限制研究——以美国和欧盟孤儿作品立法为例》,载《图书馆论坛》2014年第12期;秦珂:《"孤儿作品"版权问题对图书馆数字化建设的制约与解决之策》,载《情报理论与实践》2014年第3期;唐蕾:《图书馆馆藏资源数字化过程中孤儿作品的利用问题——对合理勤勉检索义务的探究》,载《图书馆杂志》2016年第9期;欧阳爱辉、谭泽林:《大数据时代图书馆孤儿作品利用的版权保护模式研究》,载《图书馆建设》2016年第9期;张晓燕:《孤儿作品版权利用模式探讨及适用综述》,载《图书馆研究与工作》2018年第3期。

③ 郑寰宇:《论公共图书馆对孤儿作品的数字化使用——〈公共图书馆法(征求意见稿)〉的完善》,载《图书馆工作与研究》2017年第3期;石超:《图书馆使用孤儿作品制度的理论基础、概念重塑与具体实施建议——以〈著作权法〉(修改草案送审稿)第51条为对象》,载《图书馆学研究》2019年第9期。

④ 刘强、刘忠优:《人工智能创作物孤儿作品保护模式研究》,载《安阳师范学院学报》2018年第4期。

⑤ 李伟民:《人工智能智力成果在著作权法的正确定性——与王迁教授商榷》,载《东方法学》2018年第3期。

作品。在区块链方面,已有学者探索该技术在版权交易中的应用空间。①区块链凭借其不可篡改的时间戳技术,在版权交易领域有着巨大的应用空间。此技术的应用和推广可能可以解决作者查找难、作品使用的授权获取难等问题,值得进行专门研究。

除了探讨具体问题和解决对策之外,还有部分学者开始探索孤儿作品背后的理论问题。有学者指出,"'孤儿作品'的制度设计涉及极为复杂的利益关系。"②也有学者指出,孤儿作品制度不仅涉及多方利益,也与推动文化发展相关。③有学者在公共领域理论框架下对孤儿作品的具体制度建构进行了分析。④还有学者在研究中引入法经济学中的科斯定理,认为孤儿作品是一种著作权领域的市场失灵现象。⑤这些分析反映出孤儿作品问题背后可能隐藏着丰富的理论内涵。但是,就现有文献而言,我国学者对孤儿作品背后可能涉及的理论问题仍缺乏系统研究。因此,有必要挖掘孤儿作品可能涉及的理论问题,将孤儿作品版权问题的研究向深处推进。

最后需要说明的是,孤儿作品问题是著作权法中的一个具体问题,涉及著作权法的方方面面,比如著作权的自动产生原则、主体规则、许可规则和侵权规则等,也与著作权法的理论基础有关。因此,关于著作权法的一般性理论研究也可以为本研究提供学术支撑。著作权法向来是我国知识产权

---

① 华劼:《区块链技术与智能合约在知识产权确权和交易中的运用及其法律规制》,载《知识产权》2018年第2期;袁亦力、卢山:《区块链技术在著作权确权和交易中的运用及其法律规制》,载《西华大学学报(哲学社会科学版)》2019年第2期。
② 王迁:《"孤儿作品"制度设计简论》,载《中国版权》2013年第1期。
③ 管育鹰:《欧美孤儿作品问题解决方案的反思与比较——兼论我国〈著作权法〉相关条款的修改》,载《河北法学》2013年第6期。
④ 董慧娟:《公共领域理论:版权法回归生态和谐之工具》,载《暨南学报(哲学社会科学版)》2013年第7期。
⑤ 王晓君:《科斯定理维度的孤儿作品利用困境解析》,载《贵州师范大学学报(社会科学版)》2020年第6期。

法研究中最热门的部分之一,相关论文、著作与教材也不断问世,①这些成果都是本研究的知识体系背景和知识储备基础。

3. 研究现状小结

孤儿作品问题的解决是当代著作权领域中的一个制度性难题,涉及著作权法的基本理念,牵涉著作权法的原理构造,这也正是该问题近年来受到法学界和其他相关学界持续关注的根源所在。然而,我国学界对孤儿作品问题的研究还不够深入。尽管学界对孤儿作品展开了丰富的研究,也不断有论文发表,但发表在法学类 CSSCI(中文社会科学引文索引)来源期刊上的专题论文还较为罕见。这说明,该问题虽然引起了国内学者较为广泛的关注,但研究深度尚有提升的空间。

经过文献梳理可以发现,国内关于孤儿作品问题的研究大致聚焦于两方面:一是对国外立法动态的介绍与评价,二是对我国法律修改的建议。这些研究致力于我国著作权法下孤儿作品制度的构建并提出了诸多建议。但相应地,对孤儿作品版权问题的理论根源和制度根源、对解决孤儿作品问题的理论支撑,以及对孤儿作品版权规则的具体构造等的关注还不够。总体而言,我国学者对孤儿作品的理论研究还有不足,这为本课题的深入研究和创新进步提供了空间。

三、本研究的学术贡献和创新之处

本研究希望在以下方面有所创新并做出学术贡献:

第一,由于现有文献对孤儿作品的研究尚欠缺理论层面的关注,对问题的本质也欠缺足够的思考,研究深度和力度仍有提升的空间,因此本研究

---

① 郑成思:《版权法(修订本)》,中国人民大学出版社 1997 年版;韦之:《著作权法原理》,北京大学出版社 1998 年版;李明德、许超:《著作权法(第二版)》,法律出版社 2009 年版;冯晓青:《著作权法》,法律出版社 2010 年版;崔国斌:《著作权法:原理与案例》,北京大学出版社 2014 年版;梅术文:《著作权法:原理、规范和实例》,知识产权出版社 2014 年版;何怀文:《中国著作权法:判例综述与规范解释》,北京大学出版社 2016 年版;张今:《著作权法(第二版)》,北京大学出版社 2018 年版;曹阳:《中国著作权制度的规范解读与原理阐释》,法律出版社 2019 年版;李扬:《著作权法基本原理》,知识产权出版社 2019 年版;等等。

对孤儿作品问题的根源和产生原因做了进一步挖掘,从而为正确理解和解决孤儿作品问题打下基础。

第二,孤儿作品问题是制度性难题,各主要法域都在探索其解决之道,并无成熟的比较法经验可供借鉴。因此,本研究基于我国法律对孤儿作品版权使用和保护制度进行前瞻性研究,探究制度在实施中可能面临的问题,以便提出针对性建议。这些建议将有助于我国未来的孤儿作品解决方案发挥实效。

第三,本研究尝试引入挟持理论这一新的理论视角,并在这一理论的引导下对孤儿作品版权使用所面临的真正问题和关键问题进行追问,进而明确孤儿作品制度设计和法律适用的具体方向。

第四,本研究以孤儿作品问题的探讨为契机,对著作权法的理论基础进行反思。孤儿作品问题不仅是制度性难题,还涉及复杂的理论问题。本研究从公共领域理论、知识产权的信息理论、作者分化理论、著作权法的"经济人假设"前提、著作权作为绝对权的民事权利理论等视角着手,对著作权法的理论进行反思,并提出著作权法的假定前提应当从"经济人假设"转向"社会人假设"、著作权法应不受绝对权理念的束缚等理论见解,为化解孤儿作品的版权问题提供理论支撑。

当然,需要说明的是,本研究难免存在不足:第一,由于我国相关司法案例的缺乏,因此本研究主要以立法论和制度构建为主,在具体规则设计时,主要参考的是国外已有实践。随着国内相关问题的浮现,以后还需要根据我国实践的发展,对解决方案进行补充、修正或完善。第二,本研究最后提出的对著作权法的理论反思和理论构建还需要进一步深入研究。笔者以研究孤儿作品问题为契机,挖掘出了孤儿作品涉及的一些理论问题,这些理论问题具有深刻的意义和价值,需要得到进一步深入研究,以推动我国著作权法理论研究的进一步发展。

第一章 孤儿作品的概念、问题及规模

第一节 孤儿作品的概念界定

一、孤儿作品的概念及与相关概念之辨析

"孤儿作品"译自英文"orphan works",是一个非常形象的术语。我国知识产权法学界基本上也认同这一术语,采取直译法。但是,"孤儿作品"并不是指孤儿的作品,比如孤儿写的文章,而是有着特定的含义。

我国学者对"孤儿作品"的定义也存在一个从初步认识到大致理解,再到正确掌握的过程。在我国早期的研究文献中,有学者将"孤儿作品"定义为"无法确认权利人的作品"[①]。其实,这一定义还过于简单,既不精确,亦不完整。

笔者认为,"孤儿作品"指的是一类受版权保护的特殊作品,这类作品的权利人无法识别或无法联系,即使使用者经过勤勉查找后亦是如此。由于孤儿作品的状态只能在勤勉查找后予以确定,因此"孤儿作品"的定义中应当包含勤勉查找的要素。

"孤儿作品"定义中的关键在于作品的权利人无法识别或无法联系,这可能是由于作品的权属不清,即无从得知谁是权利人,也可能是因为缺乏足够的可供联系的权利人信息。时间的流逝、作者的死亡、企业权利人的破产等都可能导致作品的权利人难以查找或联系。在某些情况下,即使孤

---

① 黄旭春:《浅析美国2008年孤儿作品议案》,载《电子知识产权》2009年第7期。

儿作品的创作者或版权权利人的姓名、名称是已知的，也可能再无其他任何可供查找的信息或线索，这同样意味着权利人不易查找。

在孤儿作品的概念界定中，还需要辨别它与另外两个相关概念：

（1）"孤儿作品"与"无主作品"的概念辨析。我国有学者将"无主作品"视为"孤儿作品"的同义词，①也有学者认为"孤儿作品具有公共属性，应将孤儿作品认定为无主作品"②。然而，在理论上，孤儿作品与公共领域之间的关系值得深入探讨；在概念上，能否一律将孤儿作品视为无主作品也需要加以辨析。有学者区分了无主作品和孤儿作品，认为无主作品不能等同于孤儿作品，无主作品仅针对作者去世后无继承人或受遗赠人的情形。③笔者认为，"无主作品"有别于"孤儿作品"，两者是不同的概念。"无主作品"仅指权利人（主人）已经去世且无继承人或受遗赠人的作品，不能包括权利人仍在世只不过难以联系的作品。类比而言，一个农民外出打工，十多年未回家且已经失去联系，我们并不能将其在农村的房屋称为"无主物"，否则可能引起误解。因此，孤儿作品不是无主财产，其主人是存在的，只不过无法确定或无法取得联系。在知识产权法中，以"无主作品"来指称"孤儿作品"是不完整也不精确的。毕竟，孤儿作品是有"主人"的，只不过无法查明或者暂时失联，有别于传统财产法意义上的"无主物"。学者在使用"孤儿作品"这一术语时也不会当然认定其权利人已经死亡或永久失联。

（2）"孤儿作品"与"绝版作品"的概念辨析。绝大多数人都会认为"孤儿作品"不同于"绝版作品"。虽然两者之间存在交叉，但却是不同的概念。孤儿作品的重点在于其权利人不可联系或无从查找，而绝版作品的权利人身份往往清晰，且可联系，只不过作品已不在商业流通领域。④绝版作品和孤儿作品都面临着作品传播受阻的问题，这是两者的共性，因此在解决方

---

① 汤妮燕：《我国无主作品著作权保护的司法困惑与破解路径》，载《河北法学》2015年第1期。该文开篇第一句话即"无主作品，又被称为'孤儿作品'"。
② 李宸、王洪友：《论孤儿作品之公共产品属性》，载《哈尔滨师范大学社会科学学报》2015年第5期。
③ 王果：《无主作品著作权归属的"公""私"之争》，载《中国版权》2016年第4期。
④ 华劼：《绝版作品数字化版权问题研究——以欧盟和法国的版权制度调整为视角》，载《电子知识产权》2018年第9期。

案上可能存在相似之处。然而,它们毕竟是两个不同的概念。

总之,"孤儿作品"是指作者身份不明或作者身份虽可明确但经勤勉查找无果的作品。它不同于"绝版作品",也有别于"无主作品",尽管三者存在关联或相似之处。

二、"孤儿作品"术语中的隐喻及其潜在的误导性

尽管笔者赞同按照直译的方法翻译和使用"孤儿作品"这一术语,但这只是相对而言的次优选择,并非毫无缺陷。实际上,这一术语有一定的误导性。在此,笔者将先明确该术语的潜在缺点,以便后续更好地进行问题分析和问题解决。这首先要从"孤儿"的含义说起。

(一)"孤儿"的含义

在社会学学者看来,孤儿有四种类型:父母双方均已去世;父母双方中的一方去世,而另一方不承担抚养责任;父母双方均在世,但均不承担抚养责任;被遗弃的儿童。[①]而法律上的孤儿概念却要小于此。《中华人民共和国民法典》第1093条规定的可以被收养的未成年人包括丧失父母的孤儿、查找不到生父母的未成年人,以及生父母有特殊困难无力抚养的子女。《中华人民共和国未成年人保护法》(2012年修正)第43条第2款规定:"对孤儿、无法查明其父母或者其他监护人的以及其他生活无着的未成年人,由民政部门设立的儿童福利机构收留抚养。"[②]这两部法律规定的孤儿均限于丧失父母的未成年人,无法查明父母的未成年人不属于孤儿。而著作权法理论中所探讨的孤儿作品正是无法查明甚至只是很难查明其权利人的作品。此外,一般意义上的孤儿丧失父母,不可逆转,而孤儿作品中的权利人有可能只是"暂时失联",在大多数情况下并非永久丧失。因此,"孤儿作品"中的"孤儿"内涵有别于一般意义上的孤儿。

由上可知,"孤儿作品"虽借用了"孤儿"两字,其含义却有别于一般意

[①] 尚晓援等:《中国孤儿状况研究》,社会科学文献出版社2008年版,第96页。
[②] 2020年修订的《中华人民共和国未成年人保护法》未规定有关"孤儿"的条款。

义上的"孤儿"。

(二)"孤儿作品"术语的误导性

术语不精确,本无可非议,况且此术语是国内外约定俗成的,已经被广泛使用。相比而言,"无主作品""绝版作品"等其他术语也不精确,因此"孤儿作品"仍是一个相对能够较好地使人理解这类特殊作品的含义和属性的术语。从表面上看,此术语的误导性为一种附带现象,不具有根本性。然而,无论是狭义的孤儿,还是广义的孤儿,其父母都具有消极性,或已去世,或明确不承担抚养责任甚至明确遗弃。有别于此,著作权法意义上的孤儿作品的权利人并非不存在或已明示放弃著作权,而是随时有可能复出主张权利。概言之,孤儿作品的权利人并非消极主体,他随时有可能成为积极主体,是潜在的积极主体。正视这种角色属性,对孤儿作品使用和保护规则的构建具有关键意义。

此讨论并非旨在推翻约定俗成的术语,而是提出术语潜在的误导性。一般意义上的孤儿是值得同情的群体。"孤儿作品"这一术语似乎也存在这种隐喻,即权利人是可怜和值得同情的主体,需要与其作品"重聚"。[①]但是,这一术语虽生动形象,却会误导解决方案的设计。"孤儿作品"一词暗示着相关问题似乎在于作品与权利人的分离,因此在逻辑上需要重新聚合作品与权利人,恢复权利人的控制。目前的孤儿作品解决方案也聚焦于对权利人的最大程度的保护,将查找权利人作为首要规则,企图恢复权利人的控制,这种观念即源于"孤儿作品"术语中的隐喻。

然而,孤儿作品的权利人完全是有可能复出的,进而主张其权利。这会造成使用者的担忧。因此在具体的制度设计中,有必要正视这一点,以求较为合理完善的解决方案。

---

① Tun-Jen Chiang, Trolls and Orphans, 96 *Boston University Law Review*, 2016:691-715.

第二节 孤儿作品的问题所在

一、孤儿作品的使用困境

权利人难以确定或难以联系,造成了孤儿作品的使用困境。孤儿作品版权问题的关键和核心在于其使用问题。在现行著作权法下,只要是作品,一律能得到法律保护,而不问其权利人是否存在,也不问其权利人是否可以联系。因此,也有学者将孤儿作品的使用问题称为"孤儿作品的接触问题"①。在现行版权制度下,他人若要接触或访问孤儿作品、使用孤儿作品,的确存在着法律障碍。对潜在的使用者而言,若无合理使用、法定许可等特殊原因,在传统规则之下,要么只能放弃使用,要么就得冒险地进行未经许可的使用。当然,这两种行为都不值得提倡。因为从根本上说,前者将阻碍作品的传播和使用,后者则为侵权行为,是对法律的漠视,违背了法治的基本精神。从经济利益上说,两种行为都将导致权利人得不到应有的收益。因此,从权利人角度而言,也需要一种合理的孤儿作品使用规则。

二、孤儿作品的查找成本问题和交易成本问题

从法经济学上说,孤儿作品版权问题的实质在于作品使用中的查找成本问题和交易成本问题。清理孤儿作品中可能存在的权利将产生实质性的甚至是高昂的交易成本。

第一,根据著作权法的基本原则,使用作品要取得权利人许可,这就对使用者提出了尽力查找权利人的要求,这一要求导致查找孤儿作品的权利人的成本在整体上居高不下。守法的使用者以及企图规避法律风险的使用者,往往会选择放弃使用权利状态不清晰、权利人不确定、权利人难以查找

---

① Submission to the Copyright Office: Proposal on Orphan Works, http://web.law.duke.edu/cspd/pdf/cspdproposal.pdf, visited on Oct. 2, 2019.

的作品。这一问题可能的解决方向是降低查找要求,但仍然将要求维持在合理程度。只有那样,才会促使使用者查找权利人,让更多的作品权利人恢复联系,更多的作品得到使用,著作权法的宗旨和价值也将得到维护。

第二,对于孤儿作品而言,其查找成本问题是普遍性的,哪怕是针对毫无经济价值的作品而言。与许可费相比,查找成本并不因使用方式、使用规模的不同而有所区别。不同类型的使用,可能产生相同的查找成本。[①]在这方面,并不能产生收益—成本相匹配的调整机制。这对于图书馆、档案馆等不以营利为目的的机构而言,将产生实质性的费用,因此需要特殊的制度来解决这一问题。这也正是欧盟采取的方案。另外一种可能的方案是,针对不同的使用设计不同的查找要求:对非营利的公共文化机构的查找设置较低的要求,对大规模商业化使用的查找设置较高的要求。[②]这是一个理论上可行的方案,但在实践中可能产生"搭便车"行为,即商业机构等待公共文化机构先行查找,等作品被确定为孤儿作品之后,商业机构再进行利用。这也进一步产生一个问题,孤儿作品的认定是针对特定使用而言,还是可以扩张到所有使用,甚至成为永久性的?可以类比的是,驰名商标特殊地位的认定仅适用于个案,并不具有普及效力,更不是永久性的。对这一问题的初步观点是,孤儿作品的认定是个案性质的,不具有普及效力,更不具有永久效力。

总之,如果作品真的是孤儿作品,查找权利人的成本将是"悲剧性的",因为这都是没有必要的。[③]使用者花费成本查找权利人,结果查无所获或者与权利人无法取得联系,这的确是一种浪费。然而,使用者又难以在未经查找权利人的前提下直接使用作品,这一成本也不宜化整为零,因此较为合适的解决方案是尽可能降低查找成本和交易成本。

---

① Submission to the Copyright Office: Proposal on Orphan Works, http://web.law.duke.edu/cspd/pdf/cspdproposal.pdf, visited on Oct. 2, 2019.
② Ibid.
③ Ibid.

三、孤儿作品的其他问题

孤儿作品的问题是多方面的,除了查找成本和交易成本之外,至少还有如下三个突出问题:(1) 向作品的使用者转嫁风险溢价(risk premium);(2) 公共领域的减少;(3) 对文化遗产保护的损害。[①]

第一,就使用风险而言,使用者会根据自身对风险的承受度,来决定是否冒险。冒险所获收益与已确定收益之间溢价的多少,会影响使用者是否采取冒险策略。使用者使用孤儿作品面临的风险包括,复出的权利人提出禁止使用的诉求,或权利人以此为要挟,索取高额的许可费等。使用者对作品的使用行为需要确定性的保障,才能避免构成侵权。对于那些权利状态模糊不清、作者身份缺失或不明以及难以判断是否处于保护期内的作品,潜在的使用者就面临着侵权风险,他们要么选择冒险使用,要么选择规避使用,而两者都不是著作权法所提倡的。

第二,就公共领域而言,孤儿作品的存在,在很大程度上减损了"公共领域"。一是孤儿作品的存在会影响后续的演绎创作,而这些演绎作品最终也是归于公共领域的,这间接地减损了"公共领域"。二是孤儿作品的权利保护状态、权利保护期限、权利人信息可能不好判断。由于权利人信息缺失,因此难以判断孤儿作品是否仍在保护期限之内,谨慎守法的使用者只能放弃使用,这样,本应归入公共领域的作品就无法得到使用和传播。

第三,欧盟在孤儿作品立法宗旨上主要考虑对文化遗产的保护。美国学者在分析孤儿作品问题时,也会述及文化遗产的保护。美国有许多承载其文化的电影类作品。电影修复和归档的过程就会涉及作品从一个载体向另外一个载体的复制,而电影作品中又可能包括电影本身、剧本、音频等不同作品。因此,追寻每部电影版权人的过程"非常费时,而且往往是不可抗拒的"[②]。可以说,孤儿作品的版权问题会影响甚至阻碍文化遗产的数字化

---

① Jerry Brito, Bridget Dooling, An Orphan Works Affirmative Defense to Copyright Infringement Actions, 12 *Michigan Telecommunications and Technology Law Review*, 2005:75-113.

② Submission to the Copyright Office: Access to Orphan Films, http://www.copyright.gov/orphan/comments/OW0596-CPD.pdf, visited on Oct. 2, 2019.

保护和传承。

四、孤儿作品问题是当代版权法中的待决问题

孤儿作品问题难以回避,如果不解决这一问题,其使用和传播将面临实质性的障碍。当代版权制度追求的是促进作品的创作和传播,并不在任何意义上意图阻碍作品的传播。然而,就孤儿作品而言,版权侵权的风险,无论如何遥远,也无论比例如何之低,毕竟存在,这将阻碍他人使用孤儿作品。这当然符合绝对权或排他权的本意,但未必符合版权制度的本意和初衷。在权利人失去联系或者权利人自己都已经不再关心其作品的情形下,将作品予以"封闭",并不是版权法的追求。

孤儿作品得到全球的关注也体现出该问题的严重性。2006年,美国和英国都发布了关于孤儿作品的官方研究报告,在法律和政策层面正式提出这一问题。[①]在国外立法论证过程中,有人提出孤儿作品问题"可能是新作品创作的最大障碍"[②],也有学者分析认为孤儿作品问题是"版权制度需要调整解决的最为显著的失败"[③]。如何解决孤儿作品问题成为当代版权制度难以回避的问题。

孤儿作品问题根源于当代版权制度,也是我国面临的问题。我国的一些特殊因素还加速了孤儿作品的产生:第一,近数十年我国所发生的巨大社会变动导致很多作品的信息档案灭失,权利人信息消失或无法联系现象较为突出;[④]第二,我国民间创作繁荣,大量民间创作者的创作并非基于商

---

① Register of Copyrights, Report on Orphan Works, https://www.copyright.gov/orphan/orphan-report.pdf, visited on Oct. 2, 2019; British Screen Advisory Council, Copyright and Orphan Works: A Paper Prepared for the Gowers Review by the British Screen Advisory Council (2006) (BSAC Paper).

② Preservation and Reuse of Copyrighted Works: Hearing before the Subcommittee on Courts, Intellectual Property, and the Internet of the Judiciary House of Representative, https://www.copyright.gov/orphan/reports/orphan-works2015.pdf, visited on Oct. 2, 2019.

③ Ian Hargreaves, Digital Opportunity: A Review of Intellectual Property and Growth, https://www.gov.uk/government/publications/digital-opportunity-review-of-intellectual-property-and-growth, visited on Oct. 2, 2019.

④ 王迁:《"孤儿作品"制度设计简论》,载《中国版权》2013年第1期。

业目的,再加上知识产权保护意识较为淡薄,因此有些作者在作品上可能未署名或者署假名;第三,我国是互联网大国,数字网络技术的迅猛发展使匿名作品或者署假名作品大量增加。解决孤儿作品问题已成为我国著作权法的一个重大任务。

总之,当代版权制度对孤儿作品使用产生了不利影响,这基本已无须争辩。根据现行版权制度,版权会自动附加到所有创意作品上,这意味着守法的使用者在使用作品时必须假定作品受版权保护,并找到版权所有人获得许可。然而,在孤儿作品的使用上,使用者往往难以获得使用许可。版权作品的大规模数字化已经反映出这种不利影响。使用孤儿作品存在的法律不确定性对大规模数字化项目的开展造成了重大阻碍。大量孤儿作品的存在可能使识别和联系版权所有人的成本超过书籍的数字化和检索成本。

当然,在设计解决孤儿作品问题的方案时,还需要注意在保护和使用之间进行协调。孤儿作品当然不能被随意或任意地使用,其使用应当符合特定的条件。探索孤儿作品的使用制度是各国立法者和执法者面临的问题,也是本书试图解决的问题。实际上,如果允许他人在特定条件下使用孤儿作品,并设计出一套使用费的托管制度,缺失的权利人的利益可能会得到更好的保护。

第三节 孤儿作品的规模考察

孤儿作品问题不容小觑。凭借生活印象,我们可以感知到现实中存在着大量的孤儿作品。孤儿作品的规模也可以通过实证研究进行考察。我国虽然没有权威机构对其规模进行统计,但从国外的一些统计数据中可以窥见一二。国外一些机构尝试对孤儿作品的数量和规模进行统计。尽管缺乏精确数据,但这些大致数据也可以基本反映出孤儿作品问题的严重性。

对于未曾商业性出版的作品,比如个人照片、信函、电子邮件而言,其数量是无法估量的。但所谓的孤儿作品的规模,主要是指已经商业性出版的作品的规模,国外进行的一些调查也主要是针对图书进行的。

根据美国某大学图书馆的统计,其22%藏书的权利人难以联系。①根据谷歌公司发展高级副总裁兼首席法律顾问大卫·德拉蒙德的估计,在美国、加拿大、澳大利亚和英国出版的所有书籍中,约有20%的图书最终"无人认领",成为孤儿作品。②HathiTrust项目(全球50多家研究型图书馆的合作项目)的执行董事、密歇根大学图书馆副研究馆员约翰·威尔金曾对HathiTrust项目中500万卷书籍的版权状况进行研究,最终得出结论:该项目藏书中有50%很可能是孤儿作品。③对于这50%作品的构成,威尔金的研究报告显示,12.6%的作品是1923—1963年间的,13.6%是1964—1977年间的,23.8%是1978年之后的。该报告同时注意到,孤儿作品相对所有作品而言所占的比例逐年递减,但其绝对数量却逐年递增,这是因为作品的发表量也在逐年递增。④其他调研得出的数据大致类似。迈克尔·凯恩斯曾通过出版数据来验证对孤儿作品数量的估测,结果发现:自1920年以来,美国大约有200万件作品出版,大约60万件应被视为孤儿作品。⑤欧洲馆藏的孤儿作品数量也大致相当,但这些估测数值受到出版日期和样本收集情况的影响,也存在一些差异。⑥

图书毕竟还存在署名的作者,在查找权利人时可成为初步的线索。书籍之外的其他作品数量更加庞大。英国图书馆曾针对所有作品进行过一项孤儿作品占比的估测,最终认为超过40%的受版权保护作品应被视为孤儿

---

① 这一统计数据见:Letter from Denise Troll Covey, Principal Librarian for Special Projects, to Jule L. Sigall, Assoc. Register for Pol'y & Int'l Affairs, U. S. Copyright Office, http://www.copyright.gov/orphan/comments/OW0537-CarnegieMellon.pdf,2022年10月9日访问。
② Competition and Commerce in Digital Books: Hearing before the H. Comm. on the Judiciary, 110th Cong. 12, 2009.
③ Bibliographic Indeterminacy and the Scale of Problems and Opportunities of "Rights" in Digital Collection Building, https://www.clir.org/pubs/ruminations/wilkin/, visited on Oct. 2, 2019.
④ Ibid.
⑤ Michael Cairns, 580, 388 Orphan Works—Give or Take, 2009, http://personanondata.blogspot.com/2009/09/580388-orphan-works-give-or-take.html, visited on Oct. 2, 2019.
⑥ Anna Vuopala, Assessment of the Orphan Works Issue and Costs for Rights Clearance, 2010, http://www.ace-film.eu/wp-content/uploads/2010/09/Copyright_anna_report-1.pdf, visited on Oct. 2, 2019.

作品。①尽管这不是严谨的实证调研结果,仍然有估测成分在内,但却是了解孤儿作品规模和问题严重性的一个重要数据。

对照片、视频等作品而言,孤儿作品的问题更为突出,因为缺乏作者署名的此类作品更易成为孤儿作品。对于这些特殊作品也有一些调查数据。根据英国国家档案馆图像库的调查,高达95%的照片等图像的权利人查无结果。②2006年英国的"高尔斯知识产权报告"指出,对于博物馆作品而言,90%作品的作者无从得知;对于录音制品而言,在抽样调查中,超过50%的作品的权利人无法识别。③虽然这些数据在取样上过于地方化,并且可能存在过时的问题,但也大致可以反映出孤儿作品的规模。

综观上述数据,它们对孤儿作品潜在规模的数量估计并不相同,这不仅是因为调研和估算针对的作品类别存在差异,也是因为图书馆、档案馆和博物馆尚没有可以用来确定孤儿作品状态的标准化方法。④上述数据存在的另外一个问题是,它们往往是抽样调查的结果,如果运用于所有作品,其科学性可能受到质疑。由于数据本身就是抽样调查的结果,进一步依据这些数据来确定孤儿作品的规模,可能并不可靠。就目前而言,很难就孤儿作品的整体规模情况和整体价值提供一个确切的数据。但上述数据相互印证,至少可以得出结论:孤儿作品是大量存在的。此处需要强调的是"大量"两字。

---

① National Institutions Call for Removal of Major Barrier to Mass Digitisation, https://www.bl.uk/press-releases/2010/february/national-institutions-call-for-removal-of-major-barrier-to-mass-digitisation, visited on Oct. 2, 2019; M. J., No Longer in Limbo, https://www.economist.com/babbage/2013/05/02/no-longer-in-limbo, visited on Oct. 2, 2019.

② 这一统计数据见:Anna Vuopala, Assessment of the Orphan Works Issue and Costs for Rights Clearance, https://digital-scholarship.org/digitalkoans/2010/07/08/assessment-of-the-orphan-works-issue-and-costs-for-rights-clearance/,2022年10月9日访问。

③ *Gowers Review of Intellectual Property*, 2006, p. 69, https://assets.publishing.service.gov.uk/government/uploads/system/uploads/attachment_data/file/228849/0118404830.pdf, visited on Oct. 2, 2019.

④ Commission Staff Working Paper, Impact Assessment on the Cross-Border Online Access to Orphan Works, Accompanying the Document, Proposal for a Directive of the European Parliament and of the Council, on Certain Permitted Uses of Orphan Works, https://ec.europa.eu/smart-regulation/impact/ia_carried_out/docs/ia_2011/sec_2011_0615_en.pdf, visited on Oct. 2, 2019.

除了对孤儿作品"数量"的估测外,还有另外两个值得调查的相关数据:孤儿作品的经济价值;孤儿作品问题对作品传播和使用造成的成本。但这两个数据就很难量化了,即使是进行抽样调查,其结果也往往说服力不强。英国联合信息系统委员会曾对图书馆、档案馆等公共文化机构在使用孤儿作品上的经验和成本进行调查。该调查从大小不同的机构回收了500份问卷。①当问及孤儿作品在藏书或收藏品中的比例时,大多数机构的回复是"不知道",但他们又承认,经常或偶然发生的无法联系权利人的情况影响了机构的项目。②至于寻找每件孤儿作品权利人所花费的时间,大多数回复并不能提供量化的数值,但保守估计,寻找每件孤儿作品权利人需要花费大致4小时。另有研究将时间数值转化为金钱来衡量。在美国版权局就孤儿作品公开征求意见期间,康奈尔大学图书馆曾提交一份意见,该意见中说其图书馆工作人员曾为343本仍在版权保护期内、但已脱销的作品寻找作者,最终在花费5万美元之后,仍然未能找到其中58%作品的权利人。③这是一个较为惊人的数字,但作为该图书馆提交给美国版权局意见中的陈述,应该不假。

我国尚无权威机构对孤儿作品的比例进行调查,但其比例也应不低,理由是制度使然。孤儿作品问题是当代版权制度的一个内在问题,也是各国面临的共同问题。因此,国外的数据大致也可为我国所参考,从中也可大致了解孤儿作品的规模。

总之,从实证研究的数据可以看出,孤儿作品占比不小,是当代著作权法无法回避的一个问题。上述数据也显示,当作品的权利人无从得知或难以查找时,将会产生实质性的权利清理成本。这将影响作品的传播和使

---

① Commission Staff Working Paper, Impact Assessment on the Cross-Border Online Access to Orphan Works, Accompanying the Document, Proposal for a Directive of the European Parliament and of the Council, on Certain Permitted Uses of Orphan Works, https://ec.europa.eu/smart-regulation/impact/ia_carried_out/docs/ia_2011/sec_2011_0615_en.pdf, visited on Oct. 2, 2019.

② Ibid.

③ Response by the Cornell University Library to the Notice of Inquiry Concerning Orphan Works, 2005, http://www.copyright.gov/orphan/comments/OW0569-Thomas.pdf, visited on Oct. 2, 2019.

用,有违著作权法的立法宗旨。正视这些数据,有利于正确对待孤儿作品问题,并设计出恰当的解决方案。更为具体地说,比如,在设计和适用"勤勉查找"规则时,了解孤儿作品的规模将有助于知悉相关查找的成本,进而设计出一个强度适中的查找要求。

第二章 孤儿作品问题的制度成因和产生背景

孤儿作品问题是当代著作权法的一个缺陷,长期隐身于著作权法的制度架构之中。孤儿作品的产生源于当代版权制度的根基之一"自动保护原则"。在国际条约协调下,20世纪见证和经历了版权登记制度的消亡。[①]如今,版权自动产生,无须登记。这导致大量作品的权利人身份不明或联系信息缺失,沦为孤儿作品。此外,版权保护期限较长、版权权属存在着复杂性和诸多不确定性也加剧了孤儿作品的产生。

孤儿作品问题可以说是当代著作权法的固有缺陷,但该问题的大量浮现却是近十余年来的事情。信息网络技术的发展和作品的大规模数字化工程使孤儿作品问题暴露无遗。在"先授权、再使用"的财产权默认规则下,权利人身份不明或难以查找阻碍着作品的传播和数字化使用,不利于著作权法促进文化传播和繁荣之宗旨的实现,造成了孤儿作品的版权使用困境。

第一节 孤儿作品问题的制度成因

一、当代版权制度的特征:强制登记制度的缺失[②]

当代版权制度采取自动产生原则,作品自动获得版权保护,并不需要履

[①] 吕炳斌:《版权登记制度革新的第三条道路——基于交易的版权登记》,载《比较法研究》2017年第5期。

[②] 同上。

行登记等程序要求。版权领域最基本、最重要的国际条约是《保护文学和艺术作品伯尔尼公约》（简称《伯尔尼公约》），该约在国际法层面确立了版权的自动产生原则。《伯尔尼公约》第 5 条第 2 款明确规定，"享受和行使这类权利不需履行任何手续"。版权自动产生，也不会因为不符合特定的形式或程序条件而受限制甚或撤销。

版权的自动产生、版权强制登记制度的缺失并非一开始即是如此，只能说是"当代版权制度"的特征。版权制度由客体制度、主体制度、权利内容制度、取得和期限制度、权利限制制度、使用制度和法律保护制度等部分组成。纵观各部分主要内容的发展，数百年来，大部分具有继承性和延续性，唯独版权的取得制度在百余年前发生了重大变革。

历史考察可见，版权法在产生之初曾存在形式要求。现代意义上的第一部版权法，即 1710 年英国《安妮法》，该法对作者施加了注册和存放的形式要求。[1] 1790 年美国《版权法》以及 1793 年法国《著作权法》，都规定了形式要求。[2] 为了享有版权保护，这些早期版权法都要求作者或权利人进行版权登记、存放作品复本或在其作品上标明版权告示。[3] 登记、存放和版权告示均为典型的版权形式要件。在国际法上，《伯尔尼公约》最初也曾规定版权取得的形式或程序要求。[4]

20 世纪见证了版权取得的强制登记制度的消亡，以自动产生原则为核心的版权取得制度成为当代版权制度的特征。版权形式条件在国际法和国内法两个层面均逐渐消失。《伯尔尼公约》于 1908 年进行了修订，也改采自动产生原则。1908 年《伯尔尼公约》第 2 条对此进行了规定。该条款沿用至今，在最近一次修订（1979 年）中被重新编排为第 5 条第 2 款。在国内法上，美国是版权取得形式主义的最有力坚守者，在很长一段时间内都有

---

[1] An Act for the Encouragement of Learning, 8 Anne, c. 19, 1710, § II & § V.
[2] The U. S. Copyright Act of 1790, § 3; French Literary and Artistic Property Act, article 6.
[3] Stef van Gompel, Formalities in the Digital Era: An Obstacle or Opportunity?, in Lionel Bently, Uma Suthersanen, Paul Torremans eds., *Global Copyright: Three Hundred Years Since the Statute of Anne, from 1709 to Cyberspace*, Edward Elgar, 2010, p. 395.
[4] World Intellectual Property Organization, *Berne Convention Centenary 1886—1986*, WIPO, 1986.

版权获取的形式和程序要求，施行强制性的登记制度。由于《伯尔尼公约》主要体现了大陆法系著作权法的特色，因此美国并不是签订《伯尔尼公约》的最初成员。直到1976年，美国修订《版权法》，才逐步向《伯尔尼公约》靠拢。1976年美国《版权法》对《伯尔尼公约》的遵守被认为是美国版权法的"彻底变革"。①1988年，美国加入《伯尔尼公约》，这意味着美国完全接受了自动产生原则，不再对版权的产生和行使做强制性的形式和程序要求。②

我国《著作权法》制定于改革开放后，体现着当代著作权法的特色，采用自动产生原则，完全没有强制性的登记制度。③但回顾历史，我国最早的著作权法即《大清著作权律》也规定作品在进行登记并呈报样本后才能获得保护。④

从国内外历史均可看出，版权的自动产生原则并非一开始就是如此。从全球层面而言，可以将20世纪初的《伯尔尼公约》修订作为当代著作权法产生的时间点。⑤

由上可知，版权自动产生原则和强制登记制度的缺失是当代版权制度的特征。这一特征不仅与版权法的历史相对应，也可以从与其他知识产权类型的比较中得出。专利权和商标权的取得都依赖于申请或登记程序，其原理在于通过登记确定无形财产的界限，并公之于众，使专利权和商标权具有公众可感知的确定边界，促使社会公众尊重这种得到国家公权力认可

---

① Shira Perlmutter, Freeing Copyright from Formalities, 13 *Cardozo Arts & Entertainment Law Journal*, 1995:581.
② 关于版权登记制度的历史回溯与比较研究，见吕炳斌：《版权登记制度革新的第三条道路——基于交易的版权登记》，载《比较法研究》2017年第5期。
③ 我国1990年《著作权法》并未规定强制性的版权登记制度。《中华人民共和国著作权法实施条例》第6条进一步明确了自动产生原则："著作权自作品创作完成之日起产生。"但是，1991年颁布的《中华人民共和国计算机软件保护条例》曾对计算机软件版权采"准强制登记"，其第24条规定："向软件登记管理机构办理软件著作权的登记，是根据本条例提出软件权利纠纷行政处理或者诉讼的前提。"该条款后被废止。我国目前的著作权登记在性质上是一种自愿登记。
④ 《大清著作权律》第2条和第4条。
⑤ 关于"当代"，文学界和史学界均有不同的划分方法。中国文学界有一种划分以五四运动为界限。本书对当代著作权法的时期界定与之相似，这种划分在史学观念和时间观念上也应可成立。见《当代和现代怎么分？》，https://zhidao.baidu.com/question/377632717.html，2022年10月9日访问。

和保障的私有财产权。换言之,就公众角度而言,在无形财产上设置权利,实际上是将属于公共领域的公有财产进行分割和私有化,这种分割和私有化需要满足实体和程序上的公平正义,同时又不至于过分侵蚀公共领域和他人行为自由。专利的申请审查制度和商标的注册制度都旨在促进这些价值和目标的实现。由此可见,在主要的知识产权类型中,版权(著作权)的产生和取得制度也是较为特殊的。有别于专利权和商标权,版权的取得并不需要满足任何形式或程序条件。

版权自动产生原则和强制登记制度的缺失虽然不利于财产权边界的确定和公示,却有着别样的理论支撑。其理论上的正当性依据主要是自然权利理论,即作品作为人的智力劳动成果,一旦完成,就应自动产生权利。此外,如果以人格理论作为著作权法的根基,那么著作权中包含的精神权利也要求自动产生保护。因为人格利益、精神利益的保护是无需登记的,否则将不可思议。实践上的理由主要是,随着时代的变迁,创作不再是文学艺人的专享活动,而成为大众化的社会现象,作品的数量急剧增加,登记制度对申请人和行政机关会造成很大的负担,产生较大的社会成本。需审查的作品数量可能远超出国家版权管理机构的审查能力。技术发明的数量与版权作品的数量相比要少许多,但是专利审查的积案现象已成为突出问题。著作权领域若存在强制性的登记要求,其审查的积案现象将更为严重。概言之,取消版权强制登记制度具有一定的道理。

然而,当代著作权法放弃了强制登记制度,改采权利自动产生原则,看似方便,却潜伏危机,使当代版权制度面临困境。登记制度的缺失对权利人、使用者而言都造成了一定的不良影响,同时导致作品权属数据库的缺失。这会导致权利的产生缺乏公示,权利状态不确定、不清晰,权利人不易联系,大量孤儿作品存在等问题,进而影响作品的传播和利用。潜在使用者由于查找和联系权利人的成本较高,可能选择放弃使用,或者冒险进行未经许可的侵权性使用。相应地,权利人得到的报酬和激励也将受到影响。

可以说,版权登记制度的取舍是一个两难命题。版权的产生以登记为前提的确有助于明确作品的权利状态,增加法律上的确定性,有助于作品和信息的传播,促进人类社会的发展。然而,这一制度也将给作者和版权局造成较大负担。在可预见的将来,版权自动产生、强制登记制度的缺失仍将持续,孤儿作品问题难以从源头上被彻底解决。

二、版权权属存在复杂性和不确定性[①]

在版权自动产生和权利登记缺失的基础上,版权权属规则的复杂性增加了作品意图使用者识别权利人的难度。

版权最基本的权属规则是将署名的作者推定为权利人,即如无相反证明,在作品上署名者为版权人。这一规则看似简单,然而这种推定的权属状态很有可能与实际情况不符,导致不确定性。在司法实践中,法院即允许当事人提出相反证明,从而推翻这种初步的推定。当事人提供的涉及著作权的底稿、原件、合法出版物、著作权登记证书、认证机构出具的证明和取得权利的合同等,都可以作为证据。[②]作品上的署名只是一种初步证据。类似地,单方版权声明也是一种初步证据。在版权强制登记制度和实质审查制度缺失的前提下,版权登记证书也只能作为一种初步证据,被推翻的可能性比起专利证书、商标专用权证书而言更大。

在版权权属规则中,版权人这一主体的确定也存在一些特殊情况。就逻辑上而言,著作权保护的"起点"在于作品之创作,因此创作作品的人必然是自然人。[③]这些自然人是真正意义上的作者,在大多数情况下,著作权法遵循此逻辑,将自然人作为著作权主体。然而,在一些特定情形下,法人或其他组织也可能基于法律规定或合同约定成为著作权主体。我国著作权法有关于职务作品、委托作品、法人作品的专门规定,还有关于电影作品的特别规定。比如,我国著作权法通过法律拟制将制作者视为电影作品的版权人,并由此形成了细致而复杂的规则。根据法律规定及影视产业界的行业惯例,在电影作品上署名为"出品人""制片人""摄制人"等的法人或非法

[①] 吕炳斌:《版权"一女多嫁"的解决之道——以善意第三人保护为中心》,载《暨南学报(哲学社会科学版)》2017年第12期。
[②] 《最高人民法院关于审理著作权民事纠纷案件适用法律若干问题的解释》第7条。
[③] 李明德:《著作权主体略论》,载《法商研究》2012年第4期。

人组织一般被视为制作者;如果既有明确署名的制作者,又有明确的版权声明,以版权声明为准;①如果能通过拍摄协议等证据证明真正的制作人或投资者另有他人,则另当别论。②又如,对短视频而言,根据发布用户的专业水准差异,其著作权归属也会存在相应差别,不易确定,较为复杂。③再如,我国现行著作权法规定的法人作品和职务作品之间存在一定的交叉和重叠,两者的认定和权属判断也非易事,常生纠纷。④此外,著作权人死亡后,多个主体在特定情形下都可能成为著作权人。这些问题都增加了版权权属规则的复杂性。

版权的权属在实践中还将产生一些特殊问题。比如,一些图书的作者署名为"××编写组"或"××编写委员会",这给著作权人的确定增加了难度。⑤"××编写组"或"××编写委员会"不是自然人、法人或其他组织,该书实际上是一个合作作品,至于合作者到底是谁,有时候会较难查证。又如,著作权不同于一般民事权利,著作权在其交易过程中会出现部分或者全部人身权与财产权分离的状况,这为著作权主体的确定增加了变数。⑥可见,相比物权、专利权和商标权,著作权所有人的识别不仅规则较为复杂,在特定情形下还存在难度。

三、相对较长的著作权保护期限

著作权的保护期限相对较长。就最为典型的自然人作品而言,对其著作财产权和发表权的保护在作者终生之后仍然要持续数十载。同为智力创作成果,比起发明专利权的 20 年、实用新型专利权的 10 年、外观设计专利

---

① 《广东省高级人民法院关于审理侵害影视和音乐作品著作权纠纷案件若干问题的办案指引》第一节第(四)项。
② 孙益武:《影视作品交易中著作权人身份查明问题探讨》,载《中国版权》2013 年第 6 期。
③ 丛立先:《论短视频作品的权属与利用》,载《出版发行研究》2019 年第 4 期。
④ 刘银良:《著作权归属原则之修订——比较法视野下的化繁为简》,载《政治与法律》2013 年第 11 期。
⑤ 陶峰:《著作权主体资格的确认——浅议"××编写组"作为著作权人的资格认定》,载《中国出版》2008 年第 8 期。
⑥ 骆电、胡梦云:《著作权主体的司法判断》,载《人民司法》2011 年第 21 期。

权的15年，著作权的保护期限之长，显而易见。按照国际条约确定的基本标准，我国著作权法规定，自然人作品的保护期为作者终生及其死亡后50年，法人作品发表权的保护期为50年。

著作权法的发展史也是一部权利保护期限被不断延长的历史。从国外历史上看，版权保护期限最初并不长。比如，美国最初的版权保护期限是14年，若作者在世，可予再延长14年。[1]在欧美国家，版权保护期限还在国际最低标准基础上进行了延长。美国国会在1998年颁布了《版权期限延长法》，该法律延长了作品版权的期限。[2]就自然人作品而言，其保护期限是作者终生及其死亡后70年。以20—30年为一个生育周期计算的话，70年的延长保护期限可以传递两三代人。

著作权保护期限延长至作者死后数十年，可以说是"福荫子孙"。然而，这一朴素的观念与著作权法的哲学和经济学基础未必相符。将版权保护期限延长至作者死亡之后，并且作者生前死后的著作权保护内容没有差异，不仅在正当性上存疑，还会造成实践问题。

在理论上，无论是洛克的劳动理论、黑格尔的人格理论，还是功利主义理论，这些著作权法的理论都不必然指向作品保护期限的延长，更难以为作者去世后作品仍然得到保护提供理论支撑。在以洛克的劳动理论为代表的自然权利观念下，自然法要求为后代子孙留有足够的资源，但是"除了独立之需求外，并不存在继承的自然权利"[3]。智力作品并不如有形的房屋，不是自然人独立所必需的，未必需要继承。在人格理论下，作品被视为作者人格的外在流露。虽然人格理论可以解释人格权的延续保护和持久保护，但很难解释作品经济权利的延续保护。毕竟，人格理论以人的存在为前提。作者对其人身有控制权，然而在他去世之后，他的作品应当回归公共

---

[1] Copyright Act of 1790, https://www.copyright.gov/history/1790act.pdf, 2023年3月30日访问。

[2] Sonny Bono Copyright Term Extension Act, Pub. L. No. 105-298, 11 Stat. 2827 (1998).

[3] Jeremy Waldron, Locke's Account of Inheritance and Bequest, 19 *Journal of the History of Philosophy*, 1981:39-51.

领域,为未来的灵感和创作提供"燃料"。① 功利主义理论是英美法系版权法的主导理论,其目标是社会福利的最大化。②功利主义理论赞成对作品实行较长保护期限的一个可能理由是,如果版权保护期限不够长,作品就可能不会被发表,对企业来说尤其如此,因为没有足够的经济激励。③这看似有理,却也不能解释著作权的保护期限为何要如此之长,尤其是要在死后延续保护。功利主义追求社会福利的最大化,将作品早日释放进入公共领域,可能更有利于实现这种目标。作品保护期限越短,排他性控制越短,作品将会更快地扩散。

从实践上看,"福荫子孙"的观念,在一定程度上是建立在抚养去世作者妻儿的假设基础上的,然而社会发展至今,女性就业已是普遍现象。此外,作者的后代也未必是其作品的最佳托管者。作者是艺术家,但其子孙未必是艺术家,甚至可能不懂得艺术的价值。作者的去世可能在实际上导致权利的行使产生变化,但法律上却忽略了这一点。一些实证研究也表明,作者的子女往往不擅长担任作品的"监护人"。④这导致作品的传播和使用受到阻碍,并不利于著作权法宗旨的实现。

在版权保护期限不断延长的正当化争论中,一个被忽略的问题是社会利益。尤其在作者身后的版权保护期限的设定上,立法者似乎只将作者或权利人的后人作为继承人,而忽略了社会在发挥作品最大功效中的作用。传统的著作权法理论将作者理解为一个浪漫主义的个体,他可以自给自足地进行创作,作品创作的关键在于作者的创造才华。然而,受关系社会学的影响,越来越多的人认识到作者的创作并不是孤立的。美国学者雷丁认为,"创造力是一个集体问题;从某种意义上说,所有创造力都是集体创造力。"⑤当代

---

① Roberta Rosenthal Kwall, Inspiration and Innovation: The Intrinsic Dimension of the Artistic Soul, 81 *Notre Dame Law Review*, 2006:1946—2012.
② William Fisher, Theories of Intellectual Property, in Stephen Munzer ed., *New Essays in the Legal and Political Theory of Property*, Cambridge University Press, 2001, pp.168-169.
③ Deven R. Desai, The Life and Death of Copyright, 2011 *Wisconsin Law Review*, 2011:219-272.
④ Ibid.
⑤ Margaret Jane Radin, Property Evolving in Cyberspace, 15 *Journal of Law and Commerce*, 1996:509.

艺术学的"艺术制度论"也认为,①艺术创作是在一个"艺术界"(artworld)中进行的,作者并不是孤立的,作者的创作也不是自给自足的。②引入社会学的视角后可以发现,作者的创作实际上是一个交流的过程,他在与现有文献进行交流,也可理解为是在与现有文献的作者进行书面的交流,在交流之中产生新的想法、新的灵感,就会创作出新的作品。如果将创作理解为一个在由以往和现在的多个作者构成的关系网络之中进行的过程,那么新的作品的作者也有义务允许他人进一步创作。就此而言,版权保护期限过长,通过复制、改编等专有权利的排他控制架构起权利的保护空间,在一定程度上是为后人的持续创新和创作设置"路障"。版权保护期限增长,新一轮的创新周期就会相应延缓。就大多数创作而言,它并不能无中生有,而是一个演绎的过程。促进创新和创作是著作权法的宗旨,之前的作者和作品应当为后续的创作供给"养分"。

将版权保护期限延至作者去世之后,视作者直系亲属的利益高于社会利益,是有很大问题的。有学者认为,这还涉及代际公平的问题。③代际公平是可持续发展理论的核心之一。④代际公平理论一般用于讨论环境保护和有形资源的消费,关注的是一代人可以消费多少资源以满足其需求,同时又不损害后代人的利益。代际公平关注的是一代人,而不是某个人或某些人。从代际公平角度看,我们都应该回馈社会,因为社会为我们的创作提供了素材。每个未来的作者都应该能够从"创意库"中汲取养分,只有这样才能刺激更多的创作。⑤

版权保护期限的延长无疑阻碍了作品尽早进入公共领域。版权保护期限越是延长,就有越多的作品被私有化。比如,受美国的《版权期限延长

---

① 赵树军:《沃尔海姆与迪基的艺术制度论》,载《外国美学》2013年总第21辑。
② L. Biron, E. Cooper, Authorship, Aesthetics and the Artworld: Reforming Copyright's Joint Authorship Doctrine, 35 *Law and Philosophy*, 2016:55-85.
③ Deven R. Desai, The Life and Death of Copyright, 2011 *Wisconsin Law Review*, 2011:219-272.
④ 方行明、魏静、郭丽丽:《可持续发展理论的反思与重构》,载《经济学家》2017年第3期。
⑤ Deven R. Desai, The Life and Death of Copyright, 2011 *Wisconsin Law Review*, 2011:219-272.

法》影响,"至少在2019年之前,已有数万件本将进入公共领域的作品被私有化"①。版权保护期限延长也会使原有的作者信息和权利人信息变得过时甚至无用。美国版权局虽然支持和主张将版权保护期限延长,但也承认延长的后果是越来越多的权利人信息的丧失或不可联系。② 版权期限的延长加剧了孤儿作品问题,因为随着保护期限的增加,查找权利人的实际困难也会增加。③

进一步地,较长的版权保护期限除了增加孤儿作品的数量外,还在一定程度上助推了文化艺术作品的浪费。如果一个作者在有生之年都未使用其作品,那么他的后人去使用作品的可能性就非常低。孤儿作品尤其如此。如果作者在有生之年对其作品置之不理、不加关注,如无特殊情况,其后人估计也是如此。面对这种情况,将孤儿作品在作者去世后仍然置于排他领域数十年,实在是一种社会资源的浪费。因此,在呼吁解决孤儿作品问题的同时,学界也对较长的版权保护期限提出了质疑。

著作权保护期限的难题在于何为最佳期限。目前,不少学者已经意识到较长保护期限的负面效应。至于改革方案,一种是缩短保护期限,同时设置一个续展期限,这类似于商标法规定的商标保护期限。尼尔·内塔内尔教授提出,版权的保护期限最为理想的应该是28年,加以一个28年的续展期限。④ 内塔内尔教授还认为,未发表的作品的保护期限应该是5年,这可以激励作品的发表。⑤ 这个方案将著作权保护期限与作者的寿命"脱钩",并且设置了较短的保护期限,有利于减轻使用者的负担。但该方案较为激进,与现有制度将版权保护期限建立在作者寿命基础上完全不符,实

---

① Chris Sprigman, The Mouse that Ate the Public Domain: Disney, the Copyright Term Extension Act, and Eldred V. Ashcroft, https://supreme.findlaw.com/legal-commentary/the-mouse-that-ate-the-public-domain.html, visited on Oct. 2, 2019.

② Marybeth Peters, The Importance of Orphan Works Legislation, http://www.copyright.gov/orphan/OWLegislation/, visited on Oct. 2, 2019.

③ Jerry Brito, Bridget Dooling, An Orphan Works Affirmative Defense to Copyright Infringement Actions, 12 *Michigan Telecommunications and Technology Law Review*, 2005:75-113.

④ Neil Weinstock Netanel, *Copyright's Paradox*, Oxford University Press, 2008, p.182.

⑤ Ibid.

施的可能性较小。另外两位专家威廉·兰德斯和理查德·波斯纳则提出了另一种方案，他们认为，要么是无限期可续展的版权，要么是"初始期限为20年，最多6次的10年续展期限，并且最长期限为80年"，在经济上最为有效。①根据他们的研究，作品的平均生命力只有15年。基于作品的实际生命力较短，再加上较高的期限续展成本，会促使大多数作品尽早进入公共领域；对那些具有较高价值的作品而言，其权利人则可选择多次续展，实现最长的保护期限。②这个方案基于经济分析，从大多数作品的生命周期出发，设计了一个在经济上具有效率的制度，但问题同样在于与现行制度相去甚远。现行制度将版权保护期限建立在作者终生基础上，不是偶然，因为作者的死亡日期比起其不同作品的创作日期更易判断。至少，在整体上而言，作者死亡日期的确定成本比多个作品创作日期的确定成本要低。

知识产权法数百年的历史传统显示，目前的版权保护期限建立在作者终生基础上具有一定的合理性。在大陆法系的著作权体系下，作品被认为是人格的外在流露，对这种人格外化的保护，必然存在于人的有生之年。在英美法系的著作权体系下，作品的法律保护被认为是对创新的一种激励，这种激励需要维持在一个适当的程度。作品收回投资的周期不如技术发明迅速，因此作品权利的保护期限长于专利，应无疑问。对于自动产生、无须登记的作品版权，其权利保护期限的起算无法以登记日为起点，也不宜以作品完成日为起点，以作者的死亡点起算可以提供一种较为明确的计算方案。比较而言，专利法中发明制向申请制的转变，即印证了作品完成之日、发明完成之日等时间节点举证的费时费力。虽然很难在实证上得到充分的证明，但对自然人的作品予以终身保护，可能是一个比较恰当的平衡。而版权保护期限的不断延长，反而是某方利益不断追求更大化甚至最大化的结果，在正当性上存疑。

就孤儿作品而言，若能缩短版权保护期限，其版权使用困境也会得以缓

---

① William M. Landes, Richard A. Posner, Indefinitely Renewable Copyright, 70 *University of Chicago Law Review*, 2003:471-518.
② Ibid.

解。从以上分析也可知,过于考虑作者及其子孙的利益,并不是著作权法的宗旨所在。著作权法还要将社会利益和创新驱动发展纳入考量。若纳入社会利益的考量,作品的保护期限不宜过长。然而,去撼动版权保护期限规则会面临相当大的阻力,几乎没有实现之可能。

一言以蔽之,在孤儿作品问题上,我们只能正视现有的版权保护期限规则,不要试图去做改变它、撼动它的徒劳之功。

四、孤儿作品问题是当代版权制度的内在困境

版权强制登记制度的缺失是当代版权法的一大特征。版权强制登记制度的缺失虽然具有快捷便利方面的优势,但会危及无形财产权的公示公信,还会造成权利人信息的缺失、权利人难以查找或不易联系等问题,进而影响作品的传播和使用。孤儿作品产生的根源在于版权强制登记制度的缺失。可以说,当代版权法采取自动产生原则、放弃登记制度所产生的优势,是以造成孤儿作品问题为代价的。当代版权法中,版权保护期限较长且还有不断延长的趋势,也加剧了孤儿作品问题。孤儿作品问题是当代版权法特有的问题,也是当代版权法的内在困境,其解决并非易事,可能需要立法者和学者数十年的探索。

在排他性的财产权中,无论是物权,还是专利权或商标权,都很难出现类似于孤儿作品的问题。物权拥有可靠的权利外观,他人可借由登记、占有等外观确定权利人。专利权和商标权也都可借由登记的权利外观确定权利人。此外,专利权和商标权的官方数据库通常也有明确的权利人信息,不易发生难以确定和无法查找权利人的情形。从这个意义上讲,孤儿作品问题是著作权法特有的。

孤儿作品问题挑战着著作权制度。著作权在性质上是一种具有排他性的权利,在民法语境之下属于绝对权,而不是相对权。权利人就复制、传播等特定行为上的利益享有专有权、排他权,他人不得侵害。基于绝对权理念,他人若要复制、传播作品,需要事先取得权利人许可。但问题在于,孤儿作品的权利人难以查找或者不易确定,这就导致两种结果:他人要么冒险侵权,未经许可使用;要么受法律之约束,放弃使用。前者将导致大规模侵权,后者将阻碍作品的传播和使用,这两种结果都非著作财产权制度建立的初衷。正如国外学者所言:"孤儿作品也对整个版权体系的合法性构成挑战,其原因在于,任何无法找到大部分权利人的财产体系都几乎会破裂。"①

权利人的缺失或失联造成孤儿作品的许可存在障碍,这是影响孤儿作品传播和使用的直接因素。进一步而言,孤儿作品的真正问题不在于权利人的失联,如果权利人一直失联,不再复出,那么这一作品就属于真正的孤儿作品,他人的传播和使用在事实上并不存在问题,法律上也可扫清孤儿作品使用的障碍。真正存在问题的是处于灰色地带的孤儿作品,即不存在权利人信息,或权利人信息不真实,或权利人不易查找,但权利人随时可能复出,主张权利,甚至进行要挟的作品,这种情形从一开始就对作品的使用和传播产生威胁和阻碍。由此可见,孤儿作品问题绝不是简单地寻找权利人的问题,还涉及绝对权的基本理念、挟持行为的规制,涉及孤儿作品使用中的补偿或赔偿、停止侵害或停止使用请求权的行使等一系列问题,进而涉及当代版权法的理论根基和基本架构,可谓"牵一发而动全身"。

第二节 孤儿作品问题的产生背景

一、信息网络技术的发展与孤儿作品问题的产生

孤儿作品因当代版权法奉行的权利自动产生原则而出现,是当代版权制度的内在困境,在信息网络和数字化时代得以凸显。孤儿作品的产生与网络技术的发展有关,也与网络文化有关,更与大规模数字化有关。

首先,信息网络技术的发展使得数字化作品数量呈爆发式增长。移动

---

① Jake Goldenfein, Dan Hunter, Blockchains, Orphan Works, and the Public Domain, 41 Columbia Journal of Law & the Arts, 2017:2.

互联网的普及更是几乎让所有人都成为网络用户。①随着自媒体的发展,网络创作愈发繁荣。网络成为一个自由创作、多元创作的大平台,每天都有大量的文字作品以及短视频、图像等被创作出来。然而,其中的大多数作品都不包含足够的权利人信息或元数据。在文字作品上,作者可能署假名或网名;在短视频和图像上,可能根本就没有权利人信息。即使作者在数字作品创作时添加了元数据,他人在复制或传播作品的过程中也可以删除权利人信息数据。在"未经许可、不得使用"的财产权规则下,这些作品的使用和传播受到很大的限制。

其次,信息网络的发展,大大提高了作品的传播和使用效率。有别于著作权法所奉行的排他性文化,互联网奉行互联互通和开放获取的理念。网络时代知识共享工程的诞生就是这种理念的体现。有外国学者指出,著作权的"排他性文化"和互联网的"开放获取文化"存在着一定的冲突。②这种文化冲突实际上潜伏在网络著作权诸多问题的背后,在孤儿作品问题上也不例外。著作权法并不反对互联互通、开放获取,只是增加了权利人的许可要求,以保障权利人对其作品在网络上使用的控制。③未经许可、不得传播的规则有着财产权原理的支撑,似乎是天经地义的。然而,现实之中还存在着大量的孤儿作品,④在这种情况下,权利人的许可要求反而成为孤儿作品使用和传播的障碍。排他文化影响了互联网时代的作品传播效率,削弱了技术带给人类的好处。

再次,技术发展也使得作品更容易成为孤儿作品。网络技术和传播技术的发展,导致很多作品在未经许可、未准确标注权利人的情况下就被传

---

① 《工信部:11月末我国移动互联网用户总数达12.5亿户》,http://www.techweb.com.cn/data/2017-12-18/2619633.shtml,2022年10月9日访问。

② Alexander Peukert, Das Urheberrecht und die zwei Kulturen der Online-Kommunikation, Gewerblicher Rechtsschutz und Urheberrecht-Beilage, 2015, helf 1, p.77.

③ Ibid., p.82.

④ Letter from Denise Troll Covey, Principal Librarian for Special Projects, to Jule L. Sigall, Assoc. Register for Pol'y & Int'l Affairs, U.S. Copyright Office, http://www.copyright.gov/orphan/comments/OW0537-CarnegieMellon.pdf, visited on Oct. 2, 2019; Anna Vuopala, Assessment of the Orphan Works Issue and Costs for Rights Clearance, https://www.academia.edu/74310628/Assessment_of_the_Orphan_works_issue_and_Costs_for_Rights_Clearance, visited on Oct. 2, 2019.

播。技术的发展促使权利人信息和作品之间更容易发生分离。此外,在网络空间,作品的发行和传播并不像传统途径那样有明确的记录。网络上非常规的传播途径常常导致传播链条中的信息中断或缺失,依据传播链条去寻找权利人也往往不可行。这些因素都加剧了信息网络空间中的孤儿作品问题。

最后,技术发展使得作品的大规模数字化成为可能,而大规模数字化导致了孤儿作品问题的爆发。在前网络时代,作品的传播和使用难以达到规模化,孤儿作品难以使用的问题仅为个案,并未形成制度层面的困境。然而,数字技术的发展使得作品的数字化乃至大规模数字化使用成为可能。大规模数字化与信息网络传播的迅捷相互作用,导致孤儿作品问题集中爆发。美国关于这一问题的讨论肇始于谷歌数字图书馆案,即是证据。[①] 谷歌数字图书馆一开始采取了"选择退出"(opt-out)的版权使用策略,如果版权人不想其作品被收录和数字化,需要主动通知谷歌,即"选择退出",这一策略有助于解决孤儿作品的使用难题。然而,这种策略颠倒了传统财产法上使用者联系权利人并取得许可的基本理念,引发了极大争议。综观世界,目前的著作权法仍然坚守权利人本位主义,不允许他人未经许可使用作品,即要求使用者获得权利人的事先许可,否定了"选择退出"的存在空间。在大规模数字化面前,孤儿作品的版权使用困境愈发凸显。

概言之,孤儿作品版权使用困境的形成不仅有法律制度上的深层次原因,还有技术上的原因。孤儿作品产生于当代版权制度,是技术和版权制度发展到一定阶段的产物。信息网络技术使更多的作品被创作出来,作品的传播方式也更为便捷,但相应地,孤儿作品问题也日益加剧。最初暴露孤儿作品问题的是谷歌数字图书馆这一大规模数字化项目,下文将对大规模数字化的背景进行介绍和分析,从而进一步解释孤儿作品问题的普遍性和严重性。

---

① 吕炳斌:《网络时代版权制度的变革与创新》,中国民主法制出版社2012年版,第90—92页。

二、大规模数字化使孤儿作品问题得以暴露

大规模数字化与信息网络技术的发展密切相关,正是技术的发展使得作品的大规模数字化成为可能。孤儿作品问题暴露于作品的大规模数字化背景下,下文对这一背景做专门的介绍和分析。

在考察大规模数字化的实践之前,先要明确大规模数字化项目的功能或价值,理解这是值得提倡和开展的项目。大规模数字化的好处至少有两点:一是保存文化遗产;二是促进作品的传播和公开获取。以图书为例,若无大规模数字化项目,读者查找图书就需要去图书馆;大规模数字化后,读者则可通过网络接触数字化的图书,这将促进知识和文化遗产的传播。然而,大规模数字化作品中必然包含孤儿作品。因此,尽管作品的大规模数字化服务于读者利益乃至社会公共利益,具有巨大的社会效益,但仍需平衡两种不同的利益,即权利人的利益和使用者的利益。权利人基于绝对权、排他权,享有对作品的控制,但使用者作为一类读者,又应当获得知识传播的好处。图书不仅承载着商业价值,还承载着学术价值和文化价值,后者其实更为重要。在保障作品的经济利益,为作者创作提供激励的前提下,应当尽可能地促进作品文化价值和学术价值的实现。作品大规模数字化和孤儿作品使用的目标是一致的,即促进作品文化价值和学术价值的实现。然而,在这一过程中,又需要为维护作者利益提供保障措施。

与孤儿作品问题暴露最为相关的大规模数字化项目案件是谷歌数字图书馆案。[①]谷歌图书搜索计划起初被称为谷歌数字图书馆(Google Digital Library)计划,后来,其官方网站将之改为谷歌图书搜索(Google Book Search)计划。实际上,从其拥有一批电子图书的性质看,它仍然是一个图书馆。

[①] 关于谷歌数字图书馆案的介绍,见吕炳斌:《反思著作权法——从 Google 数字图书馆说起》,载《图书馆杂志》2007 年第 5 期;吕炳斌:《网络时代的版权默示许可制度——两起 Google 案的分析》,载《电子知识产权》2009 年第 7 期;吕炳斌:《Google 数字图书馆计划中的反垄断问题》,载《国家图书馆学刊》2010 年第 2 期;吕炳斌:《数字时代版权保护理念的重构——从以复制权为中心到以传播权为中心》,载《北方法学》2007 年第 6 期;吕炳斌:《网络时代版权制度的变革与创新》,中国民主法制出版社 2012 年版,第 77—90 页。

谷歌数字图书馆项目于 2004 年启动,最初是一个雄心勃勃的计划。它计划将几大合作图书馆的藏书进行数字化扫描,并将扫描后的电子版本提供给合作图书馆,同时提供书籍电子版的在线搜索。就受版权保护的图书而言,用户并不能下载整本图书,只能查看图书的片段(snippets)。[1] 数字图书馆计划具体涉及两个行为:一是谷歌将书籍全文复制入它的搜索数据库;二是在用户搜索询问时,谷歌将其保存的文本中的一些句子展示给检索者。

为了推进谷歌数字图书馆计划,谷歌公司起初采取了所谓的"选择退出"策略,要求不想其图书被收录的作者将此意图通知谷歌公司,否则就视为允许将其图书进行扫描和收录。权利人当然会反对这一方案,因为这会增加权利人负担。2005 年 9 月,美国作家协会和美国出版者协会就谷歌数字图书扫描计划起诉谷歌公司。在案件审理过程中,双方曾希望达成和解协议。2008 年 10 月,双方提出一份初步的和解协议。[2]该和解协议豁免了谷歌公司侵害版权的责任,同时设计了商业化运作模式和利益分享机制,即规定将谷歌数字图书馆运营收益的 63% 转交权利人或用于公共服务。[3]该和解协议的正文长达 141 页,并另有 15 个附件,详细设计了未来谷歌数字图书馆的商业化运作模式。[4]这份和解协议引起了广泛关注和热烈争议。谷歌的一些竞争对手对该和解协议表示反对,其主要关注点是该和解协议将使谷歌公司获得图书数字化市场的垄断权。一些未曾加入案件诉讼的权利人也持反对态度,因为他们不满其利益被诉讼方代表。2010 年 12 月,诉讼双方对和解协议进行了修改,提出了和解协议的修订版,修订的主要内容是减少其适用范围,把一些争议比较激烈、反对声音较大的图书排除在外。

---

[1] Authors Guild, Inc. v. Google, Inc., 954 F. Supp. 2d 282, 286-287, 2013.

[2] 关于该和解协议的信息,见 Authors Guild, Inc. v. Google, Inc., https://en.wikipedia.org/wiki/Google_Book_Search_Settlement_Agreement,2022 年 10 月 9 日访问。

[3] 吕炳斌:《网络时代的版权默示许可制度——两起 Google 案的分析》,载《电子知识产权》2009 年第 7 期。

[4] The Authors Guild, Inc., Association of American Publishers, Inc., et al., v. Google Inc., Settlement Agreement, Case No. 05 CV 8136-JES, 2008.

谷歌数字图书馆案的和解协议不仅涉及案件双方的利益,实际上也是一种版权制度上的创新。很多评论者指出,谷歌数字图书馆案的和解协议类似于延伸性集体管理,①但与一般意义上的延伸性集体管理不同的是,这一协议下的受益人只有一个。若这一协议得到法院的批准,谷歌公司将成为这一类似于延伸性集体管理协议架构的受益者,取得竞争优势,甚至可能取得垄断地位。法院无疑要考虑这种潜在的负面效应。2011年3月22日,在长期争议和权衡之后,美国联邦区域法院法官拒绝批准修改后的和解协议。②但法官同时也承认谷歌数字图书馆项目的好处众多,不仅可以为图书馆、学校、研究者和残障人士提高图书的可获取性,也可以让作者获得新的读者和更多的收益机会,并且还有利于旧书的维护和保存。③法官认为,这份和解协议在版权、反垄断、隐私权、国际和外国法方面均存在缺陷和问题,因此认为和解协议没有满足公平、充足和合理的要求。④法官最终认为,此和解协议存在诸多争议,会引起国际关注,这些问题交由国会解决为宜。⑤

美国联邦区域法院法官拒绝批准谷歌数字图书馆的和解协议,除了考虑到反垄断法和其他国家著作权人的利益外,另一个重要原因是谷歌没有正确处理孤儿作品的版权问题。和解协议的反对者认为,此类作品的版权同样受法律保护,而和解协议让谷歌拥有了无限度从这些孤儿作品中获利的权利。这一安排与现有版权制度不符。法院也认同了此观点。孤儿作品版权问题其实在法律上也是一个模糊地带,美国国会也曾多次考虑相关提案。谷歌数字图书馆和解协议试图通过合同模式解决孤儿作品版权问题,这一尝试被法院认为是违反版权法的。根据这一认定可知,即使是权利人无法确定的孤儿作品,他人也不能未经许可随意使用。

---

① Pamela Samuelson, The Google Book Settlement as Copyright Reform, 2011 *Wisconsin Law Review*, 2011:477-560.
② Authors Guild et. al. v. Google, Inc., 770 F. Supp. 2d 666, 2011.
③ Authors Guild et. al. v. Google, Inc., 770 F. Supp. 2d 677, 2011.
④ Authors Guild et. al. v. Google, Inc., 770 F. Supp. 2d 666-678, 2011.
⑤ Authors Guild et. al. v. Google, Inc., 770 F. Supp. 2d 678, 2011.

谷歌数字图书馆项目没有因和解协议的驳回而停止,但是谷歌公司也不得不与出版商、作者再次修改和解协议以满足法院的要求。在案件发生后,涉案的五家大的出版商与谷歌公司达成了一个私下协议,规定这些出版商可以选择是否将其拥有的图书"放入"谷歌公司的数字图书馆。① 由于这一协议只涉及特定出版商和谷歌公司之间的利益纠纷,因此不需要法院的批准。但同时,这份私下协议也只是谷歌数字图书馆项目发展中的一部分解决方案,这份协议对美国作家协会和其他非诉讼参与者没有任何约束力。这份私下协议解决的是五大出版商拥有版权的书籍的使用问题,这些书籍有明确的权利人,因此协议并不涉及权利人状态不明的孤儿作品。

此案之后,作为商业化运作数字图书馆的过渡性安排,谷歌公司对其数字图书馆计划进行了调整,其中一个重要方面是将版权许可方式由默认改为明示。谷歌公司在其网站上宣称,在谷歌图书搜索上可以预览的许多图书仍然受版权保护,并且是经过出版商和作者允许才显示的。② 此外,在图书搜索结果的显示方面,谷歌公司一般不再显示整本图书的全文,而主要显示用户检索关键词的上下文片段。当然,谷歌公司会根据版权情况,提供不同的显示结果,有的图书可能全书都无法预览或无法检索,仅仅提供基本信息介绍;有的图书可能获得了权利人授权,能够免费向用户展示全文。

在谷歌图书搜索中,如果点击某本图书的搜索结果,将会显示关于该图书的基本目录信息,而且在很多情况下还会有几小段内容(即含有搜索关键词的相关句子)。如果作品的版权保护期限届满或不受版权保护,检索者即可浏览甚至下载该书的全部内容。但无论如何,用户都会看到许多链接,这些链接会将用户"带到"可以购买图书的在线书店,以及可以借阅图

---

① Press Release, Association of American Publishers, Publishers and Google Reach Settlement, https://librarytechnology.org/document/17269, visited on Oct. 2, 2019; Claire Cain Miller, Google Deal Gives Publishers a Choice: Digitize or Not, https://www.nytimes.com/2012/10/05/technology/google-and-publishers-settle-over-digital-books.html, visited on Oct. 2, 2019.

② 《如何使用传统版 Google 图书》,https://support.google.com/websearch/answer/43729?visit_id=637073922333056633-3363723886&hl=zh-Hans&rd=1,2022 年 10 月 9 日访问。

书的图书馆。谷歌宣称其图书搜索计划是在读者和作者之间架起桥梁,尤其是促进作品的跨国使用和传播。[①]的确,谷歌数字图书馆对非英语国家的好处可能更多,图书的全文检索甚至浏览将方便非英语国家读者的阅读和研究。

由于存在包括孤儿作品在内的作品许可授权难题,谷歌数字图书馆计划从最初的雄心勃勃到后来的不断调整,只是建成了一个非常有限的数字图书馆。目前,谷歌公司仍然在对书籍进行扫描工作,以供用户检索书籍、向用户提供书籍的片段。[②]2013年11月14日,美国纽约地方法院认为,谷歌公司对图书的扫描和向用户提供书籍片段的行为是一种转换性的合理使用,因为它将书籍中的原始文字表述转换为可供搜索查找的文字索引,方便了读者和研究者的查阅。[③]2015年10月16日,美国联邦第二巡回上诉法院就谷歌数字图书馆案作出了二审判决,也认可了扫描图书、向用户显示图书片段和摘录这一商业模式,将之归为合理使用,认为复制具有使用目的上的转换性,构成"转换性使用",并不侵权。[④]2016年4月,美国最高法院拒绝了原告提出的再审请求,这被认为是谷歌公司在数字图书馆案中取得了最终胜利。[⑤]然而,在这种模式下,用户只能接触到图书的片段,这导致知识被片段化,知识的传播效益被缩减。总之,仍然需要在法律上寻求孤儿作品问题的解决之道,以促进知识和信息的传播,造福人类。

---

① 《Google图书馆计划》,https://books.Google.com/intl/zh-CN/googlebooks/library.html,2022年10月9日访问。
② Authors Guild et. al. v. Google, Inc. 954 F. Supp. 2d 282, 2013.
③ Authors Guild et. al. v. Google, Inc. 954 F. Supp. 2d 291, 2013.
④ Authors Guild v. Google, Inc., 804 F. 3d 202, 2015.
⑤ Google Books Just Won a Decade-long Copyright Fight, https://www.washingtonpost.com/news/the-switch/wp/2016/04/18/google-books-just-won-a-decade-long-copyright-fight/, visited on Oct. 2, 2019.

第三章 解决孤儿作品问题的宗旨和目的

第一节 促进作品的传播以及文化的发展

知识产权制度通过赋予私人财产权,鼓励创作主体将其最新成果公开,以便创作成果更容易得到传播和扩散,从而赋予作品更大的社会价值和经济价值。[①]从知识产权战略的视角看,知识产权制度"以创新驱动发展为己任"[②]。作为一种人类创设的法律制度,知识产权制度具有很强的工具属性和政策属性,其目标不仅在于促进知识产品的创新,还在于促进知识信息的传播以及社会的发展。如果说前者是知识产权制度的直接目的,那么后者则是知识产权制度的最终目标。

这一理念为国际条约和国内外法律所公认。《与贸易有关的知识产权协定》(TRIPS)第7条高度概括了知识产权制度的目标:知识产权的保护与实施应该有助于促进技术创新和技术的转移与传播,促进技术知识的创造者与使用者互利,并有助于社会和经济福利及权利与义务的平衡。[③]该条款在 TRIPS 中居于核心地位,对国际条约的解释和各国国内法的解释都具有重要的价值。该条使用"应该"一词,而不是"必须""应当"等更为强烈的词语,是为了表明该条款规定的目标是知识产权制度努力的方向,而不是必

---

① 单晓光:《新一轮科技革命与中国的知识产权战略》,载《人民论坛·学术前沿》2019 年第 13 期。
② 马一德:《创新驱动发展与知识产权制度变革》,载《现代法学》2014 年第 3 期。
③ 笔者根据英文原文对常见中文译本中关于该条款的翻译略作了修改。

然事实。① 该条款在用语表达上指向技术创新,因此有学者在分析时认为,该条款所谓的"知识产权"保护和实施的目标实际上仅限于"技术类知识产权"。② 笔者认为,由于该条款使用宽泛的"知识产权"一词,因此其中表达的目标和理念同样适用于著作权法。这是一种类推解释。

在比较法上,以美国法为例,美国最高法院一直从公共利益、公众福祉的角度来解释版权保护的宗旨。版权保护的直接目的在于为作品创作提供私权激励,但最终目的在于促进文学艺术作品的公共获取。③ 版权法的核心目的在于"通过获取创造性作品来促进公众福祉"④。因此,如果由于版权权利人的不确定性导致作品无法被公众获取,那么公共利益也许会受损。有美国学者认为:"版权的主要受益人是公众。"⑤ 版权是一个功能性的概念,其功能在于鼓励作者传播作品,其目的在于促进学习。⑥ 社会公众应当具有学习的权利。一旦学习这种基本的权利受制于他人财产性专有权的控制,无疑会贬低学习的重要性。⑦ 美国法院和学者的上述观念强调了公共利益的重要性,因此为了维护版权制度促进公共利益的终极目的的实现,需要在具体的制度和规则设计中落实知识产权相关制度的建立。

我国著作权法也是如此。《著作权法》第 1 条开宗明义,将鼓励"创作"和"传播"并列为著作权制度的目标。⑧ 此外,该条还明确规定,著作权保护的最终目标是"促进社会主义文化和科学事业的发展与繁荣"。这其实是社会本位的功利主义观。在这样的观念下,著作权保护其实是一个手段,

---

① 吕炳斌:《专利披露制度研究:以 TRIPS 协定为视角》,法律出版社 2016 年版,第 60—61 页。
② Peter-Tobias Stoll, Jan Busche, Katrin Arend eds., *WTO-Trade-Related Aspects of Intellectual Property Rights*, Martinus Nijhoff Publishers, 2008, pp. 185-187.
③ Twentieth Century Music Corp. v. Aiken, 422 U.S. 151, 156, 1975.
④ Fogerty v. Fantasy, Inc., 510 U.S. 517, 526, 1994.
⑤ 〔美〕莱曼·雷·帕特森、〔美〕斯坦利·W. 林德伯格:《版权的本质:保护使用者权利的法律》,郑重译,法律出版社 2015 年版,第 112 页。
⑥ 同上书,第 52 页。
⑦ 同上书,第 112 页。
⑧ 《著作权法》第 1 条规定:"为保护文学、艺术和科学作品作者的著作权,以及与著作权有关的权益,鼓励有益于社会主义精神文明、物质文明建设的作品的创作和传播,促进社会主义文化和科学事业的发展与繁荣,根据宪法制定本法。"

并不是目的。著作权保护的目的在于通过鼓励作品的创作和传播,实现社会主义文化和科学事业的大发展、大繁荣。

由于当代版权制度的内在缺陷,孤儿作品大量存在,这是有损著作权法宗旨和目标的。作品被创作出来后,如果由于权利人信息不明或权利人不易联系而使作品不能被传播和使用,这会直接有损于著作权法鼓励作品"传播"的宗旨,也不利于促进文化发展和繁荣的最终目标的实现。

从社会本位的功利主义角度看,社会公众需要使用孤儿作品。首先,创新是一个累积的过程,前人创作的作品或多或少会给后人的创作提供启发和帮助。如果由于权利人缺失或不易联系,就将前人的创作成果封锁,这并不利于鼓励创新。其次,作品的价值和生命力要通过传播得以实现。法律制度承认作品上可以存在财产权,这其实是承认作品存在价值,但这些价值要通过传播才能实现。对孤儿作品来说,不仅要注意保障权利人的利益,还需要对阻碍作品传播和使用的现有规则加以改进,促进作品传播,这样才能实现权利人创作作品的价值。再次,作品除了财产性价值之外,可能还存在文化价值、教育价值、史料研究价值等不同的社会价值,使这些价值得以发挥,将直接有利于促进文化的发展和繁荣。最后,在数字化时代和信息时代,将孤儿作品加以数字化使用,可以使作品在数字化时代焕发出二次生命力,这同样有利于促进文化的发展和繁荣。因此,基于这个考虑,我国著作权法应当解决孤儿作品问题。

第二节 促进文化遗产的数字化保护和传承

一、文化遗产数字化已成为主要国家数字化战略的组成部分

1. 欧盟的文化遗产数字化工程

由于欧盟的孤儿作品立法以文化遗产保护为理念和正当性依据,因此此处先对欧盟文化遗产数字化工程的历史和现状进行较为详细的介绍和分析。

欧洲的历史文化遗产较为丰富，文化也具有多样性，其文化遗产数字化工程近些年来发展较为迅速。

早在2002年欧盟就发布了一份题为《未来文化经济的技术愿景：解锁文化遗产的价值》的报告。①这份报告探讨了技术发展背景下文化遗产保护和文化产业发展面临的机遇，并提出了文化遗产数字化的关键问题和主要建议。2002年1月21日，欧盟理事会就"文化和知识社会"这一主题通过一份决议，呼吁欧盟委员会和各成员国参与文化内容的数字化建设，确保相关系统的互通性，以保存欧洲文化遗产、保护欧洲文化多样性，并促进文化传播。②2002年6月25日，欧盟理事会就数字内容的保存和保护通过一份决议，提出要制定和发展适宜的政策，促进数字文化和遗产的保护、保存和公众访问，并就机制建设、资金投入、技术研发等问题提议欧盟委员会和各成员国考虑采取相应措施。③2005年4月，法国总统联合德国、西班牙、意大利、波兰和匈牙利等国的元首致信欧盟委员会主席，提议建设欧洲数字图书馆，以使欧洲文化遗产可被所有人访问接触。④2005年6月1日，欧盟委员会更新了信息社会战略计划，将之提升为"i2010计划"（i2010 initiative）⑤，以推进新兴信息技术发展，使其在推动经济发展、创造就业机会、提高欧洲市民生活质量等方面起到最大作用。在"i2010计划"中，建立数字图书馆是其中一个关键的部分。

2005年9月30日，欧盟委员会向欧洲议会、欧盟理事会、欧洲经济和社会委员会、地区委员会发布了题为《i2010：数字图书馆》的通讯文件（communication），正式提出建设欧洲的数字图书馆。在该文件中，欧盟委员会以

---

① European Commission Directorate-General Information Society, The DigiCULT Report: Technological Landscapes for Tomorrow's Cultural Economy: Unlocking the Value of Cultural Heritage: Full Report, https://lccn.loc.gov/2005373383, visited on Oct. 2, 2019.

② Council Resolution of 21 January 2002 on culture and the knowledge society (2002/C 32/01).

③ Council Resolution of 25 June 2002 on preserving tomorrow's memory-preserving digital content for future generations (2002/C 162/02).

④ Communication from the Commission to the European Parliament, the Council and the European Economic and Social Committee, Sur L'information Scientifique à L'ère Numérique: Accès, Diffusion et Preservation, Brussels, 14.2.2007 COM(2007) 56 final, p. 2.

⑤ 欧盟之前就存在类似的信息社会计划，比如"'eEurope 2002' action plan"。

"丰富的欧洲文化遗产"为起点,提出了关于欧洲文化遗产数字化、在线访问、数字保存的战略计划。文件所指的文化遗产或记忆材料包括图书、期刊、报纸等印刷品,照片,博物馆藏品,档案文件,视听资料。[①]该文件旨在建立一个保护欧洲文化遗产的数字图书馆,但未明确区分物质的或非物质的文化遗产。欧盟委员会指出,文化遗产数字化有两大目的:为公众提供最大程度上的访问可能性;确保这些文化遗产的存活(survival)。

在该文件中,欧盟委员会还指出了数字图书馆建设的四大挑战。(1)金融挑战:文化遗产的数字化费时费力,成本昂贵,需要相当大的投资。这在一定程度上超出了图书馆、博物馆等文化遗产保存机构的实力。因此,欧盟委员会认为,将所有的文化遗产材料数字化是一项不可能的任务,有必要选择性地对文化遗产材料进行数字化。(2)机制挑战:应当避免不同机构之间的重复劳动,"一次数字化、广泛分享"的策略应当予以执行。这需要通过全欧范围内的协调来实现。此外,私人机构资助或公私合作可以推进文化遗产的数字化,但现实中这种合作尚未得到较好发展。(3)技术挑战:为使文化遗产材料的数字化更加有效且经济节约,数字化技术有待进一步发展。(4)法律挑战:数字化从本质上说是制作了一份复制件,而从知识产权法的角度看,这存在法律上的问题。[②]关于欧洲数字图书馆的提议得到了欧洲议会和欧盟理事会的强烈支持。[③]为了实施"i2010 计划",欧盟委员会还专门成立了一个关于数字图书馆的高层专家组。[④]

作为"i2010 计划"的一部分,2006 年 8 月 24 日,欧盟委员会还通过了

[①] Communication from the Commission of 30 September 2005 to the European Parliament, the Council, the European Economic and Social Committee and the Committee of the Regions—i2010: digital libraries, COM(2005) 465 final-Official Journal C 49 of 28.2.2008.

[②] Ibid.

[③] Parliament Resolution on "i2010, towards a European digital library" of 27 September 2007.

[④] Commission Decision 2006/178/EC of 27 February 2006 setting up a High Level Expert Group on Digital Libraries, OJ L 63/25 of 4 March 2006.

《关于文化材料数字化和在线访问及数字保存的建议》。①在这份文件的序言部分,欧盟委员会强调了欧洲文化遗产在经济和社会方面的潜在价值,简要分析了欧盟各成员国在文化遗产数字化方面的努力及存在的问题,并对数字图书馆建设的资金来源、公私合作、版权问题、信息采集等作了简要说明。欧盟委员会还着重在文化材料的数字化和在线访问与文化材料的数字保存方面,向成员国提出建议。在文化材料的数字化和在线访问方面,欧盟委员会提出的建议包括以下几点:要求各国收集关于文化材料数字化建设的各项目信息,以互相协调,避免重复投资;鼓励公私合作,扩大建设资金的来源;在有能力的机构设立大规模数字化设备;建立一个全欧的数字图书馆,以多种语言形式向社会公众提供公开访问,并可进行方便的检索;认真处理数字化中的版权问题,尤其是孤儿作品的版权问题。在文化材料的数字化保存方面,欧盟委员会提出的建议包括以下几点:要求各成员国在充分尊重版权的前提下,建立数字化材料的长远保存策略;提议各成员国在充分尊重知识产权的前提下,通过立法授权博物馆、数字馆等公共机构进行基于保存目的的多件复制;通过立法,在充分尊重知识产权的前提下,强制要求公共机构采取网络信息采集(web-harvesting)等互联网信息采集手段收集和保存网络内容。②

2007年,欧洲数字图书馆的建设有了新的动力。"欧洲数字图书馆基金"(European Digital Library Foundation)的成立促进了不同文化部门的聚

---

① Commission Recommendation 2006/585/EC of 24 August 2006 on the digitisation and online accessibility of cultural content and digital preservation 28-30,OJ L 236,31 August 2006. 在欧盟颁布的各种法律文件中,条约、指令(directives)、法规(regulations)、决议(decisions)和国际条约可以有直接效力,意见(opinion)、建议(recommendation)则没有法律约束力,但通常会对成员国产生更广泛的影响。

② 以上内容由作者根据官方文件编译整理。Commission Recommendation 2006/585/EC of 24 August 2006 on the digitisation and online accessibility of cultural content and digital preservation 28-30,OJ L 236,31 August 2006.

合,实质性地加速了数字图书馆建设。①

在谷歌数字图书馆计划的刺激下,欧盟委员会正式启动了名为"欧洲文化图书馆"(Europeana)的全欧集中型数字图书馆的建设。"欧洲文化图书馆"的试验网站于2008年2月上线。2009年2月,"欧洲文化图书馆"1.0版本(Europeana version 1.0)上线,其主要特色包括提供在线翻译服务等。②"欧洲文化图书馆"成为"i2010计划"的一部分。截至2019年10月11日,该馆已收录57608278件作品。③与谷歌数字图书馆相比,"欧洲文化图书馆"的收录不限于图书,还包括其他文字作品、视听作品和录音作品等多种类型作品。④这自然包括部分非物质文化遗产的数字化材料。"欧洲文化图书馆"的建设目标是打造一个"成员国文化遗产在互联网上的展示平台",并提供全球性的公开访问。⑤在另外一份官方文件中,"欧洲文化图书馆"的定位是"向公众提供接触欧洲文化遗产的一个单一接入点"⑥。

随着"欧洲文化图书馆"建设的开展,欧盟委员会还不断就此发布官方文件,指出新的问题,并提出新的建议。比如,在题为《欧洲文化图书馆:下一步行动》的通讯文件中,欧盟委员会指出了各成员国贡献文化材料的不平衡问题,比如法国贡献了约47%的数字化客体,而波兰和匈牙利贡献的

---

① Communication from the Commission to the Council, the European Parliament, the European Economic and Social Committee and the Committee of the Regions of 11 August 2008—Europe's cultural heritage at the click of a mouse: Progress on the digitisation and online accessibility of cultural material and digital preservation across the EU, COM(2008) 513 final.

② Europeana, http://en.wikipedia.org/wiki/Europeana#cite_ref-3, visited on Oct. 2, 2019.

③ 网站首页显示:"Explore 57,608,278 artworks, artefacts, books, films and music from European museums, galleries, libraries and archives". https://www.europeana.eu/portal/en, 2019年10月11日访问。

④ Welcome to Europeana Collections, https://www.europeana.eu/portal/en/about.html, visited on Oct. 2, 2019.

⑤ Communication from the Commission to the European Parliament, the Council, the European Economic and Social Committee and the Committee of the Regions, Europeana—Next Steps, at 2, COM (2009) 440 final (Aug. 28, 2009) [Europeana—Next Steps], http://eur-lex.europa.eu/LexUriServ/LexUriServ.do?uri=COM:2009:0440:FIN:en:PDF, visited on Oct. 2, 2019.

⑥ Communication from the Commission to the Council, the European Parliament, the European Economic and Social Committee and the Committee of the Regions of 11 August 2008—Europe's cultural heritage at the click of a mouse: Progress on the digitisation and online accessibility of cultural material and digital preservation across the EU, COM(2008) 513 final.

主要是书籍。该文件还分析了"欧洲文化图书馆"发展中呈现出的版权问题、资金来源问题和治理问题。①

在另外一份题为《鼠标点击之下的欧洲文化遗产：欧盟范围内文化材料数字化、在线访问和数字保存的进展》的通讯文件中，②欧盟委员会分析了"欧洲文化图书馆"建设的进展及进一步需要解决的问题。比如，很多国家都有文化遗产数字化战略，这通常作为信息社会战略的一部分。然而，这些战略或计划往往没有明确的定量目标，也缺乏明确的资金安排。③ 在这份官方文件中，欧盟委员会表示将通过政策支持和项目资助等方式，持续和积极推进"欧洲文化图书馆"建设，并增加其社会知名度和影响力。

"欧洲文化图书馆"实际上不限于图书，还包括了视听资料等多种类型的作品，是图书馆、博物馆、档案馆藏品数字化的综合体。欧盟的数字图书馆建设也很有特色，具有一些启发意义。第一，欧盟的官方文件中一直强调"文化遗产"保护的理念，从这种理念出发建设数字图书馆，就有别于其他带有商业目的的数字图书馆建设，这也使其在很大程度上依赖于官方力量、公共力量，采取了政府主导模式。第二，欧盟在文化遗产数字化、数字图书馆和博物馆建设中发布了大量的官方文件，体现了欧盟层面的重视，并体现出建设的规范化、制度化。第三，欧盟采取了"政府主导、公私合作"的模式，当时计划在 2011—2013 年间每年向"欧洲文化图书馆"项目投入 370 万欧元，并通过研究项目间接给予一定的资助，④还积极邀请私人资本参与，推行公私合作模式。第四，设立高层专家组，推动文化遗产数字化的专业化开展。第五，由于涉及私人享有版权的图书、视听资料的数字化收

---

① Communication from the Commission to the European Parliament, the Council, the European Economic and Social Committee and the Committee of the Regions—Europeana: Next Steps, COM(2009) 440 final.

② Communication from the Commission to the European Parliament, the Council, the European Economic and Social Committee and the Committee of the Regions—Europe's cultural heritage at the click of a mouse: Progress on the digitisation and online accessibility of cultural material and digital preservation across the EU, COM(2008) 513 final [SEC(08) 2372], Brussels, 11.8.2008.

③ Ibid.

④ Frances Robinson, EU Calls for Digitization of Cultural Heritage, http://online.wsj.com/article/SB10001424052970203554104577003590312279860.html, visited on Oct. 11, 2019.

录,因此欧盟在处理版权问题上十分谨慎,并不断进行制度改革。比如,为了扫清孤儿作品数字化的法律障碍,欧盟于2012年10月25日出台了《孤儿作品指令》,要求各成员国修改版权法,允许图书馆、博物馆等公共机构基于公共目的,在合理勤勉地寻找权利人未果后,在未经权利人许可的情况下,使用孤儿作品。①

2. 美国文化遗产数字化工程

美国的文化遗产虽然不如欧洲丰富,但美国也是较早开始文化和历史资料数字化的国家之一。在历史和文化遗产数字化方面,最引人注目的当数"美国记忆"工程。"美国记忆"是记录美国历史文化遗产信息数据的重要网站,其主办方是美国国会图书馆。该网站在全球也有一定影响力,是了解美国历史文化资料的重要途径。这一工程也一直为我国相关领域的学者所关注。②

"美国记忆"是一个关于美国历史和创意的数字化记录网站,它收集了诸多记录和见证美国历史的文化资料与数据。这些材料来自美国国会图书馆和其他机构的收藏。这些数字化成果通过互联网供公众自由和公开访问。"美国记忆"中囊括了建筑景观、广告、非洲裔美国人的历史、文化民俗、移民与美国扩张、美洲原住民的历史、总统生平、宗教、体育与娱乐、工业技术、表演艺术与音乐、战争与军事、妇女历史等不同主题的内容,③不少主题与非物质文化遗产相关。④

美国对历史文化资料的数字化探索早于欧盟。"美国记忆"最初源于1990—1994年间的"美国记忆数字化试验项目"。该试验项目尝试对美国

---

① Directive 2012/28/EU of the European Parliament and of the Council of 25 October 2012 on certain permitted uses of orphan works, https://eur-lex.europa.eu/LexUriServ/LexUriServ.do? uri=OJ:L:2012:299:0005:0012:EN:PDF, visited on Oct. 2, 2019; Bingbin Lv, The Orphan Works Copyright Issue: Suggestions for International Response, 60 *Journal of the Copyright Society of the USA*, 2013:255-284.

② 唐琼、张玫:《"美国记忆"与"共享工程"比较研究》,载《图书馆理论与实践》2006年第1期。

③ American Memory: Migrated Collections, http://memory.loc.gov/ammem/browse/updatedList.html, visited on Oct. 11, 2019.

④ Mission and History, http://memory.loc.gov/ammem/about/index.html, visited on Oct. 11, 2019.

国会图书馆中涉及"国家记忆"的一些珍贵藏品进行数字化。项目明确了数字化作品的主要受众,确立了技术流程,尝试通过 CD-ROM 形式发行材料,并开始数字化建设的制度化探索。在这个试验项目中,44 所学校和图书馆得到了这些数字化材料的光盘版本。这些光盘的使用者予以了积极的回应,尤其是中学的教师和学生,他们需要更多的数字化资源。但是,通过光盘形式发行这些材料成本昂贵且效率低下。

互联网技术的发展为美国历史文化资料数字化提供了新的模式。20 世纪 90 年代初,互联网已经得到发展并改变了人类知识呈现和传播的途径。美国国会图书馆抓住互联网发展的机会,积极建设国家级的数字图书馆。基于"美国记忆"试验项目的理念,美国国会图书馆正式启动"美国记忆"历史藏品的数字化工程,并将其作为国家数字图书馆项目的旗舰性工程。作为一项开拓性的系统性数字化工程,"美国记忆"计划将国会图书馆中一些具有重要历史意义的藏品和其他重要档案材料进行扫描,并将数字化的扫描结果通过互联网向全国甚至全球开放访问。

"美国记忆"工程的建设采取"政府主导、公私合作"模式。除了美国国会在五年期内投资的 1500 万美元外,工程还吸纳企业家和慈善领袖的参与。1994—2000 年间,相关私人资助达 4500 万美元,几乎是政府资助的三倍。

美国国会图书馆在建设"美国记忆"数据库时,还通过一些创新性的做法扩大其收藏量。1996 年,美国国会图书馆开始举办为期三年的美国历史材料数字化竞赛,它的参与者是社会公众、研究者、学术图书馆、博物馆、历史协会和档案机构,但不包括联邦政府机构。这一项目得到了美瑞泰克科技公司(Ameritech Corporation)两百万美元的赞助。比赛形成了覆盖全美的历史文化资源收集加工网络,使不同主体都有足够的激励去提供历史文化资源,并实现资源共享,促进共同的福利,[①]为"美国记忆"补充了大量的数字化作品。

---

① 游毅:《"美国记忆"与我国历史文化资源建设的比较与启示》,载《情报资料工作》2008 年第 5 期。

在法律方面，美国国会图书馆谨慎面对作品数字化可能存在的法律问题。"美国记忆"并不是一个独立的网站，它是美国国会图书馆的一个部分。美国国会图书馆网站设有专门的法律声明，就版权问题和其他法律问题进行公开说明。在知识产权保护方面，美国国会图书馆申明，作为一个公共机构，图书馆一般并不拥有其藏品的版权。因此，图书馆并不对藏品内容的发表、发行予以授权或拒绝授权，更不会对这些使用收取费用。他人若要获得许可授权，可以与版权人直接联系。①

美国国会除了建设关于历史文化资料的"美国记忆"数据库外，还专门建立了表演艺术数据库。②此外，作为资本主义市场经济国家，美国的私营资本在文化遗产数字化方面也发挥了较大作用，如主要由谷歌公司进行的图书的数字化项目。

美国在历史文化资料数字化方面的探索起步较早，但进展较慢，这可能是由于其历史文化资料尤其是非物质文化遗产并没有那么丰富，但"美国记忆"工程仍然给我们提供了诸多政策意义上的启发。第一，美国国会图书馆站在科技发展最前沿，抓住互联网技术发展的机遇，运用最先进的技术努力进行文化遗产保存和传播。第二，"美国记忆"工程建设推行"政府主导、公私合作"模式，吸纳社会资本参与文化遗产的数字化工程，有利于节约政府开支，扩大参与程度，增强数字化工程的社会影响力。第三，在法律方面，"美国记忆"工程谨慎处理了版权等法律问题。

3. 日本的文化遗产数字化工程

日本作为科技发展的领先者之一，也在积极推进信息社会战略，并经历了"从 e-Japan 到 u-Japan 再到 i-Japan"的发展过程。

文化遗产数字化得到了日本政府的高度重视。日本无形文化遗产部在其官方网站上称，"音频和视频是保护无形文化遗产的重要方法"，并专门成立了"音频和视频记录实验室"，进行无形文化遗产音频和视频制作的研

---

① The Library of Congress, Legal, https://www.loc.gov/legal/, visited on Oct. 11, 2019.
② The Library of Congress, Performing Arts Databases, http://www.loc.gov/performingarts/, visited on Oct. 11, 2019.

究，以促进无形文化遗产的继承和传续。① 2003 年 4 月，有鉴于互联网技术的迅速发展，许多博物馆、美术馆也已开始对自身藏品进行数字化采集。日本文化厅与总务省基于积极公开这些数字化信息等目的，推动了"文化遗产在线"项目（Cultural Heritage Online）的开展，将日本文化遗产呈现于互联网上。该项目的初始目标是于 2006 年实现 1000 个收藏单位的藏品汇集。②日本"文化遗产在线"目前只有日文版。

除了"文化遗产在线"外，日本还建设了日文、英文双语版的"亚太非物质文化遗产数据库"。但该数据库收录的非物质文化遗产比较少，如在"表演艺术"栏目中仅收录了 10 种中国传统戏剧等表演艺术，日本本国的传统表演艺术也仅收录了 9 种，对每种传统艺术的数字化也仅限于提供两张左右的图片和一些文字介绍。③

可见，尽管日本政府在政策上高度重视文化遗产数字化，但从其成果来看，仍然进展有限，尤其在多语展示、国际传播方面还比较粗糙。

同为亚洲国家，并且基于我国地大物博、文化遗产丰富的国情，我国有可能也有实力在文化遗产数字化方面有所作为，成为亚洲地区相关方面的领先国家。

二、文化遗产数字化中的版权问题

文化遗产数字化存在的挑战是多方面的，其中包括金融挑战、机制挑战、技术挑战和法律挑战。

在法律挑战方面，文化遗产数字化主要涉及版权问题，这是因为数字化实际上是产生一个新的复制件，而这涉及作品的复制权范畴。各国在文化遗产数字化方面都注意谨慎处理版权等法律问题，并不断进行制度改革。比如，欧盟设置了关于孤儿作品的勤勉查找规则，就一般情况而言，在数字

---

① https://www.tobunken.go.jp/japanese/gaiyo/gaiyo-centers-departments.html, visited on Oct. 11, 2019.
② http://content.teldap.tw/main/doc_detail.php?doc_id=945, visited on Oct. 11, 2019.
③ Performing Art, http://www.accu.or.jp/ich/en/arts/arts1.html, visited on Oct. 11, 2019.

化过程中,处理好版权问题是一个不容回避的事情。

如前所述,我国历史悠久,文化遗产丰富。我国若要在文化遗产的数字化方面取得成就,有必要借鉴欧盟的"文化遗产保护理念"并以此为向导,致力于解决数字化中可能遇到的孤儿作品问题。

三、扫清孤儿作品障碍,促进文化遗产的数字化传承

保护文化遗产、促进文化遗产公开访问及获取的重要性不言而喻。[①]历史是人类不可或缺的一部分。文化遗产的访问和获取有助于后人了解历史、理解历史,从而更好地了解自己,面向未来。[②]文化遗产的数字化是数字网络时代对外传播文化的有效途径。部分重要文化遗产可以被译成其他语种,向更广泛的读者对象传播;对于图片等艺术作品来说,即使未经翻译,也可以在更广泛的范围内传播,这对于文化建设具有重要的积极意义。

文化遗产除了本身具有的文化价值外,还具有经济开发价值。人们可以对传统文化元素进行借鉴、二次创作等开发利用。因此,旅游、教育和传媒等行业的发展也将受益于此。概言之,文化遗产保护具有重要的价值和意义,任何有利于实现这一目标的行为都值得在法律上予以正面肯定并获得鼓励。

然而,当代版权制度已经成为文化遗产数字化保护和获取的障碍。公共文化机构一一获得权利人许可,成本之高,可想而知。更为严重的是,对一些文化遗产而言,其权利人不是轻易就可以联系到的,这些孤儿作品的存在成为文化遗产保护和传播中亟待解决的问题。

从国内外的实践看,孤儿作品问题已经成为文化遗产数字化的一个重要障碍。有学者指出,解决孤儿作品问题可为我国文化产业的发展提供动

---

① Tanya Aplin, A Global Digital Register for the Preservation and Access to Cultural Heritage: Problems, Challenges and Possibilities, in Estelle Derclaye ed., *Copyright and Cultural Heritage: Preservation and Access to Works in a Digital World*, Edward Elgar, 2010, p.3.

② John Gilchrist, Copyright Deposit, Legal Deposit or Library Deposit?: The Government's Role as Preserver of Copyright Material, 5 *Queensland University of Technology Law and Justice Journal*, 2005:177.

力。①欧盟基于文化遗产保护的基本理念来构建孤儿作品制度,具有很强的正当性。法律制度不应当成为文化遗产保护的障碍。与作为私权的版权相比,文化遗产保护更为重要,具有更高的位阶。基于这一目的,可以在特定情形下对私权作出必要的限制。

此外,需要说明的是,从文化遗产保护角度而言,很多属于文化遗产的作品可能已经超出著作财产权的保护期,对其进行数字化扫描和复制不存在障碍。但问题在于,很多作品的创作年代、作者身份和作者去世年份无从考证,无法确定作品是否仍在保护期内。此外,版权保护期限过长也加剧了这一问题。版权的保护期按照终身加五十年计,有时有上百年,这很容易使作品成为孤儿作品。正是基于这些实际原因,欧盟的孤儿作品问题解决方案强调文化遗产的保护理念,并以此为正当性基础,为图书馆、博物馆使用孤儿作品设置了版权保护的例外规则。

---

① 董慧娟:《孤儿作品的利用困境与现行规则评析》,载《中国出版》2010年第18期。

第四章 现有制度或规则应对孤儿作品问题的不足

第一节 合理使用制度不足以解决孤儿作品问题

孤儿作品作为一个特殊问题,呼唤着特殊的制度安排和例外规定的出现。合理使用制度就是关于作品著作权保护的特殊安排和例外规定。

合理使用是著作权保护的主要限制和例外,学界不乏通过合理使用制度来限制孤儿作品著作权的提议。比如,美国图书馆版权联盟在对版权局2012年孤儿作品问题征求意见的回应中表示,不需要任何新的孤儿作品立法制度,因为合理使用制度可以为图书馆的使用需求提供足够的便利。[1]这样的提议也是合理的。在本质上,孤儿作品的版权问题也可被理解为对版权进行限制的问题,而合理使用正是一种对版权的限制,这种一致性也成为有些学者希冀通过合理使用制度来解决孤儿作品版权问题的原因。

我国《著作权法》中也已引入三步测试法。[2]所谓三步测试法指的是,著作权的例外要限于特定情形,不与作品的正常使用相冲突,不得不合理地损害权利人的合法利益。合理使用的三步测试法源于《伯尔尼公约》,之后又得到 TRIPS 的确认,是著作权法国际公约中关于合理使用判断的一个基

---

[1] Library Copyright Alliance, Comments of the Library Copyright Alliance in Response to the Copyright Office's Notice of Inquiry Concerning Orphan Works and Mass Digitization, http://www.copyright.gov/orphan/comments/noi_10222012/Library-Copyright-Alliance.pdf, visited on Oct. 11, 2019.

[2] 《著作权法》第 24 条。

本准则,①对我国的理论和实践都产生了重要的影响,是判断合理使用与否的一种重要方法。我国著作权法关于合理使用的判断标准与国际法和比较法上的主要标准基本一致,国外关于合理使用制度能否适用于孤儿作品问题的探讨也适用于我国语境。

国外学者在探讨孤儿作品是否构成合理使用时,主要针对的是公共文化机构或所谓的"记忆机构"(memory institutions)的相关活动。比如,美国学者根据美国版权法中的四要件分析法(使用的目的和特征、被使用的作品的性质、使用作品的数量和程度、使用对作品市场产生的影响),认为"记忆机构"对孤儿作品的使用属于合理使用。②对图书馆或公共文化机构而言,由于其非营利性的机构特征,如果扫描孤儿作品是出于促进公众接触知识信息的目的,并限于特定场合,比如只在图书馆物理空间范围内供读者查阅,这对作品的市场几乎不产生影响。此外,公共文化机构扫描的孤儿作品在性质上往往具有历史和文化价值,由于作者的失联,此类作品处于一种特殊的状态,在作品性质方面往往有利于合理使用的认定。③但问题是,图书馆使用的孤儿作品的数量可能较多,并且可能是对整本图书的实质性复制,那么这些大量复制能否构成合理使用呢?当然,在美国判例法中,合理使用的四个要件是需要综合考虑的。④在是否构成实质性复制的临界案件中,复制可能不被认为是实质性的,只要它具有合理的目的。⑤但总体上而言,在大多数情况下,对孤儿作品进行大规模数字化进而向公众提供,在使用作品的数量和程度上都是实质性的,很难满足合理使用的条件。

此外,如果使用者是商业机构,使用的目的存在营利性,对孤儿作品的

---

① 卢海君:《论合理使用制度的立法模式》,载《法商研究》2007年第3期。
② David R. Hansen, Kathryn Hashimoto, Gwen Hinze, Pamela Samuelson, Jennifer M. Urban, Solving the Orphan Works Problem for the United States, 37 *Columbia Journal of Law & the Arts*, 2013:1-55.
③ Jennifer M. Urban, How Fair Use Can Help Solve the Orphan Works Problem, 27 *Berkeley Technology Law Journal*, 2012:1379-1429.
④ Campbell v. Acuff-Rose Music, Inc., 510 U.S. 569, 579 (1994).
⑤ Bill Graham Archives v. Dorling Kindersley Ltd., 448 F.3d 605, 613 (2d Cir. 2006).

数字化使用就更不可能在合理使用的范畴。由于合理使用的判断具有一定的灵活性，在很多场合都不能为使用者提供一个确定的保障，因此在著作权侵权的赔偿尤其是惩罚性赔偿面前，在难以判断是否构成合理使用的情形中，使用者的理智选择将是：与其冒险使用，不如干脆不用。因此，合理使用的抗辩至多可以为公共文化机构的特定使用提供庇护，不可能为孤儿作品使用提供全面系统的解决方案。孤儿作品问题的系统性解决方案，必然需要同时满足机构使用和个人使用、商业性使用和非商业性使用等不同方面。

笔者认为，合理使用规则适用于孤儿作品的特定使用方式，但仅限于此。有些对孤儿作品的使用，本来就在合理使用的范畴，比如基于教学、研究目的少量复制孤儿作品。但是，这些明显构成合理使用的情形还是较为少见。以大规模数字化为代表的孤儿作品使用方式就很难构成明显的合理使用，但也有例外，比如大规模数字化后不向公众展示全文，只是通过检索提供文字片段。这种"非显性使用"在原理上是可以构成合理使用的。在孤儿作品问题最初暴露的谷歌数字图书馆案中，法院就支持了谷歌向用户提供书籍片段构成合理使用。具体而言，法院认为，谷歌相关计划中对书籍进行扫描、供用户检索、向用户提供书籍片段，是一种转换性的合理使用，因为它将书籍中的原始文字表述转换为可供搜索查找的文字索引，方便了读者和研究者的查阅。[①]法院认可了"检索＋片段"的模式。毕竟，在这种模式下，读者无法阅览全书，对作者的利益影响已被控制在合理范围内。然而，若是谷歌公司将图书大规模数字化后提供整本图书的网上阅读，这样的行为就难以满足合理使用的条件。如前文所述，此案原告就初审法院的合理使用判决向美国第二巡回上诉法院提起了上诉。2015年10月16日，第二巡回上诉法院判决认为，谷歌的图书项目满足合理使用条件，并不违反知识产权法，从而维持原判，拒绝了原告的侵权诉求。[②]原告随即向美国最高法院发起再审请求。2016年4月18日，美国最高法院决定，维持美

---

① Authors Guild et. al. v. Google, Inc. 954 F. Supp. 2d 291(2013).
② Authors Guild et. al. v. Google, 804 F.3d 202 (2015).

国第二巡回上诉法院的裁决。①

在另外一起关于大规模数字化的案件中,美国第二巡回上诉法院同样判决认为,创设一个供检索的全文数据库是版权的合理使用。②创设一个供检索的全文数据库当然是以图书的数字化扫描(复制)为前提,但只要其结果不向公众公开,只是显示片段,那么就构成合理使用。因此,这一判决结果可谓合情合理。尽管之前有复制行为,并且既不是临时复制,也不是私人复制,而是一种大规模数字化中的前提性复制,美国法院也将之判为合理使用,这实际上是创设了复制权的一种新的例外。为构建数据库目的的复制,只要全文不向公众提供,即可以构成合理使用,此判决所构建的规则对信息网络时代版权规则的演变具有重要意义。

概言之,合理使用规则作为对版权保护的最为常见和最为典型的限制与例外措施,有着较为严格的适用条件,只能解决很小部分孤儿作品的使用问题,难以成为孤儿作品问题的系统性解决方案。

第二节 图书馆例外条款无法解决孤儿作品问题

我国《著作权法》第24条第1款第8项为图书馆等公共文化机构设置了有限的例外条款。根据该项,为保护版本需要,图书馆可以复制馆藏的作品。

美国也有关于图书馆和档案馆的著作权侵权例外条款。美国《版权法》第108节允许图书馆、档案馆在五种情况下进行复制。具体而言,第108节(b)款允许图书馆对其馆藏的作品或录音制品(phonorecord)进行复制并可在图书馆内部进行流通,但不能向图书馆或档案馆建筑场所之外的公众提供;第108节(c)款允许制作丢失、被盗、损坏、恶化或过时格式的已出版作品的全文更换副本,但仅限于三份复制件;第108节(d)款允许制作期刊

---

① 原告美国作家协会对此案的回顾和介绍:Authors Guild v. Google, https://www.authorsguild.org/where-we-stand/authors-guild-v-google/,2022年10月9日访问。

② Authors Guild, Inc. v. HathiTrust, 902 F. Supp. 2d 445 (S.D.N.Y. 2012).

或论文集中的单篇文章的复本,并分发给提出借阅请求的读者;第108节(e)款允许在作品已经无法通过合理的价格获取的前提下,由图书馆或档案馆复制作品,并提供给提出请求的读者;第108节(h)款允许图书馆、档案馆或具有类似性质的非营利性教育机构在已发表作品的版权期限的最后20年内,对该作品进行全文复制并提供给读者,前提是作品的权利人已经不对该作品进行通常的商业利用,读者也无法通过合理价格获得作品复本,并且读者获得作品复本是出于保存版本或学术研究的需要。

相比之下,我国图书馆等公共文化机构的例外条款规定较为有限,只限于图书馆等机构的内部复制,不包括馆际互借,也不包括特定条件下的向读者提供。我国的图书馆例外条款仅仅针对复制权。

根据通说,复制需要将作品再现在有形载体上,不包括一切形式的作品再现。[①]这也是复制与表演、广播等作品无载体再现行为的区别所在。据此理解,图书馆可以对所有图书基于保存版本的需要进行有载体的复制。然而,笔者认为,应当将复制的有形载体要求扩大解释到包含数字化载体。数字化扫描也是产生一个复制件,这个复制件虽然以电子数据的形式存在,但仍然是有载体的。

但即使将"复制"扩大解释为包括在电子数据载体上的复制,图书馆例外条款的适用空间仍然非常有限,即仅限于内部复制,其目的主要是为了保存版本,并不能促进知识信息的传播和使用。

由上可见,单就图书馆等公共文化机构而言,仍然需要一种特殊的制度安排来消除对孤儿作品使用的法律障碍。欧盟的孤儿作品解决方案即秉承这种思路,为公共文化机构使用孤儿作品打开方便之门。

第三节 "反向占有"或"时效取得"难以
适用于孤儿作品

在国外,很多学者提出了将"反向占有"(adverse possession)使用于孤儿

---

① 王迁:《著作权法》,中国人民大学出版社2015年版,第164页。

作品的建议。①在英美法中,"反向占有"是一个原则,与时间上的迟延有关。根据这个原则,财产所有者在一段时间后不能对另一个占有其财产的人主张权利。"反向占有"最初是不动产法中的一个原则,通常要求反向占有人必须通过明确和令人信服的证据,在规定的法定时效期内占有他人的土地。②之后,"反向占有"演变为英美法系财产法中的一个原则。但是,"反向占有"原则实际上是无法适用于著作权的,因为著作权的客体是无形的,无法被占有,而"占有"是反向占有的一个要件。③

同理,大陆法系的时效取得制度也无法适用于作品领域。因为作品是一种无形财产,本质上是一种信息,无法被人为占有,反而作品本身具有的是"公共产品"属性,可被无数多个人同时消费,无法为某人所独占。因此,希冀借鉴物权法中的时效取得制度来解决孤儿作品问题,可谓"此路不通"。

概言之,无论是英美法系的"反向占有",还是大陆法系的"时效取得",虽均与时间的流逝有关,并且都是因为权利人不闻不问而丧失全部或部分权利,但由于这两个原则都以"占有"为前提,难以移植到无形财产领域,因此无法用来解决孤儿作品问题。

第四节　默示许可规则难以适用于孤儿作品

孤儿作品能否适用默示许可,已经引起了学者们的讨论。④默示许可的

---

① Megan L. Bibb, Applying Old Theories to New Problems: How Adverse Possession Can Help Solve the Orphan Works Crisis, 12 *Vanderbilt Journal of Entertainment & Technology Law*, 2009: 149-181; Katherine Moran Meeks, Adverse Possession of Orphan Works, 33 *Loyola of Los Angeles Entertainment Law Review*, 2013:1-36; Constance E. Bagley, Gavin Clarkson, Adverse Possession for Intellectual Property: Adapting an Ancient Concept to Resolve Conflicts Between Antitrust and Intellectual Property Laws in the Information Age, 16 *Harvard Journal of Law & Technology*, 2003:327-394; Matthew W. Daus, The Adverse Possession of Copyright, 13 *Loyola of Los Angeles Entertainment Law Journal*, 1992:45.

② Michael Allan Wolf ed., *Powell on Real Property*, Lexis Nexis Matthew Bender, 2015, §91.01.

③ Paul Goldstein, *Goldstein on Copyright*, Wolters Kluwer, 2015, §5.1(Forms of Transfer).

④ Bingbin Lv, The Orphan Works Copyright Issue: Suggestions for International Response, 60 *Journal of the Copyright Society of the USA*, 2013:255-284; Kevin J. Hickey, Consent, User Reliance, and Fair Use, 16 *Yale Journal of Law & Technology*, 2014:397-453.

适用需要权利人存在允许特定使用的意图,这种意图不是明示的,而是默示的,或通过权利人的行为推导出的,主张存在这种意图的一方,即作品的使用者,需要证明这种意图的存在,而这并非易事。①

在我国司法实践中,曾有过法官认为使用者取得了权利人默示许可的案例。在方正诉宝洁公司的飘柔字体纠纷案中,法官即"创造性"地应用了默示许可规则。②法官认为,软件的购买者有一种合理期待,将软件的字体进行使用。由于软件购买者和软件开发者之间并没有契约约定使用范围,即在产品无明确、合理且有效限制的情况下,可将其使用范围视为涵盖商业性使用。以使用者的"合理期待"来证明"默示许可"是该案论证中最为关键的一个步骤。但这种论证逻辑也遭到了批判。有学者指出,按照市场机制的基本原理进行分析,并纳入对平等等法律基本原则的考量,也许可以推导出使用者存在着一种合理期待,但仍无法得出权利人进行了所谓的默示许可,合理期待和默示许可之间还存在一定的逻辑跨度,在该案中使用默示许可方案可谓理论上的"冒险"。③还有学者指出,法院关于被告获得默示许可将字体用于商业用途的认定过于宽容,理由是,企业与个人用户不同,其有义务和能力通过购买专业法律服务来确定使用行为是否合法。④

著作权制度需要在作品的权利人和使用人之间,乃至权利人与更为广泛的社会公众之间寻求利益平衡。虽然默示许可实际上也是对权利人的一种限制,但它不同于法定许可,也不同于合理使用,而是一种建立在推定权利人意思基础上的限制制度。默示许可是近年来受到关注的一种版权限制,随着网络技术的发展,正在成为一种实践。谷歌、百度等搜索引擎在搜索、索引、缓存网站时适用的就是默示许可。⑤根据传统的著作权法理论,搜

---

① Flo & Eddie, Inc. v. Sirius XM Radio Inc., 80 F. Supp. 3d 535, 539 (S.D.N.Y. 2015).
② 北京市第一中级人民法院(2011)一中民终字第5969号民事判决书。
③ 易健雄:《"飘柔"著作权案终审判决论证脉络之检讨——从司法裁决证立理论出发》,载《知识产权》2011年第8期。
④ 吴伟光:《中文字体的著作权保护问题研究——国际公约、产业政策与公共利益之间的影响与选择》,载《清华法学》,2011年第5期。
⑤ 吕炳斌:《网络时代的版权默示许可制度——两起Google案的分析》,载《电子知识产权》2009年第7期。

索引擎网站的缓存"快照"复制是一种著作权法意义上的"复制"。谷歌、百度等搜索引擎在缓存复制之前并没有一一征得相关网站的许可,其合法性依据即默示许可。除非其他网站使用一个"非存档"的元标记告知搜索引擎不要"缓存"该网站,否则搜索引擎就会将之索引、复制。

默示许可本质上是一个合同法问题。合同是双方当事人的合意,默示许可是在一方沉默等情况下推定其作出了同意的意思表示。美国法院在解决网络版权默示许可纠纷时,采取两个标准:知晓使用和鼓励使用。① 当然,由于"知晓使用""鼓励使用"涉及当事人主观状态,具有较强灵活性,因而也不宜把握,尤其是其中的"鼓励使用"要素极为主观。国外有学者建议将默示许可作为一种"隐喻"或"比拟"引入版权法,使之成为一个非合同概念,取消对双方意图的判断,采用客观的标准衡量默示许可,以适用版权法的时代变革。② 笔者认为,默示许可在现行法律框架下并不是一种著作权的法定限制,因此只能在合同法框架下进行探讨。"鼓励使用"这一主观要素过于苛刻,将之降为"允许使用"的主观状态可能更为合理。对版权默示许可的判定可以考察权利人对版权作品使用的知晓情况及其是否允许使用的态度,而这又可以进一步通过客观事实来考察和判定。比如,如果作品的著作权人早已知道其作品被其他公司用于商业,而没有表示反对,放任这种使用,并且这种状态持续了一定时间,那就足以推定权利人知晓使用以及允许使用;在此基础上,加以使用者的合理期待,方能成立默示许可。就上述案件而言,"飘柔"作为宝洁公司的一个著名商标,其使用方正公司的字体应早就引起了方正公司的注意,但方正公司长期以来未作反对,应当视为其允许使用。总之,在现有法律框架下,默示许可作为一个合同法中的规则,应该考察或推定双方当事人的意思,不能仅以一方当事人的合理期待来判定。

还需明确和强调的一点是,单纯的沉默并不能表示权利人的默示许可

---

① Field v. Google, Inc., 412 F. Supp. 2d 1106 (D. Nev. 2006).
② Orit Fischman Afori, Implied License: An Emerging New Standard in Copyright Law, 25 *Santa Clara High Technology Law Journal*, 2009:292-297.

意图。因此,在孤儿作品领域,权利人保持沉默,并不意味着默示许可。默示许可的适用,必须结合其他因素。比如,权利人明知或应当知道仍放任他人使用,才有可能构成默示许可。

当然,在特定的制度安排下,有可能会产生孤儿作品被默示许可使用的情形。比如,在制度上构建反向登记制度,即要求使用者使用孤儿作品前要在一个权威的、公开的、公认的数据库中进行登记,并且法律法规要明确规定经过一段时间的无人反对状态之后,才能被视为是一种默示许可。当然,这是法律上规定的默示许可,也穿插着法定许可的要素。

概言之,在特定情形下,使用者对孤儿作品的使用有可能被认为是取得了默示许可,但在大多数情形下,并不能因为权利人沉默就推导出其作了默示许可。因此,默示许可规则对解决孤儿作品问题所发挥的作用也较为有限,难以构成系统性的解决方案。

第五章 解决孤儿作品版权问题的主要模式

第一节 解决孤儿作品版权问题需要制度创新

由第四章的论述可知,法律的解释论无法解决孤儿作品的版权问题,至少无法为之提供系统性的解决方案。在解决孤儿作品问题方面,需要在传统的著作权法上进行制度创新和变革。孤儿作品是当代著作权法必须采取措施予以解决的问题。

孤儿作品是一个有全球共性的当代版权法难题,包括中国、美国、欧盟在内的国家或地区都在致力于解决这一难题。综观全球,其解决方案已呈现出三大模式:一是肇始于加拿大的强制许可模式;二是欧洲已经实施的有限例外模式;三是美国曾经提议的权利救济限制模式。本章将对这三大模式进行详细分析。

除了三大模式之外,还有一些解决方案也值得一提。一是与美国提议的权利救济限制模式类似的侵权免责模式。权利救济限制模式为美国所倡导,旨在限制复出的权利人可以获得的救济方式。[1]与此类似的侵权免责模式则为英国所提议。[2]侵权免责模式与侵权救济限制模式不同,后者只是限制权利人可能获得的救济方式,前者则完全豁免了使用者的责任,在程度

---

[1] Register of Copyrights, Report on Orphan Works, https://www.copyright.gov/orphan/orphan-report.pdf, visited on Oct. 2, 2019.

[2] British Screen Advisory Council, Copyright and Orphan Works: A Paper Prepared for the Gowers Review by the British Screen Advisory Council (2006) (BSAC Paper), pp. 37-38.

上较为激进。然而,由于欧盟法的协调,英国后来并没有沿着侵权免责模式的思路发展。考虑到侵权免责模式实际上是侵权救济限制模式最为激进的升级版,其原理与后者相同,因此本书不再对此进行专门分析。二是延伸性集体管理制度。① 延伸性集体管理制度将非会员的作品纳入集体管理范围,可以在一定程度上解决孤儿作品问题。由于此制度并非专门针对孤儿作品,各主要国家也无意专门通过此制度解决孤儿作品问题,因此本章并不对此模式进行专门分析。但因为延伸性集体管理制度在解决孤儿作品的大规模数字化使用问题上极具优势,本书拟在之后讨论孤儿作品的大规模数字化问题时再对这种制度进行分析。三是一些学者们建议的"软法"方案,主要是鼓励作者进行自愿性的登记,从而促进形成关于作品的较大数据库。② 由于缺乏强制力,这种方案的实效不容乐观,本书对此也不专门展开分析。四是少数国家采取比较罕见的做法,即规定孤儿作品在经过一定的年限后就属于公共领域。采取该方法的典型国家是津巴布韦。③ 从比较法上看,这是少数派做法,但并非毫无道理,这一做法的背后反映着孤儿作品和公共领域的关联。由于这是一种罕见的做法,称不上主要模式,因此本书对此也不展开分析。

在对解决孤儿作品问题的方案和模式有了概括性了解之后,本书将展开对三大模式的分析。在分析之时将穿插着比较内容,尤其是考察各个模式的优劣之处。对一些重要的细节问题,也将进行重点考察和分析,以便为我国采取的孤儿作品解决方案提供启发和指引。

---

① Daniel Gervais, Application of an Extended Collective Licensing Regime in Canada: Principles and Issues Related to Implementation, https://papers.ssrn.com/sol3/papers.cfm?abstract_id=1920391, visited on Oct. 2, 2019.

② Register of Copyrights, Report on Orphan Works, https://www.copyright.gov/orphan/orphan-report.pdf, visited on Oct. 2, 2019.

③ WIPO Standing Committee on Copyright and Related Rights, Seventeenth Session, Geneva, November 3 to 7, 2008, SCCR/17/2(August 26, 2008), p. 16.

第二节 孤儿作品的强制许可模式

一、强制许可模式是比较法上的主要模式

与专利法不同,在一般意义上,著作权法并不存在强制许可制度,我国著作权法也是如此。在国际法层面,强制许可是著作权保护的例外,其适用的范围非常有限。根据世界知识产权组织(WIPO)对《伯尔尼公约》的解读,该公约为强制许可提供了两种可能的例外情形。① 一是《伯尔尼公约》第11条之二的规定,即广播权的行使条件由成员规定,但无论如何,作者有权获得合理报酬,这一合理报酬在特定情形下可由行政主管部门规定。二是《伯尔尼公约》第13条第1款的规定,即成员可就音乐作品的录音,规定权利的保留及其条件。② 实际上,《伯尔尼公约》并未专门规定著作权的强制许可,WIPO对《伯尔尼公约》的官方解读也是从著作权的若干例外保留中推导得出。对此应当理解为,《伯尔尼公约》并非将强制许可的情形限于此两例,公约条文也并未作出如此限制。

为了解决孤儿作品问题,有些国家引入了针对这类特殊作品的强制许可规则。日本《著作权法》第8节的标题就是"强制许可下作品的使用(当著作权人未知时对作品的使用)",即将孤儿作品的使用规则定位为"强制许可"。③ 加拿大的孤儿作品许可规则一般也被称为强制许可规则。④ 基于这一模式被国外立法和国内外学者较为普遍地称为强制许可模式,本书亦

---

① World Intellectual Property Organization, *WIPO Intellectual Property Handbook: Policy, Law and Use (2d ed.)*, WIPO Publication, 2004, p.262.

② 《伯尔尼公约》第十三条第一款规定:本同盟每一成员国可就其本国情况对音乐作品作者及允许其歌词与音乐作品一道录音的歌词作者授权对上述音乐作品以及有歌词的音乐作品进行录音的专有权利规定保留及条件;但这类保留及条件之效力严格限于对此作出规定的国家,而且在任何情况下均不得损害作者获得在没有协议情况下由主管当局规定的合理报酬的权利。

③ Copyright Law of Japan, sec.8, http://www.cric.or.jp/english/clj/cl2.html, visited on Oct. 2, 2019.

④ Jane C. Ginsburg, Recent Developments in US Copyright Law: Part I—"Orphan" Works, https://papers.ssrn.com/sol3/papers.cfm?abstract_id=1263361, visited on Oct. 2, 2019.

将之称为强制许可模式。①

在孤儿作品使用的强制许可模式上,加拿大堪称鼻祖,早在1988年,其《版权法》第77节就针对孤儿作品规定了强制许可规则。②这一模式的首要规则是使用者进行查找权利人的合理努力。在使用申请人证明其已经进行这一合理努力之后,加拿大版权委员会才会授予使用孤儿作品的许可。

在实践中,为了证明这种合理努力,加拿大版权委员会会要求使用申请人说明其为查找版权人所进行的所有步骤,并要求使用申请人提交可以证明这种努力的所有相关文件以及证明这些文件真实性的宣誓书。③为此,加拿大版权委员会需要事先设定许可使用的条件等条款。加拿大版权委员会官方资助的一项研究表明:许可使用条款中最为困难的莫过于设定价格和支付方式。④对版权人而言,其最晚可以在许可到期之日起五年之内请求领取许可费;如未获得其应得款项,可向具有管辖权的法院起诉。⑤

目前实行这一制度的典型国家还有日本和韩国,以及欧洲的匈牙利和英国。⑥ 最新采用强制许可模式的是英国。英国2013年《企业和监管改革法案》第6部分"版权和表演者权"第77节规定了若干版权许可的改革措施,其中包括对孤儿作品的规定。该法案还授权国务大臣制定关于孤儿作

---

① 也有学者将之称为"准强制许可"模式。王迁:《"孤儿作品"制度设计简论》,载《中国版权》2013年第1期。

② Jeremy de Beer, Mario Bouchard, Canada's "Orphan Works" Regime: Unlocatable Copyright Owners and the Copyright Board, 10 *Oxford University Commonwealth Law Journal*, 2010:215-254.

③ Laurent Carrière, Unlocatable Copyright Owners: Some Comments on the Licensing Scheme of Sec. 77 of the Canadian Copyright Act § 5.2.2, http://www.robic.ca/admin/pdf/277/103-LC.pdf, visited on Oct. 2, 2019.

④ Jeremy de Beer, Mario Bouchard, Canada's "Orphan Works" Regime: Unlocatable Copyright Owners and the Copyright Board, 10 *Oxford University Commonwealth Law Journal*, 2010:215-254.

⑤ Canadian Copyright Act, sec. 77.

⑥ Chosakuken-Ho [Copyright Law], Law No. 48 of 1970, articles 67, 74 (Jap.); Copyright Act of Korea, No. 9785 (2009) (S. Kor.); Copyright (Amendment) Act, 2012, No. 13 at para. 17, Acts of Parliament, 2012 (India); Copyright Designs and Patent Act 1988, c 48 s. 116A (Eng.); Copyright Act No LXXVI of 1999 (Hungary) arts 57/A-D, and Decree 100/2009 (V8); Dr. Mihály Ficsor, Hungary: Regulation of Use of "Orphan Works", https://www.alai.org/en/assets/files/infos-nationales/hungary-2009-02.pdf, visited on Oct. 2, 2019.

品许可的条例。① 2014 年,英国制定了关于孤儿作品许可的法令,其特色也在于强制许可。该法令同样以使用者的勤勉查找为前提,要求使用者向指定的权威机构申请许可。②英国孤儿作品许可法令还提出建立一个数据库用以登记并公开孤儿作品的使用情况。③

二、强制许可的典型立法和实践分析

如上所述,加拿大是最早针对孤儿作品问题进行专门规定的国家。加拿大立法中使用的表述是"无法查找到的权利人"(owners who cannot be located)的作品。据加拿大学者介绍,"无法查找到的权利人"的作品这一表述是法语"titulaire introuvable"的大致翻译,④与"孤儿作品"这一术语略微存在区别。"孤儿作品"描述的是作品的特殊状态,而"无法查找到的权利人"描述的是权利人的特殊状态。然而,这两个不同表述的本质是一样的,针对的是著作权法或版权法中的相同情形。因此,本书将加拿大的相关规则也表述为孤儿作品规则。

加拿大《版权法》第 77 节是孤儿作品强制许可制度的典型规定,本书将之翻译如下:

(1) 当某人希望获得受版权保护的(a) 已发表作品(b) 已固定的表演(c) 已发表的录音制品或(d) 已固定的商业性的广播信号的许可使用,版权委员会确信申请人已经进行了查找权利人的合理努力,而权利人查找无果,委员会可以根据具体案情,向申请人颁发本法第 3、15、18 或 21 节所列举的使用行为的许可。

(2) 根据第(1)款内容所获得的许可是非排他的,并受到委员会可

---

① Enterprise and Regulatory Reform Act 2013 (2013 c. 24),Part 6,Sec. 77.
② The Copyright and Rights in Performances (Licensing of Orphan Works) Regulations 2014,articles 4,6,10.
③ The Copyright and Rights in Performances (Licensing of Orphan Works) Regulations 2014,article 5.
④ Jeremy de Beer, Mario Bouchard, Canada's "Orphan Works" Regime: Unlocatable Copyright Owners and the Copyright Board,10 *Oxford University Commonwealth Law Journal*,2010:215-254.

能确立的期限和条件的限制。

（3）版权的权利人在根据第（1）款颁发的版权许可终止后的五年之内，收取许可确定的版税。如果未能获得付款，则可以在有管辖权的法院提起收取费用的诉讼。

（4）版权委员会可以制定第（1）款所指的许可之颁发的管理规则。①

加拿大《版权法》第77节授权加拿大版权委员会在使用申请人经过合理努力查找权利人未果的前提下，可以对申请人授予非独占许可。该规定是直接明了的，但由于赋予了加拿大版权委员会宽泛的自由裁量权，因此产生了一些法律上和实践上的问题。②

对于强制许可制度，加拿大尚未有法院案例。加拿大版权委员会在长期实践中，逐步形成了自己对法律的解释，发展出一些标准化的实践做法。在逐渐增长的案例之中，非正式的先例制度也逐渐形成。③对于"合理努力"这一较具灵活性的要求而言，加拿大版权委员会也形成了一些非正式的规则。④

加拿大版权委员会虽未发布过关于不同情景中如何查找的"最佳做法"指南，但其公开宣传册中的确提到了潜在申请人在联系委员会之前应该采取的一些步骤。⑤创建和推广"最佳做法"的确可以减少申请人和管理机关的成本，值得提倡。但这些"最佳做法"需要有相当的实践积累，我国在孤儿作品版权制度实施初期，可暂不制定"最佳做法"的实践指南。

对于加拿大的孤儿作品强制许可制度，有以下几个问题需要讨论：

---

① Canadian Copyright Act, sec. 77.
② Jeremy de Beer, Mario Bouchard, Canada's "Orphan Works" Regime: Unlocatable Copyright Owners and the Copyright Board, 10 *Oxford University Commonwealth Law Journal*, 2010: 215-254.
③ Ibid.
④ Ibid.
⑤ Copyright Board of Canada, Unlocatable Copyright Owners, https://cb-cda.gc.ca/unlocatable-introuvables/brochure2-e.html, visited on Oct. 2, 2019.

（一）加拿大版权委员会的自由裁量权

加拿大《版权法》第 77 节第（1）款规定，"委员会可以根据具体案情，向申请人颁发本法第 3、15、18 或 21 节所列举的使用行为的许可"，其中的"可以"（may）一词表明法律赋予了该委员会授予许可或拒绝许可的行政裁量权。当然，这种行政裁量权的行使要依据行政许可法的基本原则，即在合理的范围内行使，以符合法治基本要求。

加拿大版权委员会的自由裁量权除了体现在认定"合理努力"查找上，还体现在证据问题和程序问题上。在证据问题上，由于加拿大版权委员会不是司法机构，其证据规则也有别于法庭。对于何种类型的证据可被接受，该委员会在实践中的操作也较为灵活。[①]在程序问题上，加拿大版权委员会也没有建立正式的程序，相应的申请、审查、决策程序比之专门的裁判机构较为灵活。[②]加拿大《版权法》第 77 节第（4）款虽授权加拿大版权委员会制定关于颁发孤儿作品许可的具体规则，但该委员会并未行使这种被授予的权力。这可能是因为在程序公正的保障下，灵活程序在实践中颇具优势。具体规则的制定虽然将更有利于保障相应程序与决策的一致性和可预见性，但面对孤儿作品使用的各种复杂情形，加拿大版权委员会选择了灵活性。灵活的程序更有利于在不同阶段、面对不同类型作品和不同性质的使用上进行把关，以保障实质正义。

（二）管理机关的角色

在加拿大，版权委员会是站在作者的立场上去进行是否许可的判断和决策的。[③]然而，由于作者身份不明或者作者无法联系，其真实意图不得而

[①] Jeremy de Beer, Mario Bouchard, Canada's "Orphan Works" Regime: Unlocatable Copyright Owners and the Copyright Board, 10 *Oxford University Commonwealth Law Journal*, 2010:215-254.
[②] Ibid.
[③] Copyright Board of Canada, Speech Given by the Honourable Justice William J. Vancise, Chairman of the Copyright Board of Canada, https://cb-cda. gc. ca/about-apropos/speeches-discours/20070815.pdf, visited on Oct. 2, 2019.

知。实践中,加拿大版权委员会会通过类似作者的行为来推测孤儿作品作者的行为。[①]在原理上,这类似于通常理性人标准。专利法中的本领域技术人员、商标法中的相关公众都是通常理性人标准的贯彻。实践中,法官或执法者会将自己假想为本领域技术人员、相关公众进行判断。加拿大版权委员会的审查人员会根据类似的一般作者的立场和行为规律进行判断和决策。与作为缺失作者的代理人角色定位相反,孤儿作品管理机关的角色也可以是中立的,以中立的立场去判断是否满足许可条件、是否应该颁发许可,而不考虑潜在的权利人的可能意图。这种方案可能更为客观,只考虑是否满足条件。然而,在综合比较这两种方案之后,笔者认为,以理性人标准立场进行判断更为可取。毕竟,孤儿作品使用中,还需要保障权利人的利益。如果权利人已经暗示或明示反对作品的数字化使用,则任何机构不能违背这种意志,即使该作品的数字化使用会带来巨大的社会福利。著作权作为私权,仍需遵循私法中的意思自治原则。当然,在权利主体缺失的前提下,这种意思可以通过通常理性人标准去推导。引入通常理性人标准,也是为了保障在孤儿作品许可使用的判断中,决策者能够进行多方面的综合判断,增加结果的合理性。

(三) 费用的支付

在加拿大的孤儿作品许可实践中,加拿大版权委员会曾经要求申请人将费用缴于信托账户之中。这一要求在后来被废除,主要理由是这种模式的可操作性不强。[②]由于法无授权,加拿大版权委员会不能拥有这些许可费,因此在后来的实践中,加拿大版权委员会要求使用申请人向版权集体管理组织支付许可费,由版权集体管理组织对这些费用进行管理。[③]

加拿大版权委员会早在1991年就在孤儿作品的强制许可实践中引入了集体管理组织的角色,并曾在1997年考虑通过法律修改,将它们之间的

---

① Jeremy de Beer, Mario Bouchard, Canada's "Orphan Works" Regime: Unlocatable Copyright Owners and the Copyright Board, 10 *Oxford University Commonwealth Law Journal*, 2010: 215-254.
② Ibid.
③ Ibid.

关系正式化。①根据加拿大版权委员会的提议,孤儿作品的许可事宜将由集体管理组织负责,版权委员会只介入不存在集体管理的作品领域,以及处理集体管理组织和使用申请人之间的争议。但加拿大版权法并没有采纳这样的提议,只是授权版权委员会制定孤儿作品许可的具体规则。根据这一授权,加拿大版权委员会当然可以在其制定的具体规则中引入上述方案,但实际上委员会最后放弃了制定具体规则。在如今的实践中,尽管没有正式法律和规则来规定加拿大版权委员会和集体管理组织在孤儿作品许可和费用管理上的合作事宜,但它们两者之间的合作关系一直维持和延续了下来。

版权集体管理组织在孤儿作品强制许可中的介入,是加拿大孤儿作品使用制度中最具争议之处。收集许可费、分配许可费是版权集体管理组织的业务和专长。将孤儿作品的许可费交由集体管理组织管理似乎名正言顺,在很多情形下也会促进许可费分配给权利人。然而,实际上有很大比例的孤儿作品许可费在最后会无人认领,这笔钱若进入版权集体管理组织的账户,相当于向集体管理组织进行捐款。另外,允许版权集体管理组织在五年到期后,权利人仍不出现的情况下,自行使用预缴的许可费的行为,使这种缴费行为变得类似于强制征收,其正当性更具争议。若是将无人认领的许可费归还使用者,②那么集体管理组织所做的工作就都变成了无偿劳动,所有的许可费要么由权利人认领,要么归还使用者,估计没有哪个机构或组织乐意从事这件事情。可能正是基于这个原因,这种提议在加拿大没被接受。将无人认领的费用交由集体管理组织管理和使用,在理论上也可以提高集体管理组织介入孤儿作品使用的积极性。

(四)孤儿作品认定和许可的管理机构

加拿大版权委员会有经济监管的职能,有权确定或在利益相关方的要

---

① Jeremy de Beer, Mario Bouchard, Canada's "Orphan Works" Regime: Unlocatable Copyright Owners and the Copyright Board, 10 *Oxford University Commonwealth Law Journal*, 2010:215-254.

② Register of Copyrights, Report on Orphan Works, https://www.copyright.gov/orphan/orphan-report.pdf, visited on Oct. 2, 2019.

求下确定他人使用受版权保护的作品所需支付的使用费,当然,前提是此种作品受版权集体管理组织管理。①版权委员会的另外一大职能是管理孤儿作品。除了行政管理之外,加拿大版权委员会还要就孤儿作品地位的认定、使用费争议等纠纷进行裁决,因此它也有准司法性质的裁判职能,发挥类似于行政法庭的作用。

加拿大《版权法》第77节对版权委员会的权利也有诸多限制,只有符合所规定的条件时,版权委员会才有权颁发许可。

三、强制许可模式在国外实践中存在的问题

孤儿作品的强制许可模式已经在国外经过多年的实践,较为成熟,但也存在一些问题,主要有:

第一,法律上并没有界定何为寻找版权权利人的"合理努力",相关概念的模糊不清以及具体标准的缺失影响着这一规则的实施。

第二,强制许可制度有赖于个案审查,这一机制只能针对小规模使用,很难解决大规模数字化中的孤儿作品使用问题。

第三,就加拿大而言,加拿大的强制许可制度在作品适用对象上存在着范围相对较窄的问题,它不适用于未发表作品,也不适用于作品发表与否难以判断的情形。②可见,加拿大的规则针对的是已经知道作者身份但无法查找到作者的作品,③其适用范围较为有限。

第四,在加拿大实施的规则之下,加拿大版权委员会会要求使用申请人将使用孤儿作品的许可费支付给集体管理组织。然而,这一行为的正当性存疑,这也是很多美国评论者强烈反对加拿大方案的主要原因。④如果权利

---

① Copyright Board of Canada, https://en.wikipedia.org/wiki/Copyright_Board_of_Canada, visited on Oct. 2, 2019.
② Jerry Brito, Bridget Dooling, An Orphan Works Affirmative Defense to Copyright Infringement Actions, 12 *Michigan Telecommunications and Technology Law Review*, 2005:75-113.
③ Submission to the Copyright Office: Proposal on Orphan Works, http://web.law.duke.edu/cspd/pdf/cspdproposal.pdf, visited on Oct. 2, 2019.
④ Register of Copyrights, Report on Orphan Works, https://www.copyright.gov/orphan/orphan-report.pdf, visited on Oct. 2, 2019.

人真的不存在,或者不再主张权利,版权集体管理组织收取此费用的正当性很难予以解释。

我国若要采取孤儿作品的强制许可制度,必须重视这些问题,尽可能寻求改良和解决之策。

第三节 公共文化机构有限例外模式

一、有限例外的正当性依据

著作权的限制与例外需要满足三步检测法的基本要求。虽然他人未经许可使用孤儿作品,无法在普遍意义上成为一种例外,但可以针对公共文化机构构造一套专门的有限例外规则。这一有限例外的正当性可以扎根于文化遗产保护理念。文化遗产保护服务于公共利益,比起私权所保护的私有财产利益而言,具有更高的位阶。因此,文化遗产保护的理念可以为公共文化机构对孤儿作品使用的有限例外提供正当性基础。

有限例外模式为欧盟所采用,欧洲很多国家的孤儿作品使用制度正是基于文化遗产保护理念。

孤儿作品问题与数字图书馆建设密切相关。在数字图书馆建设问题上,美国采取的方案是由市场力量自发解决,而欧洲却在很大程度上依赖于公共秩序。欧洲将文化遗产的数字化保护视为公共机构的责任所在。

在欧洲,孤儿作品的版权问题于2006年开始浮现。欧洲委员会提议的文化遗产数字化和在线获取工程提及了该问题。[①]在这份建议中,欧洲委员会就文化内容的数字化和在线可访问性以及数字化保存提出了专门建议,[②]之后少数欧盟成员国实施了孤儿作品立法。[③]比如,在法国,作者去世

---

① Commission Recommendation 2006/585/EC of 24 August 2006 on the digitisation and online accessibility of cultural content and digital preservation 28-30 (OJ L 236, 31.8.2006).
② Ibid.
③ European Commission, Proposal for a Directive of the European Parliament and of the Council on certain permitted uses of orphan works, COM (2011) 289 final, 2011/0136 (COD), Brussels, 24.5.2011, Explanatory Memorandum, para. 4.

后,如果没有已知的法定继承人和遗嘱继承人继承著作权,那么任何人都可以向法院申请采取适当措施使用该作品。① 在英国,法律允许版权委员会就表演授予某些许可,条件是其权利人的身份不明或下落不明,也无法通过合理查找予以确定。② 在匈牙利,使用者可以从匈牙利知识产权局获得使用孤儿作品的许可,该机构还会核查使用申请人是否已经进行了对权利人的勤勉查找。③ 在北欧国家(即瑞典、丹麦、冰岛、挪威和芬兰),通过延伸性集体管理组织的制度安排,未加入集体管理组织的权利人的作品也能够被集体管理,这种独特的制度也在一定程度上变相解决了孤儿作品问题。

起初,孤儿作品与绝版作品(out-of-print works)常被相提并论,但在2008年《欧盟的孤儿作品问题》报告中,孤儿作品被单独拿出,并予以专门讨论。该报告对欧盟各成员国已经存在的解决孤儿作品的不同方案进行了分析和比较。④ 2009年,欧盟专门成立的"数字图书馆高层专家组"发布了题为《数字图书馆:未来的建议和挑战》的最终报告,对孤儿作品的版权问题展开了具体分析。⑤ 实际上,在欧盟正式讨论和通过孤儿作品的指令之前,欧洲国家已经就该问题展开了讨论,有的国家还存在一些国内法实践。比如,英国和德国倾向于为图书馆等公共文化机构提供特定的例外规则,⑥ 北欧国家倾向于通过已存在的延伸性集体管理制度来解决孤儿作品版权问

---

① Code de la Propriété Intellectuelle, articles 122-129.
② Copyright, Designs and Patents Act 1988, ch. 48, sec. 190, para. 1.
③ Act No. LXXVI of 1999 on Copyright, article 57/A (Hungary).
④ Agnieszka Vetulani, The Problem of Orphan Works in the EU: An Overview of Legislative Solutions and Main Actions in this Field, http://citeseerx.ist.psu.edu/viewdoc/download? doi=10.1.1.178.8855&rep=rep1&type=pdf, visited on Oct. 2, 2019.
⑤ High Level Expert Group on Digital Libraries, Final Report, Digital Libraries: Recommendations and Challenges for the Future, http://www.ifrro.org/sites/default/files/hlg_ppp_final_report_2009.pdf, visited on Oct. 2, 2019.
⑥ British Screen Advisory Council, Copyright and Orphan Works: A Paper Prepared for the Gowers Review by the British Screen Advisory Council (2006) (BSAC Paper), pp. 37-38; Aktionsbundnis Urheberrecht Fur Bildung Und Wissenschaft, Bedarf Nach Einer Urheberrechtslo Sung Fur Verwaiste Werke, http://www.urheberrechtsbuendnis.de/docs/verwaisteWerke.pdf, visited on Oct. 2, 2019.

题。①但可能是由于北欧国家存在的延伸性集体管理制度具有特定的社会和文化背景,难以在整个欧洲推行,欧盟最后选择了英国和德国提议的有限例外制度,即为公共文化机构使用孤儿作品提供限定的例外。

2011年,为推进关于孤儿作品的国家立法并促进孤儿作品的使用,欧洲委员会提出了一项欧洲议会和理事会指令的提案。该提案设计了统一的勤勉查找规则,并要求成员国相互承认查找结果以及孤儿作品的状态。②经过多次修订,欧盟于2012年10月25日颁布了《孤儿作品指令》。③根据该指令第9条的规定,欧盟成员国必须在2014年10月29日之前制定并实施相关法律、法规和行政规定,以便落实和实施该指令。

欧盟的《孤儿作品指令》尤其强调孤儿作品的使用是为了保护欧洲的文化遗产,④并在指令序言第一段指出,希望通过孤儿作品的大规模数字化,创建一批欧洲数字图书馆(European digital libraries),以促进欧洲文化遗产的保存和传播。⑤《孤儿作品指令》的具体规则都深受这一基本理念的影响。在该指令下,公共文化机构可以对孤儿作品进行特定的数字化使用,其目标即在于保护欧洲文化遗产。

欧洲学者的研究中也不乏从文化遗产的数字化使用和保存角度去论证孤儿作品特殊使用规则的正当性和必要性。有学者在相关论文中,开篇就提及"20世纪的文化遗产的数字化,极为严重地受制于可能存在的版权和相关权"⑥。解决孤儿作品的版权使用困境有利于促进文化遗产的数字化,

---

① J. Axhamn, L. Guibault, Cross-Border Extended Collective Licensing: A Solution to Online Dissemination of Europe's Cultural Heritage?, https://papers.ssrn.com/sol3/papers.cfm?abstract_id=2001347, visited on Oct. 2, 2019.

② European Commission, Proposal for a Directive of the European Parliament and of the Council on certain permitted uses of orphan works, COM (2011) 289 final, 2011/0136 (COD), Brussels, 24.5.2011.

③ Directive 2012/28/EU of the European Parliament and of the Council of 25 October 2012 on certain permitted uses of orphan works, https://eur-lex.europa.eu/LexUriServ/LexUriServ.do?uri=OJ:L:2012:299:0005:0012:EN:PDF, visited on Oct. 2, 2019.

④ EU Orphan Works Directive, recital (1), (5).

⑤ EU Orphan Works Directive, recital (1).

⑥ Maria Lilla Montagnani, Laura Zoboli, The Making of an "Orphan": Cultural Heritage Digitization in the EU, 25 *International Journal of Law and Information Technology*, 2017:196-212.

并便于公众的访问获取。

在强调"文化遗产"的观念下,为了保护欧洲文化遗产,欧洲委员会创设了公共数字图书馆。为了便利查找权利人,欧盟还试图建立欧洲层面的版权信息数据库,最为知名的工程是权利信息和孤儿作品的公开登记数据库(ARROW)。建立官方数据库、权利处理中心和官方数字图书馆都是政府资助的官方行动。由前文可以看出,美国和欧洲在对待数字图书馆上展现出两种不同的态度和策略,这也反映了两个法域在法律传统上的差异:相信私序还是倾向于公共秩序。[1]

欧盟在孤儿作品的使用方案上也是着重于解决公共文化机构的孤儿作品使用问题。欧盟以文化遗产保护为理论依据,为公共图书馆、教育机构和博物馆以及档案馆等公共文化机构在实现其公益任务中使用孤儿作品打开了一个很小的例外空间。《孤儿作品指令》生来就是"有限派"。[2]孤儿作品的使用是建立在事先勤勉查找基础上的。在公共文化机构满足勤勉查找要求之后,其对孤儿作品的使用才成为版权保护的例外。可见《孤儿作品指令》以适用范围有限为特征,而这种有限源自其立法目标上的限定。

概言之,欧盟为公共文化机构对孤儿作品的使用打开了有限例外,其正当性依据在于文化遗产保护的基本理念。这一理念在欧洲有着扎实的根基,体现在数字图书馆建设之中,也体现在法律制度之中。这一理念贯穿于欧盟关于孤儿作品讨论的始终,也为学者所提倡,已成为欧盟在孤儿作品问题上的理论共识。

二、有限例外模式的典型立法分析

有限例外模式的典型立法即欧盟的《孤儿作品指令》。欧盟的孤儿作品解决方案旨在为文化机构使用孤儿作品提供最大可能的确定性、减少交易

---

[1] Katharina de la Durantaye, Finding a Home for Orphans: Google Book Search and Orphan Works Law in the United States and Europe, 21 *Fordham Intellectual Property, Media and Entertainment Law Journal*, 2011:229-233.

[2] Stef van Gompel, European Commission: European Commission Proposes a Directive on Orphan Works, https://merlin.obs.coe.int/download/5797/pdf, visited on Oct.2, 2019.

成本,以及促进孤儿作品的跨境使用等。① 这些目标贯穿和体现于《孤儿作品指令》的具体规则中。

《孤儿作品指令》第 6 条规定,成员国应当为公共文化机构复制和向公众提供其收藏的孤儿作品规定版权的例外或限制,并且这种例外只限于公共文化机构为实现其公共利益使命所做的行为,如保存作品的版本、促进公共文化遗产的公众获取。② 可见,欧盟模式有别于强制许可模式,采取的是为版权保护提供限制和例外的方式,旨在为公共文化机构使用孤儿作品打开方便之门。该条款是《孤儿作品指令》的核心条款,也是欧盟模式的特色所在。《孤儿作品指令》的规定非常明确,成员国只需要提供复制权(the right of reproduction)和向公众提供权(the right of making available to the public)的例外,且这一例外也只针对公共图书馆、档案馆、博物馆、教育机构与电影和音频遗产保护机构以及公共服务广播组织实现公共利益使命相关的行为。③《孤儿作品指令》第 1 条第 2 款规定,例外不仅适用于上述公共文化机构的图书、期刊、报纸等文字作品,也适用于电影作品、视听作品和录音制品。④ 其中,录音制品在大多数欧盟国家并不被作为版权保护的对象而是邻接权的对象,但《孤儿作品指令》依然将其纳入。根据该表述,《孤儿作品指令》也只针对上述类型的作品,因为该款没有"等"之类的字眼。虽然《孤儿作品指令》关于勤勉查找的附录中提到了图书、期刊报纸的照片、美术作品等视觉艺术作品。但该指令还是不适用于单独的照片、美术作品。因此,无论从适用主体还是从适用范围上看,该指令提供的都是一种非常具有针对性,也非常有限的解决方案。

《孤儿作品指令》也引入了"勤勉查找"这一要素。该指令第 3 条进一步对何为勤勉查找做了规定。公共文化机构在使用孤儿作品前,需要咨询有关作品类别和其他受保护主题的适当来源,诚信地进行勤勉查找。至于何

---

① M. Van Eechoud et al., *Harmonizing European Copyright Law: The Challenges of Better Lawmaking*, Kluwer Law International, 2009, p.278.
② EU Orphan Works Directive, article 6.
③ EU Orphan Works Directive, article 1(1).
④ EU Orphan Works Directive, article 1(2).

为查找、咨询的"适当来源",由各成员国自行规定。①使用者进行勤勉查找后,应当保存这些勤勉查找的证据和结果。《孤儿作品指令》还要求成员国采取必要的措施,确保这些信息能够在一个一站式的、可公开获取的在线数据库中得以保存和展示。②

可见,《孤儿作品指令》的利用框架也是建立在事先的勤勉查找基础上的,这点与加拿大的"合理努力"查找相同。勤勉查找要求已然是解决孤儿作品问题方案中的核心规则。然而,在勤勉查找是否需要经过有关机关审查和认定方面,欧盟模式和加拿大模式显示出重要的、实质性的区别。在强制许可模式下,专门的管理机关需要对使用者是否满足勤勉查找的要求展开审查,但欧盟的有限例外模式只要求使用者即公共文化机构保存这些查找的档案数据,并不需要经过有关部门的审查。相比之下,欧盟的模式更有利于使用者开展对孤儿作品的使用。一旦某一公共文化机构通过勤勉查找将某一作品作为孤儿作品处理,根据《孤儿作品指令》,所有欧盟国家都要承认该作品的孤儿作品状态,这可以促进孤儿作品的使用尤其是跨境使用和多国同时使用。③这些规则体现了欧盟孤儿作品解决方案的目标和宗旨,即希冀采取一个有效却不烦琐的勤勉查找要求,既能促进确定性,又能减少交易成本。然而,该指令规定的勤勉查找要求还是比较抽象,其具体如何实施,以及能否在实践中起到预期的效果,尚需进一步考察,也需要在实践中积累经验、不断完善。

为了促进孤儿作品的使用,《孤儿作品指令》允许公共文化机构在对孤儿作品进行数字化使用时产生收益,但为了避免公共文化机构的使用行为变为商业化使用行为,指令序言中特别说明,这种收益的目的应当服务于公共利益的使命。④此外,《孤儿作品指令》第 6 条第 4 款还规定,公共文化机构在实现其公共利益目标时,有寻求公私合作的自由。⑤针对孤儿作品使

---

① EU Orphan Works Directive, article 3.
② EU Orphan Works Directive, article 3.
③ EU Orphan Works Directive, article 4.
④ EU Orphan Works Directive, recital (21).
⑤ EU Orphan Works Directive, article 6(4).

用中权利人的保护,《孤儿作品指令》第6条第5款规定,当孤儿作品状态终止时,复出的权利人应该得到合理的补偿(fair compensation)。①但具体如何补偿,《孤儿作品指令》并未展开说明,只是提出各成员国在确定合理补偿的时候,除了考虑权利人的可能损害之外,还应当考虑促进文化发展的整体目标、公共文化机构使用的非商业性、使用所满足的公共利益等因素。②

《孤儿作品指令》只针对公共文化机构在实现其带有公共利益任务中使用的孤儿作品。该指令在起草过程中,草案曾经分别规定"允许的使用"(permitted use)和"授权的使用"(authorized use)两项内容,前者成为最终文本的第6条,即允许公共文化机构为满足其公共利益使命复制和向公众提供孤儿作品;而后者则未获得通过。"授权的使用"指的也是公共文化机构的使用,但可以超出基于公共利益的文化使命范畴。③草案中的这一规定虽然可以为公共文化机构的孤儿作品商业化使用或合作开发打通道路,但难免遭到反对。

《孤儿作品指令》起草之初,就不期待解决孤儿作品使用的全部问题,因此采取了一种有限解决的策略。这使得该指令的受益人非常有限,继而引发了对其他人和组织是否公平的问题。从国际法的角度看,这也可能导致国民待遇问题。以TRIPS为例,TRIPS第3条规定,在知识产权保护方面,每个WTO成员给予其他成员国民的待遇不低于给予本国国民的待遇。④该条款中的"保护"应包括影响知识产权的效力、取得、范围、维持和实施的事项,以及TRIPS中专门处理的影响知识产权使用的事项。由此可见,关于孤儿作品的规定还必须符合国民待遇的国际义务。因此,欧盟成员国至少应当允许其他国家的公共文化机构也按照条例的规定同等地使用源于欧盟国家的孤儿作品。然而,《孤儿作品指令》对此并无专门规定,各成员国在

---

① EU Orphan Works Directive, article 6(5).
② EU Orphan Works Directive, recital (18).
③ European Commission, Proposal for a Directive of the European Parliament and of the Council on certain permitted uses of orphan works, COM (2011) 289 final, 2011/0136 (COD), Brussels, 24.5.2011, article 7.
④ The Agreement on Trade-Related Aspects of Intellectual Property Rights, article 3.

实践中完全有可能作出相反行为,从而涉及违背国民待遇的问题。

三、有限例外模式的局限性

(一)有限例外模式未能解决一般性的孤儿作品使用问题

为公共文化机构的孤儿作品使用行为设置例外,具有较强的合理性和正当性。美国提出的权利救济限制模式也有对公共文化机构的例外设置。如果使用者的使用主要是教育、宗教或慈善性质的,并无任何商业目的,尽管这种未经许可的使用也构成侵权,但权利人只能享有禁令救济,而不能得到任何的金钱赔偿。[①]美国的例外是在权利人的救济方式上进行差异化对待。

欧盟的《孤儿作品指令》限于公共机构为公共利益目的使用孤儿作品。这一带有很强限制性的使用规则旨在保护和传播欧洲文化遗产。但它不是解决孤儿作品问题的完整方案。真正解决孤儿作品的版权问题,势必要解决非公共机构在商业领域使用孤儿作品的问题。

如何超出公共文化机构使用范围实现孤儿作品的一般性授权使用似乎是最困难的问题。解决该问题前必须回答以下问题:谁有权授权或许可使用孤儿作品?谁可以从这种用途中收取费用?如何分配此费用?[②]《孤儿作品指令》完全没有涉及这些内容。要完全解决孤儿作品问题,无法避免一般性授权使用孤儿作品的许可问题。应当设计适当的许可安排,既保护权利人利益,又方便对孤儿作品的使用。

(二)有限例外模式在实践中尚未促成孤儿作品的大规模数字化

《孤儿作品指令》得到了欧盟各成员国的有效遵守和实施。比如,德国

[①] Shawn Bentley Orphan Works Act of 2008, S. 2913, sec. 514(c)(1)(B).
[②] Reto M. Hilty et al., Comments of the Max Planck Institute for Intellectual Property and Competition Law on the Commission Proposal for a Directive on Certain Permitted Uses of Orphan Works, https://papers.ssrn.com/sol3/papers.cfm?abstract_id=1948323, visited on Oct. 2, 2019.

《著作权法》专门增加了对特定情形下允许使用孤儿作品的法律规定。①德国法律规定,使用者必须对权利人进行勤勉的查找,至少必须查找法律附件中列出的来源;此外,使用者应在首次出版该作品的欧盟成员国中进行认真的查找,如果有迹象表明可能在其他国家发现有关权利人的信息,则还必须向这些国家咨询。②

欧洲学者经过实证研究认为,尽管《孤儿作品指令》旨在解决公共文化机构使用孤儿作品的问题,并希冀促进孤儿作品的大规模数字化,但初步证据表明,公共文化机构并不认为该指令引入的方案具有可扩展性和有效性。③

初步看来,欧盟模式并没有促进文化遗产和孤儿作品的大规模数字化使用,将全部孤儿作品和文化遗产进行数字化并提供在线获取的目标仍然只是一个梦想。有欧洲学者甚至认为,《孤儿作品指令》实施效果不佳,它的贡献并不在于操作层面,即促进文化遗产的大规模数字化,而在于观念的表达,即公开表明欧洲文化遗产数字获取的价值。④基于此,欧盟的有限例外模式是否值得借鉴,也需斟酌。这一模式的适用范围有限,实施效果可能不佳,至少不是一个充分解决孤儿作品问题的方案。

第四节 权利救济限制模式

权利救济限制模式为美国在其相关立法草案中所提出,但未获通过。因此,它只是一种理论上的方案,可能存在较大的实施障碍。本书对此仅作相对简要的介绍和分析。

美国第 109 届和第 110 届国会都曾讨论过孤儿作品的立法议案。2006

---

① Copyright Act of 9 September 1965 (Federal Law Gazette I p. 1273), as last amended by Article 1 of the Act of 1 September 2017 (Federal Law Gazette I p. 3346), subchapter 5.
② Ibid., sec. 61a.
③ Maria Lilla Montagnani, Laura Zoboli, The Making of an "Orphan": Cultural Heritage Digitization in the EU, 25 *International Journal of Law and Information Technology*, 2017:196-212.
④ Ibid.

年,美国版权局第一次提出关于孤儿作品的议案。①根据此议案,一旦使用者满足了勤勉查找的门槛要求,即使使用者查找权利人无果,法律也允许使用者未经许可地使用孤儿作品。如果权利人复出并主张侵权,在侵权诉讼中,权利人的救济将受到限制。美国《2006年孤儿作品法案(议案)》在第109届美国国会中被撤回。2008年4月,新的孤儿作品议案在美国众议院和参议院先后被提出。②《2008年孤儿作品法案(议案)》延续了《2006年孤儿作品法案(议案)》的侵权救济限制模式,但也增设了若干引人瞩目的新条款。比如,《2008年孤儿作品法案(议案)》的众议院版本引入了一个"使用通知"要求,即要求孤儿作品的使用者向版权登记处提交"使用通知"。③在知道权利人的前提下,使用者要在使用的作品上署明权利人的姓名或名称,使用者需要在该孤儿作品的任何公开使用中加以恰当的标志或通知,表明这是孤儿作品的使用。④这些规则对使用者施加了义务,本质上是在维护权利人的利益,努力在利益的天平上进行矫正。美国《2008年孤儿作品法案(议案)》于2008年9月26日在参议院一致通过,然而却未在规定期限内获得众议院的通过。如今,美国的孤儿作品问题仍然悬而未决,美国版权局仍在继续审查孤儿作品版权问题,只不过更加关注于大规模数字化背景下孤儿作品的使用。⑤寻找孤儿作品问题的解决之道仍是"美国国会的一个主要目标以及美国版权局的一项优先任务"⑥。美国版权局2015年关于孤儿作品和大规模数字化的专门报告仍在试图推动孤儿作品相关的版权法改革。⑦

---

① Orphan Works Act of 2006, H. R. 5439, 109th Cong. (2006).
② Orphan Works Act of 2008, H. R. 5889, 110th Cong. (2008); Shawn Bentley Orphan Works Act of 2008, S. 2913.
③ Orphan Works Act of 2008, sec. 2(b) (1) (A) (ii).
④ Orphan Works Act of 2008, sec. 2, sec. 514(b) (a) (A).
⑤ U. S. Copyright Office, Notice of Inquiry: Orphan Works and Mass Digitization, 77 *Fed. Reg.*, 2012:64555-64561.
⑥ Ibid.
⑦ United States Copyright Office, Orphan Works and Mass Digitalization: A Report of the Register of Copyrights, https://www.copyright.gov/orphan/reports/orphan-works2015.pdf, visited on Oct. 2, 2019.

截至2022年底,美国的孤儿作品立法仍然处于被搁置的状态,主要是因为其中牵涉较为激烈的利益纠纷和对抗。一方面,美国的孤儿作品立法得到了各主要图书馆协会的坚定支持,①另一方面许多作者,特别是摄影师和视觉艺术家坚决反对此方面的立法。他们认为,孤儿作品法案将会允许甚至鼓励人规模的侵权行为,从而剥夺创作者根据现行版权法可以获得的保护。②

尽管美国孤儿作品的立法议案未获得国会通过,但这一"差点通过"的议案留下了一笔宝贵的"立法遗产"。美国孤儿作品的立法议案主要有以下几个规则和特征:第一,在使用者勤勉查找权利人无果的情况下,使用者可以未经许可地使用孤儿作品,权利人得到的侵权救济将被限制;第二,美国遵循的是"逐案审查、个案判断"的思路,因此一件孤儿作品并不能永久地成为孤儿作品;第三,允许权利人从使用者处获得合理补偿,但不适用法定赔偿规则,也不适用律师费赔偿规则;第四,权利人享有禁令救济,除非使用人已经对孤儿作品进行演绎,并增加了实质性的原创表达。③美国孤儿作品立法议案并没有为孤儿作品的使用创造一个例外或限制,而是对具体使用孤儿作品的行为可能产生的侵权责任进行限制。在本质上,这是将权利本身和权利救济加以区别的思路。④其潜在的正当性依据是,孤儿作品中的权利本身不受影响,受到影响和限制的是权利的救济。

在关键的许可问题上,美国模式摒弃了许可要求。使用者只要满足了勤勉查找义务即可使用孤儿作品,无须获得事先许可。美国版权局并不赞

---

① E. g., Letter from the Library Copyright Alliance to U. S. Representatives Howard L. Berman & Howard Coble, https://lca. x0x8kvd0-liquidwebsites. com/wp-content/uploads/2018/04/lca-ltr-orphan-works-hearing-12mar08. pdf, visited on Oct. 2, 2019.

② Bingbin Lv, The Orphan Works Copyright Issue: Suggestions for International Response, 60 *Journal of the Copyright Society of the USA*, 2013:255-284.

③ United States Copyright Office, Orphan Works and Mass Digitalization: A Report of the Register of Copyrights, https://www. copyright. gov/orphan/reports/orphan-works2015. pdf, visited on Oct. 2, 2019.

④ 这种将权利本身和权利救济进行区分的思路也体现在美国式的版权登记激励措施中。吕炳斌:《版权登记制度革新的第三条道路——基于交易的版权登记》,载《比较法研究》2017年第5期。

同要求使用者提前支付许可使用费并存放于指定托管账户的建议,也不赞同对使用者的登记注册要求。①美国模式在一定程度上倾向于使用者。使用者需要满足的无非是勤勉查找要求,之后无须事先缴纳许可费即可使用孤儿作品,这在一定程度上减少了孤儿作品使用时的麻烦。

与其他模式相同,美国模式的关键也在于勤勉查找要求。但其效果有别于强制许可模式中的"合理努力"查找。在美国模式中,勤勉查找义务的履行将使得使用者在侵权诉讼中获益,权利人可获得的救济会受到限制;②而在强制许可模式下,"合理努力"查找只是获取孤儿作品使用许可的前提条件。但无论如何,只有勤勉查找要求不能完整解决孤儿作品问题。此要求实质上仅解决了如何确定孤儿作品状态。为了充分解决孤儿作品问题,还应认真考虑和设计适当的许可规则及报酬机制。为了使勤勉查找要求得以理想且顺利地运行,最好还要建立版权信息的一站式搜索数据库。数据库可以解决使用者面临的查找成本较高问题。

在理念上,美国孤儿作品法案的一个基本价值取向是依赖市场力量,避免政府干预。在《2008年孤儿作品法案(议案)》的参议院版本中,设计的孤儿作品使用规则完全不需要政府的参与,既不需要指定或设立行政机构、版权集体管理组织或版权登记处等机构,也不需要征收和管理许可费。③此方案可谓将市场理念贯彻到底。《2008年孤儿作品法案(议案)》的众议院版本却引入了向版权登记处提交"使用通知"的规则,这实质上是公共机构的介入。美国的孤儿作品立法议案均拒绝了由政府代为行使许可权的制度安排,采取的是孤儿作品许可使用的法定豁免。从整体上而言,美国的方案是一种贯彻市场理念的制度安排。但在孤儿作品的许可使用上也会存在着市场失灵,因此仅凭市场机制难以完全解决孤儿作品问题。

---

① Register of Copyrights, Report on Orphan Works, https://www.copyright.gov/orphan/orphan-report.pdf, visited on Oct. 2, 2019.

② Orphan Works Act of 2008, § 2(b)(1)(A)(i); Shawn Bentley Orphan Works Act of 2008, § 2(b)(1)(A)(i).

③ Katharina de la Durantaye, Finding a Home for Orphans: Google Book Search and Orphan Works Law in the United States and Europe, 21 *Fordham Intellectual Property, Media and Entertainment Law Journal*, 2011:229-233.

第五节 小结和启示：我国的选择

通过对比较法上存在的不同解决方案的考察可以发现，勤勉查找要求是各种孤儿作品解决方案中的共性要求。我国未来的孤儿作品解决方案也不能放弃这个要求，因为该要求致力于保护权利人的利益，必不可少。然而，欧洲有学者指出，对作品一一进行勤勉查找和权利清理的模式并不适合大规模数字化。[1]尽管欧洲学者已经意识到这个问题，但欧盟的有限例外模式仍然设置了勤勉查找要求。这也说明，勤勉查找要求是无法回避的。为促进孤儿作品和文化遗产的大规模数字化，在制度设计上的可行方案并不是剔除这一要求，而是合理地"软化"这一要求。

将上述几种模式比较之后可以发现，强制许可模式具有一定的优势，在国际上也为很多国家所采纳。相比欧盟采取的有限例外模式而言，它具有普遍性优势，在根本上也具有确定性优势。虽然个案审查费时费力，但这种经过第三方权威机构审查并颁发的许可具有确定性，这也是使用者所看重的。对于商业机构而言，它们尤其需要许可使用的确定性。强制许可模式在确定性方面比起其他模式更具优势。

进一步而言，根据著作权法依赖的私有财产权基本规则，他人要使用受到权利保护的作品，需要先取得许可，许可的方式有自愿许可、法定许可、默示许可、强制许可等。较之于法定许可等许可方式而言，强制许可以公权力介入的方式提高了孤儿作品认定中的确定性，有利于解决勤勉查找要求的模糊性问题，是一个较好的选择。[2]应当强调，强制许可模式由于有政府部门的介入，因此在实质条件和程序要求上都有较高的保障。在当事人缺位的情况下，权威机构的介入是一个优选方案。孤儿作品的强制许可模式是国际上较为主流的模式，为多个国家所采纳，这本身就说明这一模式

---

[1] Maria Lilla Montagnani, Laura Zoboli, The Making of an "Orphan": Cultural Heritage Digitization in the EU, 25 *International Journal of Law and Information Technology*, 2017:196-212.
[2] 赵锐：《论孤儿作品的版权利用——兼论〈著作权法〉（修改草案）第25条》，载《知识产权》2012年6期。

在解决孤儿作品问题上具有一定的优势。因此,我国选择孤儿作品的强制许可模式是较为合理也较为可行的。

在著作权法中,自治规则和管制规则的冲突与协调贯穿始终。①在孤儿作品问题上,存在着自治规则的失灵问题,因此"政府的高效介入就显得尤为重要"②。著作权法在体系上隶属民法,为私法,奉行意思自治原则,在一般情况下排斥政府的干预。然而,在孤儿作品问题上,权利人信息不明或权利人难以寻找使得作品传播受阻,这是制度造成的市场失灵,因此其解决也有赖于制度的调整和公共权力的再次介入。建立在财产权基础上的自治规则已经无法解决这一财产权主体规则和许可规则上的内在缺陷,需要管制规则的介入,需要政府公共力量的介入。其实,自治规则和管制规则的目的是一致的,即帮助作品的创作和传播,最终促进文化的发展和繁荣。

但由政府介入的孤儿作品的强制许可制度也存在着若干缺陷。第一,它将带来一定的行政负担。若由版权局负责这一工作,大量的孤儿作品许可工作会给政府部门造成极大的负担。③美国相关研究的报告对这一制度的批评也是如此,这一制度产生了不应有的行政负担,导致长时间拖延并且收效甚微。④有报告引用了类似的评论,主要是批评申请强制许可的时间和费用问题。⑤在费用问题上,如果权利人没有重新出现,政府机构可以保留许可费,这会减轻行政负担,但留取本应当属于私人主体的钱财并不符合政府的角色定位。在加拿大,如果版权权利人未在五年内出现并收取费用,相关费用则会流向版权集体管理组织。这一规则虽然已经实施,但存

---

① 熊琦:《中国著作权立法中的制度创新》,载《中国社会科学》2018 年第 7 期。
② 同上。
③ Benjamin T. Hickman, Can You Find a Home for This "Orphan" Copyright Work? A Statutory Solution for Copyright-Protected Works Whose Owners Cannot be Located, 57 *Syracuse Law Review*, 2006:123-149.
④ Register of Copyrights, Report on Orphan Works, https://www.copyright.gov/orphan/orphan-report.pdf, visited on Oct. 2, 2019; Submission to the Copyright Office: Proposal on Orphan Works, http://web.law.duke.edu/cspd/pdf/cspdproposal.pdf, visited on Oct. 2, 2019.
⑤ University of Amsterdam Institute for Information Law, The Recasting of Copyright & Related Rights for the Knowledge Economy, https://www.ivir.nl/publicaties/download/IViR_Recast_Final_Report_2006.pdf, visited on Oct. 2, 2019.

在较大争议,一直是权利人向加拿大版权委员会的具体投诉主题之一。[1]但无论如何,应当让无人认领的版权许可使用费以适当的方式用于公共目的。而为了使公众接受和认可有关分配无人认领的版权使用费的制度安排,需要确保制度安排的透明度和公平性。第二,对大规模数字化项目而言,政府部门——审查并颁发许可的制度显然是不合适的。正如加拿大实践所表现出来的,作品的逐一查找是烦琐的、耗时的(平均两个月)、实践效果也不佳,因此每年的颁发数量极少。虽然在这样的制度安排下,使用者将具有足够的法律确定性,因为其许可授权来自政府部门,但这一制度只适合小规模的使用,并不利于大规模数字化项目的开展。基于这方面的考虑,许多美国学者反对以这种方式授予版权局许可孤儿作品的行政权力。[2]第三,强制许可制度的前提条件仍然是使用申请人的"合理努力"查找,但无论是加拿大法律,还是英国等其他国家的法律,都没有对此提供具体的指南或标准。

尽管存在上述缺陷,孤儿作品的强制许可模式仍然是一种相对较优的选择。笔者建议,我国未来应当推动孤儿作品强制许可制度的引入。在具体的规则设计和实践之中,我国的孤儿作品解决方案需要直面上述三个问题并予以解决,从而提供孤儿作品强制许可制度的"中国版本"。

---

[1] Jeremy de Beer, Mario Bouchard, Canada's "Orphan Works" Regime: Unlocatable Copyright Owners and the Copyright Board, 10 *Oxford University Commonwealth Law Journal*, 2010:215-254.

[2] Register of Copyrights, Report on Orphan Works, https://www.copyright.gov/orphan/orphan-report.pdf, visited on Oct. 2, 2019.

第六章 我国孤儿作品问题解决方案的基本原则与具体架构

第一节 解决方案的基本原则

孤儿作品问题的解决方案可以是革命性的,也可以是保守的。

革命性的方案是重新引入作品的确权登记制度,在一开始就消除孤儿作品。这种版权登记制度必须集中化,以便向公众提供一种有效的查找方式。由于版权保护得到了《伯尔尼公约》成员的相互承认,文化产品的国际交易量也不断增加,因此还可以考虑建立互联互通的国际版权登记数据库。学者们的提议中,也不乏此建议。美国学者伯纳德·郎曾建议建立一个单一的、全球的图书国际数据库,并认为它在技术上是可行的,解决问题的力度较大,但对现行立法的影响却不大。[1]其实,这种登记制度需要各国对现行版权法作出很大的修改,其成功与否取决于是否建立有效的确权登记制度。但是,版权登记会给作者和版权局造成很大的负担,因此并不十分可行。

笔者倾向于采用相对保守的方法来调整现行版权法中使用孤儿作品的规则,即确立孤儿作品的构成条件,允许他人在一定条件下使用孤儿作品,同时确保权利人利益受到有效保护。

孤儿作品法律制度的设计涉及不同主体之间的利益平衡。一方面,法

---

[1] Bernard Lang, Orphan Works and the Google Book Search Settlement: An International Perspective, 55 *New York Law School Law Review*, 2010:111-155.

律应保护合法使用者在满足使用孤儿作品所需的条件后，不再承担侵权责任；另一方面，法律还应实现对权利人的有效保护。关于后者，主要是设计合理的勤勉查找要求和许可费分配机制。还需特别注意的一点是，一个令人满意的解决方案应可适用于大规模数字化项目，以及可以促进孤儿作品的跨国使用。

具体而言，一个良好的孤儿作品问题解决方案，需要具备以下原则：

第一，清晰可行的规则指引。孤儿作品的界定及其范围、使用者勤勉查找的程度等都要尽可能清晰。否则，难以形成有效的行为指南，将会影响孤儿作品的使用。

第二，尽可能降低查找成本。前文已经反复分析和强调，高昂的查找成本将是孤儿作品使用的最大障碍。如果成本高昂，潜在的使用者要么会放弃使用，要么会冒险违规使用。这样，不仅作品权利人不能获益，促进作品传播的宗旨也难以实现，其结果是无人得利。为了避免这种情况，在制度设计时，务必注意尽可能降低查找成本。

第三，尽可能形成普适性的规则体系。孤儿作品的解决方案不能局限于特定作品，也不能只针对特定机构的使用，局部解决方案不是根本解决方案。一个完整的解决方案不仅应当针对已经存在的孤儿作品，也应当针对可能出现于未来的孤儿作品，并应当致力于减少孤儿作品的产生，降低其数量。在这方面，可以从作品登记制度着手，对其进行可能的改造，而不是革命性的重构，以便在现行法律框架内寻求可能的解决方案。

第四，有效的管理体制。在孤儿作品问题的解决方案中，首先需要使用者和权利人之外的第三者介入，此第三者需要具有权威性、公正性，版权行政管理机构或著作权集体管理组织是适宜的选择。其次，需要尽可能降低行政管理成本和运作成本，孤儿作品的个案审查和认定、法定许可费的判断都会产生成本。最后，还需要尽可能减少使用者的申请成本。如何降低孤儿作品使用时产生的成本，是整个制度架构的难点之一。

第五，公开性。孤儿作品的使用是在权利人未介入、未许可的情况下进行的，因此将权利人排除在外肯定不妥。应当建立孤儿作品使用信息的数据库，对哪些作品已被视为孤儿作品、谁是使用者、法定许可费是多少等信息进行公示。

第六，对合规使用者有充分的保护。良好的孤儿作品解决方案应当给一个进行了勤勉查找、按照程序进行了申请登记、按照规定预缴了许可费的合规使用者以充分的保护，使之不会被突然出现的权利人挟持和敲诈，权利人也不能对其行使停止使用之禁令请求权。若合规使用者已经对作品进行加工利用，也不应受到禁令之威胁。也就是说，在使用者履行所有义务的前提下，即使权利人复出，也应当允许使用者继续使用作品。

上述原则应当贯彻和体现于孤儿作品的具体制度架构之中。忽略任何一条原则，都将导致孤儿作品的解决方案不够理想。当然，寻求一个百分之百完美的解决方案也不大可能。毕竟，面对孤儿作品这一长期未解决的难题，能获得一个较好方案，则已是难能可贵。

第二节 解决方案的具体架构

一、孤儿作品规则的适用对象

孤儿作品规则的适用对象当然是孤儿作品。本书在第一章已经阐明其定义，此处不再赘述。然而，在具体的法律适用中，相关解释可能仍有不明之处。在笔者看来，孤儿作品规则的具体适用还有如下问题：一是确认孤儿作品时是否要考虑作品的类别？换言之，是否将某些类别的作品排除在外？二是孤儿作品是否包括外国作品？三是孤儿作品是否包括未发表作品？此外，由于孤儿作品首先得是"作品"，因此在具体案例中还可能遇到作品本身是否受到版权保护的认定问题。这些具体问题很难详细规定在著作权法中，故而有赖于法律解释论的应用。

（一）作品的类别

不同类别作品成为孤儿作品的概率存在差异，比如音乐作品和电影作品成为孤儿作品的概率就大大低于照片。

音乐作品是各国版权集体管理的重点对象。我国就有中国音乐著作权协会对音乐作品进行集体管理;美国也有作曲家、作家和出版商协会(ASCAP)对音乐作品进行集体管理。正是因为如此,在欧美国家,有观点认为,音乐作品无须被纳入孤儿作品的管理范围。①欧盟委员会也认为,音乐作品成为孤儿作品是不大可能的。②然而,问题在于,随着创作大众化时代的到来,以及人类创作活动的多样化发展,网络平台上用户创作内容兴起,非专业人士也可借助现代信息网络技术创作各类具有一定专业性的作品,③音乐创作也不再被专业的作曲家垄断。因此在如今的音乐作品领域,同样也存在不署名、署网名乃至署假名的情形,同样也可能产生权利人难以联系或查找的孤儿作品。

与之类似的是电影等视听作品。摄制电影是一项高投入工作,传统的投资人(电影公司)不会让其作品沦为孤儿作品,电影行业中也存在在电影中写明制片人的惯例。然而,对于更广泛意义上的视听作品而言,孤儿作品问题同样存在。比如,随着短视频的兴起,很多短视频也满足独创性要求,是著作权保护的对象,但创作者可能没有获取版权保护的意图,而是希望视频能够被迅猛传播,以增加流量。在这种情况下,创作者可能不署名,或者署网名、假名,这类视听作品就很可能成为孤儿作品。

因此,即使是音乐作品、视听作品,也有可能成为孤儿作品,但从整体上来说,此类作品成为孤儿作品的概率较小。

与音乐作品、视听作品不大可能成为孤儿作品相反,有些类型的作品天生就容易沦为孤儿作品,摄影作品当属典型。孤儿作品制度作为版权保护

---

① Register of Copyrights, Report on Orphan Works, https://www.copyright.gov/orphan/orphan-report.pdf, visited on Oct. 2, 2019.

② Commission Staff Working Paper, Impact Assessment on the Cross-Border Online Access to Orphan Works, Accompanying the Document, Proposal for a Directive of the European Parliament and of the Council, on Certain Permitted Uses of Orphan Works, https://ec.europa.eu/smart-regulation/impact/ia_carried_out/docs/ia_2011/sec_2011_0615_en.pdf, visited on Oct. 2, 2019.

③ 刘颖、何天翔:《著作权法修订中的"用户创造内容"问题——以中国内地与香港的比较为视角》,载《法学评论》2019年第1期。

和行使的一种例外,对此类作品的影响也最为深刻。因此,一些摄影家们本能地反对孤儿作品制度。[①]然而,部分权利人的反对并不能成为阻止孤儿作品制度建立和实施的理由。孤儿作品制度所解决的是当代版权制度的困境,当然不能将最容易成为孤儿作品的类型排除在外,因为这无疑将大大降低制度的实效。这就要求我们在制度设计时尽可能平衡各方利益,而不是简单地选择放弃。

综上所述,任何类型的文学艺术作品都有可能产生权利人失联或无从查找的孤儿作品问题,孤儿作品的法律制度有必要将其全部纳入。在比较法上,最早设置孤儿作品强制许可制度的加拿大在其实践中已经处理了多起关于建筑设计、照片、电影作品等类别的孤儿作品使用的申请。[②]这也印证了各种不同类型的作品在实践中都可能产生孤儿作品问题,因此法律规则不宜将某类作品排除在外。

最后,一个附带的问题是,孤儿作品的相关法律设置能否扩大适用到邻接权的保护对象上？这在我国可能会成为一个问题,因为录音录像等在我国属于邻接权的客体,而它们也可能存在权利人信息不明或难以联系的情形。在比较法上,根据加拿大《版权法》第 77 节的规定,其孤儿作品制度不仅适用于严格意义上的"作品",还适用于表演、录音制品和商业性广播信号这三类属于邻接权的保护客体。在英国,其早期实施的孤儿作品强制许可制度只针对表演,[③]这当然产生了适用范围过于狭窄的问题。英国有报告也指出,这一只针对表演的孤儿作品制度基本无用,在实践中只被用了两次,其中一个重要原因是它太过狭窄,只针对表演的复制权,并不包括表演的发行权。[④]就我国而言,即使"孤儿作品"这一术语针对的是"作品",但将相关规则类推适用到"录音制品"等邻接权保护对象上,也不存在法解释

---

① 何莹:《我国孤儿作品制度的适用范围及利用模式——以数字文化产业创新为背景》,载《重庆广播电视大学学报》2017 年第 1 期。
② Jeremy de Beer, Mario Bouchard, Canada's "Orphan Works" Regime: Unlocatable Copyright Owners and the Copyright Board, 10 *Oxford University Commonwealth Law Journal*, 2010:215-254.
③ Copyright, Designs and Patents Act 1988 (UK) s 190.
④ British Screen Advisory Council, Copyright and Orphan Works: A Paper Prepared for the Gowers Review by the British Screen Advisory Council (2006) (BSAC Paper), p. 8.

技术上的障碍。此外,这种类推适用也能服务于著作权法促进文学艺术传播的宗旨和目的,存在理论上的正当性。

(二) 已发表作品和未发表作品

孤儿作品规则限于已发表作品,还是也可涉及未发表作品,在比较法上存在着争议。加拿大《版权法》第 77 节规定的是已经发表的作品或者已经固定的表演、录音制品和广播信号。就通常意义上的作品而言,加拿大的强制许可制度限于已经发表的作品。而有些国家,比如印度,专门建立了针对未发表的孤儿作品的特殊制度。[1]在此问题上,我国法律应当采取何种态度,值得专门分析。从现有文献看,我国学者对此问题还存在认识上的分歧。[2]

反对将未发表作品纳入孤儿作品范畴的一个可能理由是,判断作品是否已经发表存在难度。因此,为了规避难题,索性就将未发表作品排除在外。然而,这一理由是不成立的,因为判断作品是否发表,并不困难。这需要从发表权的概念说起。发表并不限于传统意义上的在期刊杂志上发表,而是可以用各种各样的方式发表。发表的本质在于"公之于众"。比如,就建筑作品而言,一旦建筑成型,这一作品则已公之于众,发表完成。整体上而言,作品是否已经发表,是较容易判断的。判断作品是否发表可能有一定的成本,但整体上并不高,不能成为将未发表作品排除出孤儿作品范畴的依据。实际上,将发表作品和未发表作品都包含在内,可以免去使用者鉴别作品是否已经发表的任务,反而降低了使用者的成本。

未发表作品是所有作品的一个部分。尽管由于处于私密状态,未发表作品的数量没有量化的数据,但可以猜测的是,存在大量的未发表作品。美国孤儿作品研究报告和英国的相关报告都建议,孤儿作品的解决方案应

---

[1] Copyright Act 1957 (India) s 31A.
[2] 有学者认为孤儿作品应当包含未发表作品,并对此展开了专门分析。赵力:《孤儿作品内涵双重推定法律问题研究》,载《河北法学》2015 年第 4 期。

当全面，既包括已经发表的作品，也包括未发表的作品。①就某些具体情形认定某件作品是否已经发表，可能并不容易，但将未发表作品也纳入孤儿作品使用范畴则无须再对作品是否已经发表进行区分。

由上可知，应当将未发表作品也纳入孤儿作品的范畴，并适用孤儿作品规则。当然，如果作品中有明确不想发表的说明，则应当尊重这种意思表示，这是对作者人格的尊重。若作品中无明确表示，则应基于促进文化艺术作品的传播和使用的立场，将未发表作品也纳入孤儿作品范畴。

但这就有了更进一步的问题，即允许对未发表的孤儿作品加以使用，可能和作者的隐私权产生冲突。作品完成之后，作者将之置于非公开状态，这可能是因为作者觉得这一作品涉及隐私，需要保密。然而，深究之下这一问题其实是个假问题。既然作品已经被使用者知晓，这说明权利人并没有采取保密措施，并无意将此作品保密。使用者在使用他人作品时，若难以判断作品是否已经公开发表，需要施加更多的谨慎注意义务，尤其是对个人敏感信息的谨慎注意。当作品涉及他人私生活秘密时，应当避免使用此类作品。如果作品并不涉及个人敏感信息，又处于他人可以获取、接触的状态，则可推定作品已经发表，将之纳入孤儿作品的范畴。至于在真实状态中，作品是否已经发表，并不重要。这种规则有利于孤儿作品的使用，于己于人，皆为有利，也符合合理的平衡机制。

另一个可能存在的小问题是，作品虽然已经公之于众，但却是未经过权利人同意而发表的，在这种情况下，他人能否对此种孤儿作品加以使用？这其实是侵害发表权的问题。既然作品已经公之于众，使用者就可以信赖这一公开状态，推定作品已经发表。至于未经许可发表对权利人造成的伤害，权利人可以以侵害发表权为由，追究发表者的责任。

总之，只要作品已经处于他人可以接触和获得的状态，就应该将其纳入

---

① Register of Copyrights, Report on Orphan Works, https://www.copyright.gov/orphan/orphan-report.pdf, visited on Oct. 2, 2019; British Screen Advisory Council, Copyright and Orphan Works: A Paper Prepared for the Gowers Review by the British Screen Advisory Council (2006) (BSAC Paper), p. 22.

孤儿作品的范畴。至于作品未经权利人同意而发表的情况，那是另外的问题，权利人需要追究的是发表者的责任。在孤儿作品的使用中，需要注意的是不得侵害他人隐私权，这是不容置疑的前提。具体举例而言，即使作品未由权利人予以正式发表，只是陈列于博物馆、档案馆中，但只要不侵害他人隐私权，博物馆、档案馆等公共文化机构也可以对此类孤儿作品加以数字化使用。

（三）外国作品问题

是否应当将起源国为外国的作品纳入孤儿作品规则规制的范畴，在比较法上存在不同意见。欧盟《孤儿作品指令》出于国际礼让的考虑，规定其只适用于在欧盟成员国领域内最先发表的作品以及最先发表或广播的录音制品。[1]欧盟采取的是著作权限制和例外模式，为了不对外国作品造成限制，明确回避了对外国作品的适用。美国《2008年孤儿作品法案（议案）》并未明确指出只适用于本国作品，因此没有排除对外国作品的适用。

笔者赞同在孤儿作品的范畴中纳入外国作品，主要理由是，这将减少识别和区分作品来源国的麻烦，节省交易成本。立足于本国而言，在孤儿作品的范畴中尽可能多地纳入不同作品类型，也有利于促进文化产品的传播。当然，这会进一步涉及是否不当地限制了外国作品著作权的问题。应该说，经过精巧平衡设计的孤儿作品制度，并不会对作品的正常保护造成过多的冲击；即使有所冲击，也是本国作品首当其冲。既然可以对本国作品的权利行使加以限制，那么也可以同样对外国作品的权利行使加以限制。即使在版权限制和例外的三步检测法下，本国作品和外国作品的区别也不是考虑的因素。因此在这方面，本国作品和外国作品并不存在本质差异。

从比较法上看，印度的孤儿作品强制许可制度就经历了一个从仅适用

---

[1] Directive 2012/28/EU of the European Parliament and of the Council of 25 October 2012 on certain permitted uses of orphan works，https://eur-lex. europa. eu/LexUriServ/LexUriServ. do? uri=OJ:L:2012:299:0005:0012:EN:PDF，visited on Oct. 2，2019.

于本国作品到扩大适用于国内外所有作品的变化过程。印度1957年《版权法》第31A节第(1)款确定了孤儿作品的强制许可制度,但其前提条件是所涉作品是印度本国的作品。①2012年,印度对此规则进行了修改,将覆盖的作品范围扩大到所有作品,既包括本国作品,也包括外国作品。②孤儿作品的范围不限于本国作品,在某种程度上也是在实现本国利益的增量。在国际上,印度这一规则也未见反对意见,这也佐证了孤儿作品制度适用于外国作品是可以被广泛接受的。本质上,只要能够享受国民待遇、非歧视待遇,同样的限制、例外或特殊制度安排并不违反国际法确立的公平原则。

(四)作品本身是否受版权保护之认定问题

孤儿作品首先是一种"作品"。因此,可以享受孤儿作品"待遇"的也必须是作品,这是前提条件。在孤儿作品的强制许可模式下,指定机关无权也无需对不是作品的创作成果进行管理。

第一,孤儿作品规则不适用于非原创成果。不符合独创性的创作成果不受著作权保护,并不是作品,更不可能是孤儿作品。著作权法规定的独创性是一个较为抽象的概念,不能像专利法中的新颖性、创造性那样可以与现有文献进行客观比对。我国著作权法秉承大陆法系的作者权传统,在对独创性的判断中会考虑是否体现了作者个性。作者个性犹如过错等主观要件,需要加以客观化的考察。一般而言,如果一件作品体现了作者在文字等素材上的自由选择和编排,则可认定这件作品具有独创性。

第二,孤儿作品的范畴中还要排除那些已经超出保护期的作品。著作权保护期限并不是唯一的,它因主体的不同、作品类型的不同而略有区别。就自然人作品而言,我国的著作权保护期是作者终生及其死亡后五十年。超出保护期的作品,实际上已经进入公共领域,因此无需将之作为孤儿作

---

① Copyright Act 1957 (India) s 31A.
② Marcela Favale, Fabian Homberg, Martin Kretschmer, Dinusha Mendis, Davide Secchi, *Copyright, And the Regulation of Orphan Works: A Comparative Review of Seven Jurisdictions and a Rights Clearance Simulation*, https://www.gov.uk/government/uploads/system/uploads/attachment_data/file/312779/ipresearch-orphan-201307.pdf, visited on Oct. 2, 2019.

品予以特殊对待,无须通过强制许可等程序便可加以使用。

如上所述,如果某项文学艺术方面的成果是非原创的,或者已经属于公共领域,则无需由指定机关进行强制许可。否则,会造成公共资源的浪费。但实践中的情况可能较为复杂,在难以判断独创性和保护期是否届满的情形下,指定机关可能还需要费时费力地对这两项内容进行认定。独创性的判断需要考虑作者个性,存在一定的灵活性,其认定并非易事。就作品保护期而言,如果知晓作者身份,那么其作品期限的判断并非难事,但一件作品之所以成为孤儿作品,就是因为作者身份的认定上存在困难,因此作品保护期之认定也是如此。那么,无法认定作品保护期是否届满,是否意味着指定机关要放弃管辖权,不能介入?答案是否定的。因为如果指定机关对此类作品无能为力,则会实质性地导致大量作品的权利状态、保护期处于悬而未决的状态,对作品的传播和使用造成阻碍。这时可能需要由指定机关颁发附条件的强制许可,即以假定作品仍在版权保护期内,未进入公共领域为前提。

此外,即使是受版权保护的客体,如果使用行为符合合理使用的情形,使用者也无须受到孤儿作品特别程序的规制。比如,根据我国《著作权法》的规定,图书馆为保存版本的需要,可自行复制作品,[①]无须取得特别的授权,也无须寻求特别的强制许可。但是,如果基于建立数字化图书馆的需要将图书扫描成电子书,此时就很难被认为是保存版本的合理使用,因为这已经超出了保存版本需要的特定目的。

二、孤儿作品使用中的精神权利保护

著作权由多项分支权利构成,其中包括署名权、保护作品完整权和发表权等精神权利。所谓孤儿作品的强制许可,许可的是著作财产权,即著作权中的经济权利。而著作权中的精神权利具有专属性,无法许可他人使用,更无法被强制许可。在信息网络时代,孤儿作品使用的方式主要是数

---

① 我国《著作权法》第 24 条。

字化使用,涉及复制权、改编权、信息网络传播权等经济权利。但使用者获得强制许可后,使用作品时仍应当注意尊重和保护孤儿作品中的精神权利。

经济权利所支配行为之行使必然也涉及精神权利。最明显的是,在作品的使用过程中需要尊重署名权和保护作品完整权。这些精神权利的存在旨在正确评价作者的创作才华。虽然在孤儿作品领域,作者暂时失去联系,但也有随时复出的可能性。因此,使用者应当一直维护作者的精神权利,不得贬损和侵害。

保护孤儿作品中的精神权利,实际上是作者权利保护的关键内容。作者可能无意从作品中获利,但往往关注其创作的社会评价和公众认可度。有学者指出,精神权利问题是整个孤儿作品问题中的一个非常重要的部分,如果一个制度只能解决孤儿作品经济权利的问题,而忽视其中的精神权利问题,那只能是局部的解决方案。[①]的确如此,孤儿作品的使用制度虽然是围绕经济性的使用行为展开的,但需要以尊重作者的精神权利为前提。美国版权局在就孤儿作品的使用问题征求意见时,也收到过很多关于如何处理精神权利的回复,但实践中缺乏如何解决这一问题的良策。[②]

笔者主张将未发表作品也纳入孤儿作品的范畴,这在一定程度上涉及精神权利中的发表权。然而,发表权是一个较为特殊的精神权利。它可以体现作者对待发表的精神意志,同时又是作品经济利益产生的前提。因此,在发表权的处理上,应当作出区别对待。如果作者明确表示不想发表作品,应当尊重作者的发表权,尊重作者不发表的意愿。但是,如果作者在作品上并未表明是否愿意发表,而作品已处于他人可接触的状态,则应将这种可能尚未发表作品也纳入孤儿作品规则的适用范围。

除了发表权之外,精神权利还包括署名权和保护作品完整权。我国未来的孤儿作品制度主要需要解决与署名权和保护作品完整权相关的精神权利问题。在加拿大的实践中存在着这样的案例,加拿大版权委员会要求使

---

① Jeremy de Beer, Mario Bouchard, Canada's "Orphan Works" Regime: Unlocatable Copyright Owners and the Copyright Board, 10 *Oxford University Commonwealth Law Journal*, 2010: 215-254.

② Register of Copyrights, Report on Orphan Works, https://www.copyright.gov/orphan/orphan-report.pdf, visited on Oct. 2, 2019.

用者在重印作品时不得有任何改动（without any modifications），否则将拒绝许可，而这无法满足使用申请人的使用需求，因此其最终撤回申请。[①]此案例中，"不得有任何改动"似乎过于苛刻。在实践中，还是应当回归保护作品完整权的本义，即不得对作品进行歪曲、篡改。笔者认为，只要作品的使用中没有造成对作品的歪曲、篡改，应当允许对作品进行一些细小的改动，比如版式的调整、对陈旧术语加批注等。至于署名权，只要作者的身份是确定的，就应当保护这种署名权，在孤儿作品中注明作者身份，如果是部分使用，则注明出处或来源。问题是，如果作者的身份不明，如何对待作品的署名权？比如，有人觉得一张未署名的网络图片有商业价值，想在广告宣传中使用，如何尊重匿名作者的署名权？如果在图片上加印"本照片作者不明，已通过法定程序获得使用许可"等字样，可能会影响图片的美感，不是可行的办法。对此，笔者认为，可以设计一个专用标志，比如"（OW）"来表明某件作品是孤儿作品。这个标志可以加注在作品的任意位置，一般不会影响作品的正常使用。通过这样的专用标志，就可以表明作者身份不明这一状态。对于作者身份不明的作品，我们不能随意添加或捏造一个作者的署名，也不宜在作者身份不明的状态下继续传播，因为权利人最初可能只希望一份匿名复制件出现在网络上，如果是大规模使用或商业化使用，权利人可能是希望表明其身份的，这种潜在意图需要加以尊重。在作者身份不明的孤儿作品上加注特定标志，可以引起公众注意，提高孤儿作品的识别可能性，也可以更快地使权利人发现作品的使用状态，从而主张权利。这种特定标志可以起到尊重权利人特定署名方式的作用。

三、孤儿作品的勤勉查找要求

（一）勤勉查找要求的重要性

勤勉查找要求是各种孤儿作品方案都包含的内容。它要求在权利人身

[①] Jeremy de Beer, Mario Bouchard, Canada's "Orphan Works" Regime: Unlocatable Copyright Owners and the Copyright Board, 10 *Oxford University Commonwealth Law Journal*, 2010: 215-254.

份不明或者难以联系的情况下,潜在使用者在使用此类作品前,尽可能去寻找权利人。由于孤儿作品状态的确定取决于勤勉查找,因此合理的勤勉查找规则已成为任何孤儿作品法律制度的关键要素。比较法上几乎所有典型的立法方案都引入了类似要求。有意使用孤儿作品的个人或单位只有在证明进行了勤勉查找之后才可以使用作品。缺乏这样的要求会严重损害权利人的利益。谷歌数字图书馆案和解协议也显示出,公众和法官不会接受一个不以勤勉查找为基础的孤儿作品使用规则。由此可见,确定勤勉查找的标准对孤儿作品制度的成功运行至关重要。而设计勤勉查找规则的关键在于合理性和恰当性。查找要求的"度"是一个极为重要的问题,事关孤儿作品制度的实效。

勤勉查找要求的重要性直接体现在孤儿作品的定义中。孤儿作品是指权利人身份状态不明,或者经过尽力查找或勤勉查找,权利人仍无法取得联系的作品。勤勉查找要求不仅是使用孤儿作品的前提,也是这一特殊类型作品状态确定的前提。孤儿作品状态的确定及其使用的前提条件,这两个问题是关联在一起的。离开"勤勉查找权利人无果"这个要件,就很难对孤儿作品下一个定义。将孤儿作品定义为"权利人身份状态不明,或者权利人无法联系的作品"是存在问题的。因为如果动用国家机关的力量,对于一个身份状态明确的主体,只要他还未死亡,总是有办法联系到的。但是,一般的作品使用者并没有国家机关的查找能力,也不大可能雇佣专门人员去查找权利人,否则将会导致使用的成本过高,超出合理的限度。基于此,查找要求的"度"是"勤勉"查找,此处的"勤勉"应当被理解为是一种"合理勤勉"的程度要求。

(二) 勤勉查找的前提

勤勉查找的前提是"可以查找",即作品的权属是清晰的。如果一件作品存在权属争议,其权利人应当是可以联系、可以找到的,只不过谁是权利人还存在争议。如果存在权属争议,则需先通过另外的程序去解决这种争议。孤儿作品制度不在任何意义上解决权属争议或者进行确权,它解决的是如何寻找权利人的问题。

此外,如果作品权利人的身份状态是清晰的,也有联系方式,只是权利人不予回复,这也不构成孤儿作品。孤儿作品制度的前提是作者的身份不明或者无法联系,这才有勤勉查找的必要,也才属于勤勉查找要求的前提。

(三)勤勉查找要求的合理程度及其弹性

勤勉查找有合理程度的要求,潜在的使用者并不需要穷尽所有的方式去寻找权利人。但勤勉、合理等用语又存在一定的弹性,什么是合理的勤勉查找很难通过立法来定义。因此,合理勤勉查找规则将不可避免地导致缺乏明确性,并且在发生争议时法官有很大的自由裁量权。"一些风险仍将存在,因为使用者必须进行足够的查找才能向法庭表明他们善意地进行了合理的查找。法院总是有可能不同意,这是被告主张合理使用时会发生的事情。"①什么才叫尽了查找权利人的合理努力?这个问题很难有一个客观可行的答案,一定程度上需要进行个案判断。但这种个案判断也并非毫无规则,它是在一个大致的规则框架下由执法者进行相对自由的裁量,并不是任性的、毫无约束的。

从比较法上看,加拿大版权委员会长期以来也未形成关于"勤勉查找"的具体判断标准。②美国版权局的提议也是笼统的"合理勤勉查找"。③ 由此可见,合理勤勉查找要求所需要的只是当事人在查找权利人上的合理努力。当然,为了保险起见,当事人还是应当以最佳努力标准去查找权利人,但不必超出其具备的查找能力限度。过于苛刻的查找要求并不利于孤儿作品资源的使用,会在一定程度上影响孤儿作品制度宗旨和目标的实现。

勤勉查找的合理程度既是一种客观要求,也是对使用者施加的诚信的

---

① Jerry Brito, Bridget Dooling, An Orphan Works Affirmative Defense to Copyright Infringement Actions, 12 *Michigan Telecommunications and Technology Law Review*, 2005:75-113.
② Jeremy de Beer, Mario Bouchard, Canada's "Orphan Works" Regime: Unlocatable Copyright Owners and the Copyright Board, 10 *Oxford University Commonwealth Law Journal*, 2010:215-254.
③ Register of Copyrights, Report on Orphan Works, https://www.copyright.gov/orphan/orphan-report.pdf, visited on Oct. 2, 2019.

主观要求。美国版权局曾建议使用者在使用孤儿作品、享受侵权责任豁免之前，表明其是"诚信"的。[①]我国未来的孤儿作品规则也可考虑规定使用者或使用申请人的诚信问题。一般来说，使用申请人的诚信与否会影响勤勉查找的履行质量。

孤儿作品的使用情形复杂多样，因此弹性要求在实施上具有优势，可灵活应对不同情形。如前所述，根据加拿大《版权法》的授权，加拿大版权委员会是有权力就查找要求和标准进行具体规定的。但是，加拿大版权委员会一直未制定这种规则，也许就是因为弹性标准存在优势。[②]这也说明，面对孤儿作品使用情形的多样化，弹性标准更具有可适用性。在加拿大的实践中，诸如申请主体的身份等因素会影响勤勉查找要求满足与否的判断。[③]毕竟，勤勉查找对企业、个人或非营利机构等不同的主体而言，在程度要求上可能存在一定的区别。与使用主体相关的是，商业性和非商业性的使用可能也会影响对勤勉查找的判断。商业性的使用可能需要承担更多的注意义务。有学者提议针对不同的使用者施加不同的查找成本，即对整件作品的商业使用者施加最高的查找要求，对作品部分使用的教育机构或非营利机构施加最低程度的查找要求，对档案馆使用多件作品也施加最低程度的查找要求。[④]笔者赞同这一提议。只有如此，勤勉查找要求才能促进而不是阻碍作品的大规模数字化。此外，作品的性质、作品上是否署名等因素也会影响对勤勉查找的判断。比如，图书和照片在作者信息上一般存在区别，图书作为正式出版物一般会有署名，而照片上往往不存在署名，受这一因素的影响，图书作者的身份往往更易确定，其查找也更为容易，因此应当尽可能进行多方查找。而照片作者的身份则只能根据照片上存在的信息进行判断，或者不断追寻其原始出处，找到最初的发布者，再试图确认和联系

---

① Register of Copyrights, Report on Orphan Works, https://www.copyright.gov/orphan/orphan-report.pdf, visited on Oct. 2, 2019.
② Jeremy de Beer, Mario Bouchard, Canada's "Orphan Works" Regime: Unlocatable Copyright Owners and the Copyright Board, 10 *Oxford University Commonwealth Law Journal*, 2010:215-254.
③ Ibid.
④ Submission to the Copyright Office: Proposal on Orphan Works, http://web.law.duke.edu/cspd/pdf/cspdproposal.pdf, visited on Oct. 2, 2019.

照片的作者,过程更为复杂。总体上说,相比图书,照片的作者更难找到,因此只要照片的使用者已经进行合理的勤勉查找,就应当认定其满足了要求。

申请者如果要证明自己已经进行了勤勉查找,可以提供已经查找了国家版权局以及各地版权局的著作权自愿登记记录,以及咨询了大部分版权代理机构和著作权集体管理组织的证据。如果是图书,还应当提供证据证明已经查找了出版社的档案记录,并根据该线索查找仍无结果。此外,在信息网络时代,还应当尽可能通过互联网上的各种版权数据库进行检索,寻找作者的可能信息。如果作者已经去世,还应当通过死亡证明和不动产继承档案等资料去寻找作品经济权利的继承人。随着国际交往的频繁和人员国际流动的增多,在必要的时候,使用者甚至可以查找国外的版权数据库或作者在国外的联系信息等。总而言之,勤勉查找要求没有一个统一的标准,根据使用情形的不同,查找的要求也会有所差异。

(四)尽可能降低使用者的查找成本

在设计勤勉查找规则时,尤其需要关注使用者进行勤勉查找时需承担的成本。在理想情况下,随着类似 ARROW 等作品登记数据库的发展,进行勤勉查找的一站式服务平台可能会出现,那将大幅度降低勤勉查找的成本。然而,勤勉查找的成本在可预见的未来仍将居高不下。[①]确定版权状态以及识别、定位所花费的精力,与权利人谈判时所需的劳动力,以及邮资、长途电话费用等都不是可以忽视的。美国卡内基梅隆大学图书馆 2003 年进行的一项研究显示,为了寻求 278 本精美和稀有书籍的数字化和网络访问权限的许可,每本书需要花费 78 美元的查找成本。[②]加拿大和日本的强制许可制度未得到广泛使用的原因也在于查找成本高昂,对潜在的使用者

[①] Lawrence Lessig, Little Orphan Artworks,http://www.nytimes.com/2008/05/20/opinion/20lessig.html,visited on Oct. 2,2019.

[②] Letter from Denise Troll Covey, Principal Librarian for Special Projects, to Jule L. Sigall, Assoc. Register for Pol'y & Int'l Affairs, U. S. Copyright Office, http://www.copyright.gov/orphan/comments/OW0537-CarnegieMellon.pdf, visited on Oct. 2,2019.

造成了阻碍。

　　勤勉查找成本居高不下,是导致孤儿作品的使用率低的一个重要原因。在高查找成本下,一个合乎逻辑的结果是,许多使用者只能放弃使用孤儿作品,并且自始就不进行查找。如果仅仅需要合理但程度较低的查找,则会有更多人对孤儿作品进行查找。相应地,更多的作者和权利人也会被发现,并从作品的使用中获益。从这个意义上讲,较低的查找成本对作者来说也是一种更好的安排。①较高的查找成本会导致使用者放弃查找,最终不能合法地使用作品,没有人可以从这样的制度安排中受益,因此本书提倡较低要求的查找标准。但为了减轻较低查找要求可能产生的不利影响,还应当设计其他的配套制度,比如"意图使用的反向登记"和预缴使用费制度,以保护权利人的利益。

　　一般来说,查找成本应低于目前一些国家孤儿作品许可制度实践中要求的查找成本。为了更具可行性,对不同的使用情形可以施加不同级别的查找要求。针对大公司的大规模商业用途,可能需要设置相对较高的查找标准,但仍不应过分严格。否则,对大规模数字化项目来说是不切实际的。对图书馆等基于公共利益目的的非营利性机构而言,可以设置较低的查找成本要求。杜克公共领域研究中心也认为,根据使用类型和使用范围,作品所需的查找水平应有所不同。② 但是,立法很难针对不同使用类型的作品提出明确的不同查找要求。在实践中,版权行政管理机构可以根据实践经验,发布并不断优化区别化的查找指南。随着时间的推移,合理勤勉查找的最佳做法和习惯规则还可能通过协作努力和司法解释得以发展。③

　　版权行政主管部门也可以提供勤勉查找的指南,并且提出查找源的相关建议,这有利于为孤儿作品的使用者提供行为规范,增强其查找的规范性。然而,从欧盟的经验看,欧盟成员国的孤儿作品勤勉查找指南里规定

---

① Submission to the Copyright Office: Proposal on Orphan Works, http://web.law.duke.edu/cspd/pdf/cspdproposal.pdf, visited on Oct. 2, 2019.
② Ibid.
③ Brian T. Yeh, "Orphan Works" in Copyright Law, in Andrew I. Owens ed., *Copyright and the Orphan Works Issue*, Nova Science Pub. Inc., 2010, p. 47.

的查找源很多都无法免费获取,①这大大增加了使用者的查找成本。因此,在孤儿作品使用的具体指南中,应当尽可能纳入可以免费公开获取的在线数据库,将无法公开获取甚至尚未建立在线数据库的来源作为备用的查找选择,对使用者不作强制要求。换言之,孤儿作品的使用者只需要在免费公开获取的在线数据库里进行查找。这将大大降低使用者的查找成本。此外,随着技术的发展,也许会有技术公司开发出专门的跨库查找工具。甚至这种查找在未来可能由人工智能系统来进行。技术的发展也会降低查找成本。

为了弥补降低查找要求的不足,解决其可能存在的"副作用",笔者提出应设置"反向登记和公告制度",作为勤勉查找规则的补充。勤勉查找的第三方认证是不可行的,因为它会显著增加使用者的成本。而"反向登记和公告制度"是一个更好的选择,因为使用者可以更方便地在公众监督之下提供勤勉查找的证据和结果。如果在一段时间(例如二个月)之后没有人反对查找的合理性,那么这种查找将被认定为是合理的。关于这点,后文将展开详细说明。

(五) 勤勉查找要求的便利性

在设计和实施勤勉查找要求时,还需要考虑使用者查找的便利性,如允许使用者在通常情况下可以依赖他人先前的查找成果,又如允许孤儿作品状态的跨国界认可。

在勤勉查找问题上,使用者是否可以依赖他人的先前检索,值得进行探讨和分析。英国有报告建议,使用者要进行独立查找。② 美国版权局的报告也认为,在通常情况下,使用者应当进行独立的查找,但在一些特殊情况

---

① Simone Schroff, Marcella Favale, Aura Bertoni, The Impossible Quest—Problems with Diligent Search for Orphan Works, 48 *IIC—The International Review of Intellectual Property and Competition Law*, 2017:286-304.

② British Screen Advisory Council, Copyright and Orphan Works: A Paper Prepared for the Gowers Review by the British Screen Advisory Council (2006) (BSAC Paper), p. 27.

下,也可部分依赖他人的查找记录。①这两个提议存在一定的区别。初步看来,为了减少查找成本,应当允许使用者依赖已经存在和公开的查找记录,即使这种查找是他人进行的。这里并不存在"搭便车"问题。然而,这仅仅是问题的一个方面。从另一方面看,可能存在作品的权利人以前无法取得联系,但是根据最新的信息,已经可以联系的情况。这时,如果还仅仅依据他人的查找记录,显然是不恰当的。因此,一个改良后的方案是,潜在的使用者可以依赖他人较新的查找成果,但使用者需要对上次查找记录以来的新信息进行充分的检索和使用。

接下来的问题是,如果一件作品刚刚被确定为是孤儿作品,他人能否直接申请对其进行使用?笔者认为,如果前后两人申请的时间间隔非常短,应当允许后者进行使用。如果制度上不允许,那么后者就要重新进行一番查找,这会徒增成本。并且,对未来可能复出的权利人而言,多一个使用者将会多一份收益,有益无害。第一个使用者如果要禁止别人使用查找结果,可行之策是申请独占许可,支付较高的许可使用费。如果第一个使用者得到的是普通许可,则不应当禁止别人利用其查找结果申请使用孤儿作品。这里似乎有点"搭便车"的味道了,因为后者可以等待他人进行查找,利用他人的查找结果。然而,笔者认为,这种利用或"搭便车"应当被放行,因为更多的使用将促进作品的传播,这才是著作权法的终极目的。从另外一个角度说,这也是公平的,因为任何人都可以利用他人的先前查找结果。

由于《伯尔尼公约》已经使作品的版权保护得到了成员国的互惠承认,因此孤儿作品的认定也应当朝着国际之间互相认可的方向发展。建立勤勉查找的共同原则和标准可以为各国间相互承认孤儿作品状态铺平道路。孤儿作品的状态应该在国家间被相互承认,甚至在全球都获得认可。相互承认孤儿作品的状态是欧盟《孤儿作品指令》的一个关键特征。②跨国查找作

---

① Register of Copyrights, Report on Orphan Works, https://www.copyright.gov/orphan/orphan-report.pdf, visited on Oct. 2, 2019.

② EU Orphan Works Directive, article 4.

品的权利人会受到很多复杂因素的影响,如语言障碍和不同的法律制度。[①]所有这些因素都可能给使用者带来不合理的负担。制度设计应当避免昂贵的重复性的查找成本,这样才能降低社会成本,同时提升制度效益。孤儿作品状态的相互认可制度可以避免使用者对权利人进行重复的查找。为了确保知识的自由流动和全球传播,笔者建议将孤儿作品状态的相互承认纳入未来可能产生的孤儿作品版权保护和使用的国际制度中。毕竟,孤儿作品问题源于《伯尔尼公约》协调下的版权自动产生原则,所以对此问题的解决方案最终也需要国际条约予以回应。当然,国际回应和国际协调可以建立在各国的探索基础上,即等待国内法形成较为成熟的规则后,再设计更为合理和可行的国际规则。

总之,勤勉查找要求应当是一种合理要求,不可过于苛刻,要便于使用者查找、促进使用者查找,否则将影响使用者查找权利人和使用孤儿作品的积极性,影响相应制度的实效。然而,这种查找要求也不应过于宽松、过于便宜,因为谈判、交易本来就是需要成本的。查找合理程度需要在个案中判断,综合考虑使用主体、使用作品的类型、使用性质、使用规模等相关因素。

四、孤儿作品查找与使用的反向登记和公告

在孤儿作品的强制许可制度中,政府部门或权威机构介入"许可"这一环节,必不可少。但在"认定"这一环节上,笔者认为并不必然要求政府介入。换言之,并不需要由权威机构对孤儿作品的状态进行个案审查。如此设计的目的在于降低使用孤儿作品的制度成本,提高制度的利用效率。

进一步来说,孤儿作品状态的确定可以通过孤儿作品查找情况的反向登记和公告制度来实现。只有在发生异议或争议时,才需要权威机构对孤儿作品的状态进行认定。这种制度可以免去认定孤儿作品的制度成本,同时登记公告所带来的公众监督的压力也能促使使用者合规使用孤儿作品,

---

① Jan Williams, The Pre-amended Google Books Settlement, International Orphan Works, and German Copyright Law: An Analysis, 19 *University of Miami Business Law Review*, 2011: 51-80.

满足勤勉查找要求。

虽然《伯尔尼公约》禁止版权产生和行使的登记要求，但它并未禁止孤儿作品勤勉查找情况和使用情况的反向登记制度。如果在勤勉查找后仍找不到权利人，潜在使用者可以在权威、免费且易于使用的可搜索数据库上登记意图使用的情况。这种反向登记制度可以服务于两个目的，一是使用者公示其合理查找情况和查找结果，二是权利人可得知作品是否被人作为孤儿作品使用。

为保证法律的确定性，权利人是应收到合理通知的。反向登记就可以起到合理查找的公告作用。在用户进行相对低成本的查找后，他们可以在公共可访问的数据库中进行登记。如果权利人在一段合理的时间（例如 3 个月）内没有出现并主张其权利，则该作品将被自动归为孤儿作品。这在很大程度上可以抵消本书主张的较低查找要求产生的不利影响。

反向登记的另一个重要功能是进行使用意图的公开声明。在做出声明之后，如果权利人在较长时间（例如 6 个月）之内没有出现并主张其权利，则基本可以证明孤儿作品的失联作者并不在乎其作品被他人使用，因此潜在的使用者可以使用此作品。

孤儿作品反向登记数据库应当是一个在线数据库，并具有可检索性和公开性，使用者可以轻松提交反向登记的申请，权利人亦可以轻松查找自己作品的用途。在此数据库中，作品将被明确地标记为孤儿作品，并且可以由权利人便捷和快速地"回收"，即权利人取消自己作品的孤儿作品状态。数据库运作后，权利人如果关心自己的作品权利和经济利益，就有必要不时查看该数据库。

虽然反向登记会提高使用者的成本并提升制度的复杂性，但这种成本和复杂性是很小的，亦是可接受的。这种公开性的登记，也能遏制较低标准的勤勉查找要求可能产生的负面影响。美国版权局曾认为，启用使用者注册系统为时尚早，因为使用者注册对于使用大量孤儿作品的人来说会很麻烦，并且因为文本数据库不能帮助使用者在没有某种独特文本标识的情况下完成每项作品的登记,所以也很难进行管理。①然而,使用孤儿作品带来的收入和利润可以抵消使用众多孤儿作品产生的负担和成本。数据库可能不容易检索和识别无文字标题的照片及其他视觉作品,但技术的发展将有助于解决这些非文本作品的检索问题。此外,还可以要求使用者提供使用孤儿作品的链接或说明,以方便权利人了解自己作品的被使用情况。这种登记数据库的存在至少可以平等地为权利人提供查找其作品潜在用途的机会。

五、孤儿作品的许可

(一)许可的几种模式

前文已经说明我国宜选择孤儿作品的强制许可模式。在这一部分关于许可的论述中,笔者先对几种可能的许可方式进行专门分析。

由于在孤儿作品的特殊情况下由权利人自己直接许可已不可能,因此可以考虑其他几个选择。

一是法定例外或豁免,即豁免非商业性使用孤儿作品的许可要求。图书馆等公共文化机构倾向于它们不应该承担勤勉查找责任和额外的版权许可费用,因此有一种观点是在立法上为图书馆等公共文化机构提供法定例外,以促进公众在线访问孤儿作品。②法定例外或豁免是图书馆、档案馆等公共文化机构的首选,而出版商、版权集体管理组织和作品权利人则更倾向于一种灵活可行的许可方案,③因为采用法定例外或豁免的许可方案的适用对象非常有限,欧盟《孤儿作品指令》即是例证。

二是指定一个政府机构或权威机构颁发使用孤儿作品的许可。前文已

---

① Register of Copyrights, Report on Orphan Works, https://www.copyright.gov/orphan-report.pdf, visited on Oct. 2, 2019.

② Commission Staff Working Paper, Impact Assessment on the Cross-Border Online Access to Orphan Works, Accompanying the Document, Proposal for a Directive of the European Parliament and of the Council, on Certain Permitted Uses of Orphan Works, https://ec.europa.eu/smart-regulation/impact/ia_carried_out/docs/ia_2011/sec_2011_0615_en.pdf, visited on Oct. 2, 2019.

③ Ibid.

经专门分析,此选项以加拿大和日本的版权法为代表。在这种方案中,勤勉查找通常由政府机构认定。从加拿大和日本的实践中可以看出,这种方案的一个问题是会产生昂贵的行政费用,而且在实践中可能会效率低下。因此,如果选择这个方案,就需要有针对性地对此加以改造。

三是由版权集体管理组织进行孤儿作品的管理和许可。在法国,有团体主张由一个或多个私人组织对孤儿作品进行某种形式的监管、授予孤儿作品的许可和收取相应的许可费。[1]根据这一主张,版权集体管理组织可以承担这些工作。[2]但由于孤儿作品的权利人无法确定或取得联系,因此自愿性质的版权集体管理和许可无助于解决这一独特问题。

此处还需要分析一下延伸性集体管理和许可制度。延伸性集体管理制度的特点是成员将权利自愿转移到集体管理组织,并通过法律将集体管理组织的管理范围扩展到那些不是组织的成员。[3]延伸性集体管理组织的许可与强制许可有类似的效力,但前者在一定程度上又允许权利人控制其作品的使用,[4]即权利人可以"选择退出"。如本书前文所述,延伸性集体管理和许可制度主要适用于北欧国家,即瑞典、丹麦、冰岛、挪威和芬兰。这些国家有版权集体管理传统,为集体管理组织的活动创造了适宜的结构和文化。[5]因此,延伸性集体管理和许可制度在北欧以外的国家能否成功运作,能否取得合法性,在很大程度上取决于该国是否存在完善的集体管理结构和文化。[6]总之,延伸性集体管理和许可制度的借鉴和移植,需要相应的社

---

[1] Bernard Lang, Orphan Works and the Google Book Search Settlement: An International Perspective, 55 *New York Law School Law Review*, 2010:111-155.

[2] Ibid.

[3] Stef van Gompel, P. Bernt Hugenholtz, The Orphan Works Problem: The Copyright Conundrum of Digitizing Large-Scale Audiovisual Archives, and How to Solve It, 8 *Popular Communication: The International Journal of Media and Culture*, 2010:61-71.

[4] Thomas Riis, Jens Schovsbo, Extended Collective Licenses and the Nordic Experience: It's a Hybrid but Is It a Volvo or a Lemon?, 33 *Columbia Journal of Law & the Arts*, 2010:471-497.

[5] Johan Axhamn, Lucie Guibault, Cross-border Extended Collective Licensing: A Solution to Online Dissemination of Europe's Cultural Heritage?, https://www.ivir.nl/publicaties/download/ECL_Europeana_final_report092011.pdf, visited on Oct. 2, 2019.

[6] Thomas Riis, Jens Schovsbo, Extended Collective Licenses and the Nordic Experience—It's a Hybrid but Is It a Volvo or a Lemon?, 33 *Columbia Journal of Law & the Arts*, 2010:471-497.

会和文化环境,否则可能水土不服,效果不佳。

笔者认为,我国应采取强制许可模式,设置孤儿作品的强制许可制度。在这种制度之下,如果申请人满足了勤勉查找要求,指定机关就可以进一步考虑授予使用者孤儿作品使用的强制许可。指定机关对授权许可的价值条款有一定的自由裁量权,这一方面是由于作品是一种无形财产,其价值本来就具有一定的弹性,另一方面也是由于权利人的缺失,主管机关只能依循合理、公平等基本原则去设置许可条款,而合理、公平的标准不是固定不变的。当然,这种自由裁量权需要受到行政法基本原则和一般法律原则的约束。无论是行政法基本原则,还是一般法律原则,都要求指定机关在审查和授权中奉行公平原则,保障申请人的陈述权。只要指定机关的行为是在程序正义和实体正义的框架下进行的,它就有权设定它认为合理的许可条款。

(二)独占许可和普通许可

一般来说,在孤儿作品的许可制度中,指定机关授予的许可可以是独占许可,也可以是普通许可。加拿大《版权法》第77节第(2)款明确规定的是非独占许可。[1] 非独占许可有利于促进作品的广泛传播,防止孤儿作品因被独占使用而造成垄断。

笔者认为,一般作品的许可存在独占和普通之分说明有部分使用者是希望获得独占许可的。当然,独占许可的费用更高。独占与否,可以由价格和市场进行调节。在孤儿作品使用中,如果申请人希望获得独占许可,同样应付出相应对价,缴纳更多的许可使用费。只要使用者愿意缴纳更多的许可费,独占许可是可以存在的。当然,在权利人复出后,这种独占许可可能要重新进行协商。在合理的制度设计下,权利人复出后,不应当禁止使用者在合理的条件下继续使用作品。但是,独占许可可能导致权利人自己都无法使用自己的作品,这对权利人的利益冲击较大。因此,在制度设

---

[1] Canadian Copyright Act § 77(2), R. S. C., 1985(last amended on June 23, 2015), http://laws-lois.justice.gc.ca/eng/acts/C-42/index.html, visited on Oct. 2, 2019.

计上可以为这种独占许可附加条件,以复出的权利人不反对为前提。如此,使用者如果申请独占许可,就存在较大的风险,因为权利人在复出后可能会以停止独占许可为要挟,要求提高许可使用费。面对这种情况,使用者需要权衡独占许可潜在的利益和可能发生的风险,在将两者进行比较后做出商业决策。

(三) 许可的地域性

孤儿作品许可的地域性并不是个突出的问题,但也不可忽视。著作权的地域性不如专利权、商标权强烈。专利权、商标权都是国家行政机关授予的专有权利,可以被理解为一种特别的行政许可或行政授权。基于行政权的地域性,专利权和商标权也有明显的地域性。但著作权是自动产生的,并不需要经过申请,而且在《伯尔尼公约》等国际条约的协调下,各国是互相承认他国作品的著作权的。因此,著作权并不过分强调地域性。

与地域性相关的有两个问题:第一,指定机关能否许可外国人使用我国的孤儿作品?或者说,指定机关能否颁发在国外使用我国自然人或法人的孤儿作品的决定?第二,指定机关能否颁发中国人使用外国孤儿作品的许可?

对于第一个问题,为了避免一国法律产生域外管辖效力从而遭到外国的抵制,因此我国指定机关不宜颁发此类决定。加拿大版权委员会在其实践中也会在每件许可上写明"该许可……只在加拿大有效。对于其他国家而言,适用相应国家的法律"(The licence is... valid only in Canada. For other countries, it is the law of that country that applies)[①]。如果我国颁发涉外的孤儿作品使用许可,允许外国人在其他国家使用我国的孤儿作品,可能会引起争议,产生不确定性。有的不采取孤儿作品的强制许可或类似的制度的国家可能会对我国颁发的孤儿作品强制许可产生抵制。因此,我国不宜颁发上述第一种类型的涉外许可。

---

① Jeremy de Beer, Mario Bouchard, Canada's "Orphan Works" Regime: Unlocatable Copyright Owners and the Copyright Board, 10 *Oxford University Commonwealth Law Journal*, 2010:215-254.

但如果每个国家都拒绝颁发涉外的孤儿作品使用许可，会使得孤儿作品只能在本国进行复制、传播等使用，难以充分发挥孤儿作品的价值。因此，在没有国际条约对孤儿作品的跨国使用进行协调的前提下，总得有国家对此进行突破并施加管辖。加拿大版权委员会一方面为了避免本国法律的域外适用，表明许可只在加拿大有效，另一方面却认为，如果权利人是外国人，并且此外国人查找无果，版权委员会可以颁发在加拿大使用该孤儿作品的许可。[①]加拿大版权委员会在孤儿作品涉外许可上的态度，实际上采取的是对本国有利的策略，即可以使用外国的孤儿作品，却不许可本国的孤儿作品在国外的使用。这种策略既符合避免产生法律域外效力的一般态度，也可以解决涉外孤儿作品使用的许可问题。如果全球都通行这种策略，那么涉外孤儿作品使用就是向被许可人所在的国家申请。当然，这种策略能否成为全球通行的惯例或规则，还有待检验。

在有更好的解决策略之前，我国也可暂时采取这种策略，即可以接受中国人使用外国孤儿作品的申请，并颁发强制许可的决定。这也与市场实际相符。因为外国人认为如果有利可图，是很有可能将作品许可给中国人使用的。在孤儿作品领域，作品的权利人无法查找和联系，在无相反证据的前提下，只能一般性地假设其愿意接受强制许可的制度安排。许可可以获利，因此只要妥善保管预缴的许可费，这种类型的许可对外国人并无害处，反而增加了其潜在的收益，也具有实践理性。

(四) 许可的期限

在无法律明文规定的情况下，许可的期限可长可短，取决于指定机关的自由裁量。加拿大《版权法》也未规定孤儿作品强制许可的期限，但它规定了权利人复出主张收取许可费的期限为自许可期限终止之日起 5 年。[②]这一规定暗示着，加拿大版权委员会需要为孤儿作品使用的许可设定一个期

---

① Copyright Board of Canada, Unlocatable Copyright Owners: Brochure, https://cb-cda. gc. ca/unlocatable-introuvables/brochure2-e. html, visited on Oct. 2, 2019.
② Canadian Copyright Act § 77(3), R. S. C., 1985 (last amended on June 23, 2015), http://laws-lois. justice. gc. ca/eng/acts/C-42/index. html, visited on Oct. 2, 2019.

限，否则 5 年的规定就没有意义。我国立法尚未明确权利人复出主张许可费的期限，但从原理上说，"无限期"的方案并不可取，懒惰的权利人不值得法律进行无期限的保护，所以需要规定一个类似的"许可费主张期限"。而要为权利人复出主张许可费设置一个期限，就也有明确许可期限的必要。我国在孤儿作品使用许可的实践中，以事先设定许可期限为佳。

指定机关应当为孤儿作品的强制许可设置一个期限。这个期限规定不能过于随意，需要有一定的规律并遵循规则。版权许可本质上是一种市场行为，在权利人缺失的情况下，孤儿作品使用的强制许可虽有着公共力量的介入，但仍需秉承和尊重许可的市场本质。在许可的期限设定上，也可参考市场惯例。比如，对复制权而言，复制这一行为并不需要持续太久，因此相应的复制权许可期限也应较短。而对信息网络传播权来说，基于网络空间的开放性、网络传播的持续性，其许可期限可相应较长。对于期限较短的许可，使用者如果需要再次使用，可能要进行重复申请。从使用者的角度来说，获得的许可期限自然越长越好，但许可期限越长，许可费用也应相应增加。价格机制可以在一定程度上为寻求合适的许可期限提供帮助。对有些作品而言，孤儿作品的强制许可期限越长越好，这有利于使用者放心地进行投资，但无论如何，孤儿作品使用许可都有一个最长期限，那就是作品的保护期。作品保护期一旦届满，作品就进入公共领域，使用者即可自由使用。在孤儿作品领域，由于权利人身份可能无从知晓，作品的保护期限也无从精确计算，因此在孤儿作品强制许可的条款中，可以笼统规定"本许可期限以作品的著作权保护期限届满为止"，这样就跳过了保护期限认定的问题。

与许可期限相关的另一个问题是，权利人复出后，能否不承认这种许可期限，如要求立刻停止使用作品？笔者在本书后文将专门引入挟持理论分析孤儿作品的使用问题，此处先做简要说明。如果权利人复出后可以要求被许可人立刻停止使用作品，否则将视其为侵权，那实际上是一种挟持。为了降低权利人的挟持杠杆，笔者认为，权利人复出后，在一般情况下，要尊重指定机关设置的许可期限。这是权利人之前"隐而不现"的代价。如果权利人觉得许可期限实在不公或许可价格实在过低,可以另外提起撤销强制许可之诉,由法院综合各种因素作出判断和裁决,而不宜由权利人单方面享有这种挟持之力。这种设置在孤儿作品的衍生性使用、包含性使用等场合尤为重要。权利人复出后,应当尊重之前孤儿作品强制许可期限的设定,因为如果使用者的合理期待得不到保障,投资随时可能被要挟,不是制度设计的理想结果。

(五)许可的定价和支付方式

在许可的价格问题上,有这么几个问题:如何定价?是否需要预先支付费用?支付给谁?费用如何保管?是否需要建立一个专用的托管账户?权利人复出后收取许可费有什么条件?这些都是孤儿作品制度有效运作必须解决的问题。

在定价方面,第一,许可费是否可以为零?美国和英国的研究报告都认为,在适当的情形下,合理的许可费可能是零。[①]而加拿大的实践中却拒绝将许可费设定为零。[②]在加拿大,尽管孤儿作品的许可使用不能是免费的,但也有一些仅收取象征性许可费的案例。在这些案例中,加拿大版权委员会会考虑使用的目的。换言之,商业性目的还是基于教育、宗教目的的使用会影响许可费的设定。[③]可见,国外学说和实践在许可费是否可为零上是存在分歧的。笔者认为,免费许可也未尝不可,尤其是对于图书馆、档案馆、博物馆以及公共教育机构等公共文化机构而言是十分合理的。在孤儿作品的强制许可模式中,将特定情形下的许可费设定为零,已经非常接近

---

① Register of Copyrights, Report on Orphan Works, https://www.copyright.gov/orphan/orphan-report.pdf, visited on Oct. 2, 2019; British Screen Advisory Council, Copyright and Orphan Works: A Paper Prepared for the Gowers Review by the British Screen Advisory Council (2006) (BSAC Paper), p. 32.

② Jeremy de Beer, Mario Bouchard, Canada's "Orphan Works" Regime: Unlocatable Copyright Owners and the Copyright Board, 10 *Oxford University Commonwealth Law Journal*, 2010:215-254.

③ Copyright Board of Canada, Re Royal Canadian Artillery Museum, http://www.cb-cda.gc.ca/unlocatable-introuvables/licences/4-b.pdf, visited on Oct. 2, 2019; Copyright Board of Canada, Re Canadian Institute for Historical Micro-reproduction, http://www.cb-cda.gc.ca/unlocatable-introuvables/licences/27-b.pdf, visited on Oct. 2, 2019.

于欧盟的有限例外模式。这种有限例外模式实际上是为公共文化机构使用孤儿作品打开方便之门。在强制许可模式下，对公共文化机构予以区别对待，也具有合理性。总而言之，在许可费设定上，一个基本的考虑是区分商业性使用和非商业性使用，对于公共文化机构的使用，可以将许可费设定为零。

第二，如果许可费不是零，合理的许可费如何设定？要具体考虑哪些因素？设定许可费是市场行为，因此即使有第三方权威机构的介入也不可破坏定价的市场理念。对此，如果所涉作品领域存在集体管理组织，合理的许可费可以咨询集体管理组织进行确定。毕竟，集体管理组织设定的价格也是大致遵循市场规律的，不至于脱离市场实际。然而，很多作品并不存在专门的集体管理组织，这时，第三方权威机构在定价上就只能求助于一般的商业实践。除市场通行价格或平均价格之外，其他值得考虑的因素还包括使用的期限、使用产生的作品复制件的数量等。这些因素可以影响最终的许可费，使其围绕市场通行价格上下浮动。

在具体操作上，为了强制许可制度的顺利实施，可以允许使用者先提议相应的许可费，并由孤儿作品的管理机构监控提议的费用金额是否合理，从而避免费用过低。由于无形财产价值评估上天然地存在着困难，因此在作品的许可费上也不可能存在精确的数字，但可以有一个大致的标准。孤儿作品强制许可的执行机构可以根据大致的标准进行操作，以减轻逐个确定具体价格的制度成本。

在确定了价格之后，接下来涉及支付时间点的问题，即是事先支付还是延期支付。美国模式和加拿大模式在此问题上存在分歧。根据美国提议的侵权责任限制模式，使用者可以先使用符合特定条件的孤儿作品，在权利人复出之后，其侵权责任得以限制乃至豁免，许可费由复出的权利人和使用者自行协商。因此，在美国模式下，许可费是延期支付的，并且是由当事人自行协商。而在以加拿大为代表的强制许可模式下，许可费是由第三方权威机构介入确定的，并且一般要事先缴纳。在理论上，允许使用者进行"或有支付"或"延期支付"会产生不公平的问题。因为如果权利人不复出，使用者事实上就可以免费使用作品。在商业性使用场合，该问题尤为突出。美国模式试图回避许可费问题，留待市场去解决，这种方式导致其相关法案夭折，也足以说明许可费问题是不可回避的。毕竟，版权是一种财产性权利，注重版权保护的权利人不仅关注精神利益，也关注经济利益，甚至可能更为关注经济利益。任何不能充分保障权利人经济利益的方案都会遭到权利人的竭力反对。

因此，在孤儿作品的强制许可模式下，许可费应以事先支付为宜。那么，问题随之而来：许可费向谁支付？谁来保管？

一种可行的方案是建立一个托管账户，将使用者预缴的使用费专门存放于托管账户，他人不得挪用。当然，托管账户的方案也存在一些问题。美国版权局的研究报告认为，托管账户的方案"在大多数案件中，不会在事实上促进从孤儿作品的使用者到权利人之间的支付"[1]。

此外，设立专门的托管账户存在运行成本，并且这些费用中的很多都是无人收取的，让这些钱永久地闲置下去也不是良策。支付给许可管理机关又可能得不到行政法上的依据，因为孤儿作品的强制许可并不是行政法意义上的"行政许可"，即使是"行政许可"，其收费标准也有着专门规定。而公共管理机关代表权利人收取版权许可费，在理论和制度设计上都存在障碍。因此，该问题可能的出路是支付给著作权集体管理组织。这也是加拿大实施的孤儿作品强制许可制度的选择。在加拿大的孤儿作品许可实践中，加拿大版权委员会曾经要求使用申请人将费用缴于信托账户之中，这一做法在后来被废除，主要理由是这种模式可操作性不强。[2]而由于法无授权，加拿大版权委员会也不能拥有这些许可费。因此在后来的实践中，加拿大版权委员会要求使用申请人向版权集体管理组织支付许可费，由版权集体管理组织对这些费用进行管理。[3]

---

[1] Register of Copyrights, Report on Orphan Works, https://www.copyright.gov/orphan-report.pdf, visited on Oct.2, 2019.

[2] Jeremy de Beer, Mario Bouchard, Canada's "Orphan Works" Regime: Unlocatable Copyright Owners and the Copyright Board, 10 *Oxford University Commonwealth Law Journal*, 2010: 215-254.

[3] Ibid.

然而，将孤儿作品的许可费支付给著作权集体管理组织，也面临不少问题。第一，并不是所有领域的作品都有著作权集体管理组织。当然，这个问题似乎是可以解决的：对于未设立著作权集体管理组织的作品领域，可以由其他领域的著作权集体管理组织代管。第二，著作权集体管理组织收取的费用是要托管于专用的信托账户还是可以由其支配使用？在加拿大的实践中，最初是要求将这笔费用存放于专用的托管账户，在五年期届满后，若无权利人复出主张权利，则可由集体管理组织自行支配和使用。后来，实践中改为允许集体管理组织从一开始就可支配和使用这笔费用，只要保障权利人复出时能向权利人足额支付相应的许可使用费即可。[①]这种改动的背后，可能是考虑到了只要权利人的利益能得到保障，这些预缴的许可使用费应该发挥最大的效益。

尽管无论是向专门的托管账户，还是向集体管理组织事先支付孤儿作品的强制许可费，都存在一定的问题，但将许可费在使用之前予以设定并加以托管，可以避免孤儿作品的另一些潜在问题，即权利人可能会等使用者在孤儿作品上投入大量资源并开发了一个有价值的市场之后，突然复出，声称使用者若想继续使用，需要支付更高的许可费。为了确保使用者的利益，要避免突然重新出现的权利人追溯性地收取高于先前设定费用的许可费的情况。另一个潜在的问题是，实际上权利人申请分配存入托管账户的资金的可能性很低，这表明托管资金最终很少会被分发。正是基于这个考虑，美国版权局拒绝在其立法提案中加入关于托管账户的规定。[②]然而，事先预缴许可费是防止滥用孤儿作品制度和保护版权权利人利益的必要机制。即使很少有权利人会申请获得预缴的许可费，这些费用也可用于其他合法的公共利益目的，例如运行登记数据库或建立公共数字图书馆。

基于上述考虑，笔者认为，孤儿作品的强制许可费应当专款专用。可以

[①] Jeremy de Beer, Mario Bouchard, Canada's "Orphan Works" Regime: Unlocatable Copyright Owners and the Copyright Board, 10 *Oxford University Commonwealth Law Journal*, 2010: 215-254.

[②] Register of Copyrights, Report on Orphan Works, https://www.copyright.gov/orphan/orphan-report.pdf, visited on Oct. 2, 2019.

设立专门的托管账户,或者设立专门的机构或委托著作权集体管理组织对此进行管理。虽然每个方案都将产生一定的运行成本,但这些成本是可以化解的。权利人复出并收取孤儿作品许可费的概率并不高,这意味着最终会有一大笔许可费无人认领。这些费用除了可以进行公益性质的使用之外,也可用于弥补孤儿作品管理和许可制度运行的成本。

如果我国借鉴加拿大模式,允许集体管理组织保管和使用这笔费用,需要在制度设计上要求集体管理组织有足够的保证金来保障权利人的利益。在理论上,为了弥补著作权集体管理组织分立且不全面的缺陷,应当专门设立一个机构来管理孤儿作品,同时收取孤儿作品使用的许可使用费。这个机构在资金来源上应该是自给自足的,在性质上可以是事业单位。但在我国孤儿作品制度的实践之初,可能不宜建立一个全新的机构,毕竟制度还需要在实践中进行尝试,相关的管理工作宜由现有的著作权管理或维权机构进行。在积累了经验之后,根据工作量的大小,再考虑设计专门的机构负责孤儿作品的管理和收费事宜。

许可费与金钱相关。利益的诱惑可能使有关主体为自身利益最大化而损害其他主体的利益。因此,无论是集体管理组织的介入,还是专门成立一个管理机构,都要尽力保障收支的透明度。否则,孤儿作品的许可费就会成为"黑洞",甚至可能滋生腐败,影响孤儿作品制度的公信力,进而阻碍这一制度终极目的的实现。

(六)许可的溯及力

孤儿作品的强制许可是否可以产生溯及力也是一个不可避免的问题。加拿大在孤儿作品使用的强制许可中,就面临类似问题。加拿大版权委员会认为,可以针对已经发生的行为颁发许可,理由是委员会有权决定许可的条件和条款。[①]这本质上是豁免了之前的侵权行为,但这种豁免可能会产生争议。如果允许强制许可具有溯及力,可能会导致使用者选择先使用、

---

① Re Breakthrough Films & Television, https://h2o.law.harvard.edu/text_blocks/28394, visited on Oct. 2, 2019.

再申请孤儿作品的强制许可。这不是制度所应提倡的。

一般来说,孤儿作品的强制许可应当没有溯及力。然而,在特定情形下,如果溯及力有益于权利人利益和社会公共利益,就应当允许强制许可溯及力的产生。在真实的市场情景中,权利人有可能豁免使用者之前未经许可的使用行为,只要作品后续的付费使用得到保障。在加拿大的一起典型案例中,加拿大版权委员会就对孤儿作品的溯及力问题展开了讨论。在该案中,加拿大版权委员会先从它自己所具有的法定职权出发,认为它有权颁发具有溯及力的许可。之后,版权委员会站在失联权利人的利益角度,认为作品的利用对其是有利的,既有利于作品的扩散和传播,也有利于作品更为持久的保存,从而最终认为该作品的追溯许可是合理的、正当的。[①] 在该案中,还有一个因素是,作品是合作作品,申请人已经联系并找到所有其他合作作者,并得到许可,版权委员会因此推定失联的合作作者也会做出同样的选择。[②]这也是该案的一个特殊之处,如果是单独作者的作品,版权委员会还要以理性人标准类推其他相似作者的可能行为,但在这个合作作品案之中,其他所有作者的一致行为就是理性人标准的体现。因此,版权委员会作出这种推理完全是合理的、正当的。

从本质上看,孤儿作品许可的特殊规则是对权利人排他权、绝对权的限制,追溯许可也可被视为是对版权人的权利例外安排。当然,为了避免追溯许可普遍化造成大量侵权被豁免,仍然应当以拒绝追溯许可为一般原则。毕竟,如果存在孤儿作品使用规则,理性的使用者应当先去启动这种许可申请程序,而不是未经申请就直接进行使用。从这个角度看,对追溯许可还可设置一个条件,即使用者的使用行为应当晚于申请之日,但可以早于许可颁发之日。当然,追溯许可毕竟是例外,其设置应当综合考虑其他情形,以不损害权利人利益和社会公共利益为限。

[①] Re Breakthrough Films & Television, https://h2o.law.harvard.edu/text_blocks/28394, visited on Oct. 2, 2019.

[②] Ibid.

（七）许可使用的署名和标注

署名权和一般意义上的标注是著作权人的主要权利之一，也是精神权利的首要权项，旨在为读者正确评价作者的创作才华提供可能性。孤儿作品的权利人虽然不可确认或者暂时失联，但其精神权利仍然需要加以维护。我国著作权法主要借鉴的是大陆法系的作者权体系，这种体系尤其注意保护作者的精神权利，在孤儿作品领域也不例外。

英美法系的版权体系也同样注意孤儿作品使用中的署名和标注问题。比如，美国版权法在体系上并不保护作者的精神权利或人身权利，但在孤儿作品领域，美国版权局也建议对孤儿作品加以署名和标注，其目的是向公众清楚地表明该作品是他人的作品，其中的版权由他人享有。[①]英美法系国家重视孤儿作品的署名和标注问题也反映出这一问题的重要性。正确的署名和标注不仅可以向社会公众说明作品的状态，还能在寻找或联系权利人方面发挥重要作用。署名和标注有助于找到权利人，有利于解决孤儿作品的版权问题，因而十分重要。

署名和标注的方式可以有多种。如果是图书或论文，可以按照惯例在封面或显眼位置加注作者姓名。而对于一些习惯上不署名的作品，比如照片来说，可以考虑在照片的边缘部分加以标注；如果标注在边缘会影响美观和使用效果，则可以考虑在照片旁边加以标注。标注时，如果知道作者姓名，应直接标注姓名；如果不知道作者姓名，则可专门说明此作品为孤儿作品。此外，为了避免复出的权利人发起不必要的诉讼，使用者还可在使用孤儿作品时，注明该作品的使用已获得法律规定的强制许可，并主动提供联系方式。毕竟，使用者是希望找到权利人的，既然使用者查找权利人无果，就应该提供自己的联系方式，方便失联的权利人反向查找使用者。当然，如果前文提议的孤儿作品使用的反向登记制度得到采纳和实施，使用者则可不再注明自己的联系方式，因为在反向登记配套的数据库中已经

[①] Register of Copyrights, Report on Orphan Works, https://www.copyright.gov/orphan/orphan-report.pdf, visited on Oct. 2, 2019.

存在可供公开查询的使用者联系方式。

根据上述分析,使用者在孤儿作品上的标注应当包括两项内容:(1)作者姓名或作者身份不明的说明;(2)使用获得了法律规定的强制许可的说明。这些信息对于书籍和论文等传统作品而言,在可行性上没有问题。对于电影作品而言,也不存在问题。但对于美术作品和摄影作品而言,较多的批注信息可能会影响作品的美感。对此,笔者的建议是专门设计一种关于孤儿作品的标志。本书在分析孤儿作品使用中的精神权利时对此已经进行过说明,这种标志一般也不会影响作品的正常使用。对于网络作品或电子作品而言,这些署名和标注信息还可写在文件说明里。当然,为了直观起见,还是应该尽可能地在作品上直接进行署名和标注。

(八)许可的撤销和终止

专利授权、商标注册等行政行为都设置了后续的撤销或宣告无效程序,旨在弥补申请和审查程序中可能发生的错误。孤儿作品的强制许可虽然有别于上述行政行为,但毕竟也是公权介入私权的许可利用,一旦公权的行使产生错误,会造成不良后果,因此在制度设计上需要有撤销和终止的相应程序。针对错误的强制许可的救济,可以借鉴专利法和商标法中的行政许可的复议程序,在孤儿作品强制许可中同样设置一道复议程序。如果不设置这道复议程序,则应当提供当事人司法救济的机会。对于后者,即使法律不作专门规定,也无问题,因为复出的权利人基于其私权,当然可以提起维权之诉。但对于是否需要设置复议程序,制度上则存在不同的选择空间。毕竟,孤儿作品的强制许可不是一般意义上的行政许可,并不必然需要建立类似于"行政许可—行政复议"这样的程序。然而,为了给予当事人充分的救济途径,在符合行政法等相关组织法的前提下,可以设置必要的申诉或复议程序。这种程序的设置取决于实践中具体负责孤儿作品许可事宜的机关或组织的性质。如果是行政机关负责,则可在其内部设立类似于专利复审委员会之类的孤儿作品强制许可复审委员会。如果是著作权集体管理组织等非政府部门负责,则可由版权局担任复议和申诉机关,处理使用申请人、权利人和集体管理组织之间的争议。只要程序合理、成本适当，多一道救济程序，就能多一些维护公平正义的机会。

除了发生错误情形可能需要撤销许可之外，如果被许可人不遵守规定的许可条件，孤儿作品强制许可的主管机关能否撤销许可呢？由于著作权法对孤儿作品的规定必然是高度概括的，不可能涉及具体细节，因此对该问题需要在法律无明文规定前提下进行探讨。在一般的市场化许可中，能否因为被许可人不遵守约定而撤销许可，本质上是一个违约问题，取决于合同条款如何约定。如果合同条款没有明确约定，则可求助于法律的规定，并参考行业惯例判断。① 在我国民商事法律中，习惯可以作为法律的渊源。知识产权许可中形成的一些行业惯例也可在判断使用者是否构成违约时作为参考依据。被许可人不遵守许可条款，可能仅仅是违约，也可能是侵权。比如，被许可人超出许可范围使用，超出范围的使用则可能构成侵权。需要指出的是，在孤儿作品的强制许可中，指定机关和使用者之间达成的并不是约定，而是法定许可。但这种许可无疑是有约束力的，既然被许可人接受了许可的条件，就应当遵守。否则，许可机关应当是有权撤销许可的。当然，为了给因疏忽大意而未遵守规定条件的使用者以补救的机会，可以在撤销许可之前设置一个限期改正的程序。

关于撤销还有另一个问题，即：除了许可机关在特定情形下有权撤销之外，复出的权利人能否要求撤销许可？如果复出的权利人可以要求撤销许可，事实上就是申请下达停止使用的禁令，这会无法保障使用者的投资预期，也会使孤儿作品的强制许可制度效果大打折扣。权利人的撤销申请权具有很大的要挟之力，会使孤儿作品的使用面临新问题，即使用者可能会被权利人挟持。由于孤儿作品的强制许可是一般性商业许可的例外，因此这一强制许可的效力应当得到保障，即权利人没有正当理由，不得申请撤销许可。此外，停止使用的禁令，在大陆法系中表达为停止侵害的请求权。细思之，使用者在强制许可下并无侵害权利的行为，权利人何以行使停止

---

① 王利明：《论习惯作为民法渊源》，载《法学杂志》2016年第11期；许中缘：《论商事习惯与我国民法典——以商事主体私人实施机制为视角》，载《交大法学》2017年第3期。

侵害请求权？因此，就复出的权利人而言，一般不能享有强制许可的撤销申请权，除非有正当理由，并经过正当程序审查。在实体理由和正当程序的双重保障下，如果权利人的撤销事由成立，比如申请使用者存在欺诈，则应当准许权利人的撤销申请。但需注意的是，复出的权利人只有特定条件下的撤销申请权，没有一般意义上可以单方行使的撤销权。毕竟，强制许可并非权利人颁发。

就复出的权利人而言，他对已经颁发的许可没有一般意义上的撤销权，但对新的使用行为有权进行干预。这也是权利人享有的排他权、绝对权的本义。美国版权局在征求意见时，各主体对此也意见一致。[①]孤儿作品的强制许可有条件和期限，超出条件和期限的使用不再受到该强制许可的庇护。一般情况下，使用者并不会受到影响，无非就是需要与复出的权利人协商后续的许可期限和条件。但在包含性使用、演绎性使用的情形下，使用者已经将作品予以改编，或将作品纳入整部视听作品之中，此时，新作品的后续使用、持续使用就可能会受制于人。这只能留由市场博弈解决，法律不宜也不可能一味地保护使用者的利益。站在使用者的立场，只要在强制许可期限内能够收回投资，甚至获利，就已经具有投资和使用作品、开发衍生作品等的价值。至于超出原定许可期限之后，使用者仍想继续使用作品，则只能由使用者和复出的权利人进行协商。这也是孤儿作品强制许可制度的限度所在。如果权利人已经复出，第三方权威机关就不宜再介入。虽然这会让使用者面临商业风险，但在法律视角下，已是一种合理的风险。

（九）许可的转让

申请者获得的孤儿作品强制许可是否可以转让？一般的商业许可的转让取决于许可合同的约定；依此类推，孤儿作品强制许可能否转让，也应取决于许可条款的规定。

在一般情况下，此类许可并不需要进行转让，因而无须规定转让条款，

[①] Register of Copyrights, Report on Orphan Works, https://www.copyright.gov/orphan/orphan-report.pdf, visited on Oct. 2, 2019.

默认以拒绝转让为宜。如果他人也需要使用，完全可以向指定机关另行申请。

然而，也可能存在申请人自己并不生产作品，需要将复制等行为转托他人进行的情形。因此，如果申请者预先考虑到此类情形，则可在申请孤儿作品强制许可的同时，提出希望获得转许可的授权。指定机关有权设定价格和其他条款，对这种转许可的请求，如果合理，则也可予以批准。毕竟，孤儿作品制度的目的是促进作品的利用和传播。

但如果允许转许可，则可能会产生专门的孤儿作品许可中介代理商。法律是否鼓励这种中介代理行为？这会不会导致类似于专利法和商标法中的囤积商标、囤积专利进而要挟他人的机会主义行为？笔者认为，在孤儿作品领域可以允许并鼓励这种中介代理行为，这并不会导致囤积孤儿作品许可使用权的不良后果。如果能发展出孤儿作品强制许可申请的中介代理，在实践中反而可能会促进查找、申请事项的专业化。很难想象这种中介代理会发展成垄断，因此暂时也很难认为该行为会产生不良后果。

基于上述考虑，初步的结论是可以允许孤儿作品使用的转许可，也可以允许孤儿作品强制许可使用的中介代理服务的存在。

六、对权利人的补偿机制

对权利人的补偿机制在维护权利人财产利益方面不可或缺。对任何孤儿作品的解决方案而言，勤勉查找要求和对复出权利人的补偿机制都是必不可少的两个关键内容。权利人应当得到补偿，除非使用者仅仅将孤儿作品用于纯粹的公益事业，而这种行为基本不会影响权利人利益。

补偿机制是对较低查找要求的有益补充。在满足最低限度的合理勤勉查找要求之后，即使未能找到权利人，他人可以使用这一作品，但通常情况下应该预缴使用费。否则，如果在被权利人发现使用作品后的唯一风险就是稍后支付相同金额的费用，那么聪明的使用者都会希望暂时不支付。

补偿机制旨在为重新出现的权利人提供补偿。前文已经论述，为孤儿作品的权利人收取的许可费用可以被保存在一个托管账户中，由负责反向登记数据库的机构管理。

立法可以规定一段时间,例如五年,在此期间内,支付给托管账户的许可使用费必须原封不动地保留,直至孤儿作品的权利人重新出现。如果在此期间权利人复出或取得与权利人的联系,权利人将有权获得报酬。

如果权利人在规定的期限之内没有复出,此时预缴的许可使用费有两种处理选择:第一种选择是将此费用保存在托管账户中,直至版权使用完毕或版权保护期限到期,若此时权利人仍未提出索赔,则退回给预缴的使用者。①第二个选择在谷歌数字图书馆案中提出。根据该案修订后的和解方案,相关资金将被保存十年。②在该期限结束时,无人认领的资金将基于在美国版权局(针对美国)登记的图书数量,以及在加拿大、英国和澳大利亚出版的图书数量,按比例进行分配。这些资金会进一步分发给每个直接或间接使权利人和阅读公众受益的扫盲慈善机构。③有鉴于此,笔者建议将无人认领的许可使用费用于维护公共可访问的版权信息数据库或建设公共数字图书馆等公益目的。

七、滥用孤儿作品制度的不当行为之应对

孤儿作品制度是一个特殊的制度安排,是对著作权的限制和例外,因此在适用中应当谨慎,谨防有人不当利用这一制度。④

首先,使用者可能会伪造合理勤勉查找的证据。这在本质上是故意侵害著作权,伪造的证据也可转化为故意侵害著作权的证据。孤儿作品制度不应成为居心不良者侵权行为的借口和免责事由。

---

① Darrin Keith Henning, Copyright's Deus Ex Machina: Reverse Registration as Economic Fostering of Orphan Works, 55 *Journal*, *Copyright Society of the U.S.A*, 2008:201-221.

② Amended Settlement Agreement of the Authors Guild, Inc., Association of American Publishers, Inc., et al., v. Google Inc. § 6.2(b)(iii) § 6.3(a)(i)(3), https://authorsguild.org/app/uploads/2012/08/Amended-Settlement-Agreement.pdf, visited on Oct.2, 2019.

③ Amended Settlement Agreement of the Authors Guild, Inc., Association of American Publishers, Inc., et al., v. Google Inc., § 6.2 (b)(iv), https://authorsguild.org/app/uploads/2012/08/Amended-Settlement-Agreement.pdf, visited on Oct.2, 2019.

④ United States Copyright Office, Orphan Works and Mass Digitization: A Report of the Register of Copyrights, https://www.copyright.gov/orphan/reports/orphan-works2015.pdf, visited on Oct.20, 2022.

其次，可能有人虚假认领孤儿作品，这也是一种不当行为。这是对孤儿作品使用和管理制度的滥用，应当予以惩戒。本质上，这也是一种不诚信行为，和虚假诉讼等不诚信行为如出一辙，不仅会造成公权力资源的浪费，也会侵害他人的正当权益。他人虚假认领孤儿作品后，取得的收益属于不当得利，应当予以返还，如果有权利人，则可按照孤儿作品制度将所得利益返还给权利人。

最后，权利人可能做出要挟行为。权利人可能等待使用者进行实质性投资、不可撤回性投资之后，才出来主张权利，这也是一种不诚信的行为。有学者甚至认为，这会造成版权滥用，可以作为撤销版权的事由。[①]笔者认为，撤销版权之说过于极端，可能违背版权的自动保护原则。然而，面对这种不诚信行为、要挟行为，法院可以对权利人本可享有的停止使用请求权加以禁止，并对其可获得的赔偿加以限制，通过司法裁判来表明不鼓励要挟行为、不诚信行为。

总之，孤儿作品制度作为著作权法中的一个特殊安排，有存在的正当性，但也会在一定程度上影响权利人的利益，因此在具体使用中，应当注意预防和避免各种滥用行为。只有这样，这一制度才能运作有序，并实现制度设计的原初价值和理想目标。

---

① Submission to the Copyright Office: Proposal on Orphan Works, http://web.law.duke.edu/cspd/pdf/cspdproposal.pdf, visited on Oct. 2, 2019.

第七章　孤儿作品的大规模数字化使用

第一节　孤儿作品大规模数字化中存在的两大问题

一、资金来源问题

如果是私营公司开展的作品大规模数字化项目,比如谷歌公司的图书数字化工程,并不存在资金来源问题。此处需要探讨的是公共文化机构开展作品大规模数字化会面临的资金问题。毕竟,非物质文化遗产保护的主要责任应由政府承担,[①]而公共文化机构作为文化遗产的管理人也有必要开展文化遗产的数字化,并且由于这些文化遗产会涉及大量的孤儿作品问题,因此文化遗产数字化的资金来源问题和孤儿作品大规模数字化的资金来源问题是紧密相关的,甚至基本上是等同的。

明确以孤儿作品大规模数字化为目标的典型立法是欧盟的《孤儿作品指令》。欧盟的孤儿作品解决方案的正当性依据和终极目标都在于促进欧洲文化遗产的数字化。显然,这不是旨在解决一件作品或数件作品的使用问题,而是旨在解决孤儿作品的大规模数字化使用问题。

但是,欧盟《孤儿作品指令》第 6 条也只是对孤儿作品权利清理的个案解决思路,并且针对的是特定的公共文化机构使用特定的孤儿作品,与大规模数字化之间还存在差距。基于此,有欧洲学者认为,欧盟的解决方案

[①] 孙昊亮:《非物质文化遗产的公共属性》,载《法学研究》2010 年第 5 期。

是不起作用的(toothless),并不能全面促进欧洲文化遗产的数字化。①

孤儿作品的大规模数字化必然涉及资金问题。欧盟《孤儿作品指令》第6条提到,公共文化机构在实现其公共利益使命的同时,可以寻求公私合作。应该说,公共机构和私立机构都可以进行文化资源的大规模数字化,公私合作是解决资金来源问题的可行之道。

在明确上述内容后,接下来的问题就是如何为私立机构参与公共文化资源的大规模数字化提供激励。在《孤儿作品指令》起草过程中,欧洲委员会专门指定了一个专家组,研究私立机构如何参与数字化工程以及法律如何为其提供经济激励。该专家组研究认为,公私合作是实现欧洲文化遗产数字化的主要手段,②还可以解决公共文化机构进行作品大规模数字化使用的资金问题。然而,该指令似乎没有考虑私立机构介入文化遗产大规模数字化的目的,对能否保障其获利以及如何保障其获利也欠缺思考。此外,指令只是规定了公共文化机构在满足条件下可以对孤儿作品进行复制扫描、向公众提供等数字化使用,但在实践中,数字化扫描等行为可能是私立机构进行的。当然,只要是在公共文化机构为实现其公共利益的框架之内,引入私立机构也不是问题。但是,私立机构介入文化遗产的数字化,很难单纯出于公共利益的目的,更大可能是谋求利益。这或多或少地会破坏相关工程的公益性。

根据文化遗产保护的基本理念,在欧盟的模式下,私立机构参与孤儿作品和文化资源的数字化所得到的数字化扫描结果只能用于公共文化服务,不能进行商业化使用。而这些作品的数字化在公共文化服务领域的使用不大可能产生实质性的收益,因此如何为私立机构的参与提供激励的确是个问题。一种可能的方案是为私立机构提供孤儿作品等文化资源的独占检

---

① Maria Lilla Montagnani, Laura Zoboli, The Making of an "Orphan": Cultural Heritage Digitization in the EU, 25 *International Journal of Law and Information Technology*, 2017:196-212.

② High Level Expert Group on Digital Libraries—Sub-group on Public Private Partnerships, Final Report on Public—Private Partnership for the Digitization and Online Accessibility of Europe's Cultural Heritage, i2010 European Digital Libraries Initiative, http://www.europeanwriterscouncil.eu/images/pdf/digitallibraries/1ppp_final.pdf, visited on Oct. 2, 2019.

索。如果一家网站的独占资源较多,会增加其用户和流量,提高其竞争能力。因此,大型搜索引擎企业为了市场份额,也会考虑参与公共文化机构主导的文化遗产和文化资源数字化工程。当然,为了避免产生垄断,公私合作协议中可以约定与其投资相匹配的独占检索期限。在本质上,这是一个如何鼓励私立机构参与文化资源数字化工程,又避免其产生过度控制之力的问题。只要私立机构获得的控制不违反欧盟指令和欧盟成员国法律的规定,并且与其投资大抵相当,则具备正当性。即使该私立机构拥有这些公共文化资源搜索引擎的独占权,一般也不会形成垄断。

总之,对于作品大规模数字化而言,当公共文化机构资金不足、能力有限时,寻求外部合作就具有必要性和合理性。只要是有利于实现文化遗产保护目的的行为,都是值得提倡的。公私合作可以解决孤儿作品大规模数字化中的资金来源问题,但应当将对私立机构的激励控制在法律允许的范围内。

二、勤勉查找问题

勤勉查找要求是目前各国实施的孤儿作品制度的关键所在,我国未来的孤儿作品制度亦不例外。然而,这可能对作品的大规模数字化使用产生实质性的影响。很多欧洲学者都认为勤勉查找要求是使用孤儿作品的一个重要障碍,是潜在使用者的实质性负担,因为使用者需要查找和咨询的"查找源"太多,而且有很多并不是可以公开获取的。[①]

勤勉查找要求在具体实施中面临着确定性和灵活性之间的选择,也面临着如何使这一要求不至于过于烦琐,以致让使用者产生过重负担的问题。勤勉查找的规定越是详细,相关行为指南越是具体,这一要求的确定性就越强,但其代价是增加使用者的负担。《孤儿作品指令》依循最低程度

---

① Marcella Favale, Simone Schroff, Aura Bertoni, Report 1—Requirements for Diligent Search in the United Kingdom, the Netherlands, and Italy, http://diligentsearch.eu/wp-content/uploads/2016/05/EnDOW_Report-1.pdf, visited on Oct. 2, 2019; Maria Lilla Montagnani, Laura Zoboli, The Making of an "Orphan": Cultural Heritage Digitization in the EU, 25 *International Journal of Law and Information Technology*, 2017:196-212.

协调的跨国立法原则，对勤勉查找要求只是作了笼统的规定，其具体实施由各成员国自行把握。有学者通过比较英国、意大利和荷兰三个国家的勤勉查找要求发现，英国的勤勉查找指南最为详细具体，若按指南进行查找，勤勉查找要求可以得到充分保障，然而查找的成本也最重。①该指南为不同类型的作品规定了不同的查找程序，指明了具体的查找源头，非常详细，也非常广泛，实际上包括了与意欲使用的作品类别有关联的所有组织和数据库，并且这些查找源头之间也不存在分量上的区别，使用者可能要查找所有的源头。这也是英国法律对"勤勉"的理解。勤勉查找实际上变成了穷尽所有可能的查找。意大利的勤勉查找要求较为宽松且缺乏明确的查找指南，查找之后的孤儿作品使用仍然面临较大的侵权风险。②在这三个国家中，勤勉查找要求最为宽松的是荷兰。在荷兰，如何勤勉查找，完全由使用者自行决定，没有官方或权威的指南可供参考，这采取的实际上是一种"有意识的放手不管的路径"③。官方指南的缺少意味着公共文化机构的使用缺乏确定性，会让使用者在使用孤儿作品时没有"安全感"。从某种意义上说，荷兰只是按照《孤儿作品指令》的要求实施了孤儿作品规则，但没有进一步规定如何勤勉查找，将这一问题留待使用者自行斟酌和决定。荷兰如此选择，是因为它本来就存在延伸性集体管理制度，这种制度也可解决孤儿作品的使用问题。荷兰人可能坚信自己的制度更好，没有必要重建一套制度去解决本来就可解决的问题。

总体上看，勤勉查找要求是一个繁重的任务。④比如，为了扫清使用一篇报纸文章的权利障碍，英国的公共文化机构必须查找234个"查找源"；

---

① Simone Schroff, Marcella Favale, Aura Bertoni, The Impossible Quest—Problems with Diligent Search for Orphan Works, 48 IIC—The International Review of Intellectual Property and Competition Law, 2017:286-304.

② Ibid.

③ Ibid.

④ Maurizio, Dealing with Orphan Works: A Study on Best Practices of Cultural Heritage Institutions, http://diligentsearch. eu/dealing-orphan-works-study-best-practices-cultural-heritage-institutions/, visited on Oct. 2, 2019.

意大利的使用者需要查找89个,即使是荷兰也需要查找48个。①如果是人工一一查找,无疑费时费力。因此,勤勉查找要求是孤儿作品大规模数字化使用的最大障碍,尤其是在英国等提供详细查找指南、规定甚多"查找源"的国家。"查找源"越多,使用者查找所需要花费的时间和精力就越多。从某种意义上说,一个国家关于孤儿作品使用中的勤勉查找规则越是详细,规定的"查找源"越多,使用者的查找成本也就越高。因此,在孤儿作品问题上,法律确定性的代价非常高,甚至可能使"勤勉查找"变为"穷尽查找"。

此外,根据欧盟的实践,"查找源"的可接触性也存在问题,很多官方建议的"查找源"并不能轻易获取和访问。根据欧洲学者的统计,英国官方指南中70%的"查找源"是可以免费获取的,而意大利的相应数据是56%,荷兰的相应数据则是54%。②这个数据暴露出一个重大问题。一方面,孤儿作品的使用者要进行勤勉查找,尽力在各种不同的数据库里进行搜索,但另一方面这些数据库又有很大一部分是无法免费获取的,这不仅增加了金钱成本,还会增加时间成本。比如,有的数据库可能要求使用者先和主办者进行联系,然后其提交资料进行注册,还可能要求缴纳注册费和使用费。这个问题在欧洲尤其严重。比如,就法律数据库而言,美国有 Westlaw 数据库提供一站式服务,但欧洲的出版社却"各自为政",建立了各自的数据库,这会影响使用者的查找。此外,有的官方指南里指定的"查找源"可能还没有建立数据库,对它的查找将更加困难。基于欧洲的实践经验,笔者认为,为了促进孤儿作品的使用,避免查找要求过于烦琐,应当将"查找源"限定为在线数据库。

欧盟《孤儿作品指令》第3条第6款规定了成员国应当采取必要措施,使勤勉查找的信息集中于一个由欧盟内部市场协调局建立和管理的在线公

---

① Simone Schroff, Marcella Favale, Aura Bertoni, The Impossible Quest—Problems with Diligent Search for Orphan Works, 48 IIC—*The International Review of Intellectual Property and Competition Law*, 2017:286-304.

② Ibid.

开数据库。欧盟内部市场协调局如期建立了孤儿作品数据库,①要求欧盟成员国的所有孤儿作品都收录、登记于这一数据库。这一数据库目前提供了检索和登记功能。本质上,这是一种反向登记,作品的权利人无须进行登记,但使用者需要进行登记。孤儿作品使用的反向登记也是笔者所主张和倡导的。《孤儿作品指令》让各成员国将孤儿作品勤勉查找的信息向欧盟内部市场协调局建立的数据库提交,也使各成员国的知识产权主管机关实际上拥有了这些信息,因此各成员国也可较为方便地建设国内的孤儿作品数据库。然而,据欧洲学者介绍,并不是所有的国家都建立了国内的孤儿作品数据库。比如,英国建立了孤儿作品数据库,而荷兰和意大利没有建立这种数据库。②

孤儿作品的立法和执法实践面临着法律确定性和使用者负担之间的权衡问题。法律越是追求确定性,给使用者造成的查找负担相应地也会越重。立法者和执法者不得不在这两种冲突价值和利益之间作出选择。在欧洲,《孤儿作品指令》倾向于颁布详尽的查找指南增加使用的确定性,但这并不利于实质性地、有效地促进其预期目标的实现,即促进欧洲文化遗产资源的大规模数字化。详细的查找要求虽然增加了使用的确定性,但也直接增加了使用者查找的成本和负担。

另外一条可选路径是减轻使用者的查找负担、查找成本,但可能伴随的代价是使用者侵权风险的提高,理性的使用者可能会选择放弃使用、规避风险。

第二节 促进孤儿作品大规模数字化使用的方案

前文以欧盟的立法和实践为例,对孤儿作品大规模数字化使用中可能存在的两大问题进行了阐述。其中的资金问题较好解决,如果是公共文化

---

① https://euipo.europa.eu/orphanworks/,2019 年 10 月 2 日访问。
② Maria Lilla Montagnani, Laura Zoboli, The Making of an "Orphan": Cultural Heritage Digitization in the EU, 25 *International Journal of Law and Information Technology*, 2017:196-212.

机构开展大规模数字化项目,寻求公私合作即可;如果是私立机构开展大规模数字化项目,就不存在资金来源问题了。因此,孤儿作品大规模数字化使用的最大障碍是使用者——寻找权利人的高昂成本问题。对此,笔者认为,有两种解决方法:一是引入延伸性集体管理制度;二是如前文所提倡的,降低勤勉查找的要求。

一、引入延伸性集体管理制度

(一)著作权延伸性集体管理制度的基本原理

延伸性集体管理制度实际上也是对著作权行使的一种限制。更明确地说,它是对权利人享有的排他权的一种限制。这种制度有其独特的运行背景,需要遵循具体规则来保障权利人的利益。

著作权的延伸性集体管理制度源于北欧。北欧国家的延伸性集体管理制度已经有了数十年的发展,因此相对成熟。在这一制度下,集体管理组织可以在特定的领域许可各种作品的使用,甚至包括不属于该组织的权利人的作品。虽然相关规则在表述上存在差异,但这种延伸性集体管理的例外制度适用的情形通常有:广播和有线转播行为、基于教育目的之复制、商业企业和其他机构基于内部使用目的之复制,以及图书馆、档案馆和博物馆所进行的复制。[①] 多数北欧国家的延伸性集体管理制度仅针对特定类型的使用者,而丹麦的延伸性集体管理制度适用于任何类型的使用者。[②]

作为一种特殊制度,延伸性集体管理的目的在于解决版权许可中产生的成本问题,更明确地说,是解决——获得权利人许可的成本过于高昂的问题。在延伸性集体管理制度下,权利人代表和使用者代表会进行洽谈,谈判结果和拟订的条款将对某类作品的所有权利人产生效力,这一效力是

---

① Johan Axhamn, Lucie Guibault, Cross-border Extended Collective Licensing: A Solution to On-line Dissemination of Europe's Cultural Heritage?, https://www.ivir.nl/publicaties/download/ECL_Europeana_final_report092011.pdf, visited on Oct. 2, 2019.

② Vicenc Feliu, Orphans in Turmoil: How a Legislative Solution Can Help Put the Orphan Works Dilemma to Rest, 12 *Rutgers Journal of Law & Public Policy*, 2015:107-137.

法律直接赋予的。当然,作品被集体管理组织延伸性地加以管理只是默认情况,权利人有"选择退出"的权利。①延伸性集体管理在性质上有别于强制许可,因为其中仍然需要权利人和使用者双方代表进行集体谈判并协商许可费用,而不是政府机构直接决定许可并确定许可费用。由于延伸性集体管理制度是对私权的一种限制,因此它也需要在立法上进行明确规定,并在政府部门的监管下运作。

在延伸性集体管理制度下,使用者无须进行勤勉查找权利人的努力,而集体管理组织则需要基于分配收益的目的寻找权利人。从这个意义上讲,查找的成本转移给了集体管理组织。

总之,延伸性集体管理的主要功能是降低交易成本,在应对大规模数字化方面,它有着得天独厚的优势。引入延伸性集体管理制度的前提和必要条件是集体管理组织运作有序,拥有良好的治理结构和透明度。

(二)在孤儿作品领域引入延伸性集体管理制度

虽然延伸性集体管理制度有着降低孤儿作品使用成本的独特优势,但它并没有成为解决孤儿作品问题的一种主流方案。

1. 欧盟层面的拒绝

尽管北欧国家已经实施了数十年的延伸性集体管理制度,但欧盟在设计孤儿作品问题的应对方案时,仍然拒绝了在整个欧盟层面引入这一特殊制度。欧盟的主要顾虑是,该制度会将所有作品纳入,无论权利人可否查找和联系,这实际上是回避了孤儿作品的认定问题,而回避并不能解决问题。② 此外,欧盟拒绝引入延伸性集体管理制度的另一个理由是,图书馆每使用一件孤儿作品都需要向集体管理组织支付一笔实质性的费用,而很多

---

① Daniel Gervais, Collective Management of Copyright: Theory and Practice in the Digital Age, in Daniel Gervais ed., *Collective Management of Copyright and Related Rights* (2d ed.), 2010, p. 2122.

② Commission Staff Working Paper, Impact Assessment on the Cross-Border Online Access to Orphan Works, Accompanying the Document, Proposal for a Directive of the European Parliament and of the Council, on Certain Permitted Uses of Orphan Works, https://ec.europa.eu/smart-regulation/impact/ia_carried_out/docs/ia_2011/sec_2011_0615_en.pdf, visited on Oct. 2, 2019.

孤儿作品其实并不存在市场价值。① 正是基于这些考虑，欧盟最终选择了为公共文化机构设置有限例外的模式。

然而，欧盟的否定并不意味着这一方案绝无用处。实际上，北欧国家仍然在孤儿作品领域使用这一制度。法国、德国、英国等欧洲主要国家在一定程度上也在借鉴延伸性集体管理制度的优势解决作品的授权难题。

2. 法国在绝版图书数字化领域引入了延伸性集体管理制度

法国在绝版图书的数字化使用方面借鉴、引入了版权的延伸性集体管理制度。法国于2012年3月通过了一项法案，以便将20世纪的绝版图书数字化。这一法案的通过正值谷歌数字图书馆项目诉讼争议之时，法案可能也是法国对图书大规模数字化在法律上的一种回应。根据该法案，2001年1月1日之前出版的图书，如果现在没有以印刷版或电子版的形式出版发行，则可在符合条件的情况下由他人进行数字化。②这部关于20世纪绝版图书数字化使用的第2012-287号法案对法国《知识产权法典》进行了修正，增加了一个章节，具体包括以下内容：创建绝版作品数据库，指定负责管理和许可绝版作品的集体管理组织，规定图书馆在第一次使用后十年内可以向其用户免费提供绝版作品，以及规定权利人选择退出该体系的权利。③在具体操作上，法国国家图书馆会先对绝版图书进行登记公示，权利人如不准集体管理组织对其图书进行数字化管理，可以在6个月内提出反对意见。如果没有反对或异议，集体管理组织将有权对绝版作品进行数字

---

① Commission Staff Working Paper, Impact Assessment on the Cross-Border Online Access to Orphan Works, Accompanying the Document, Proposal for a Directive of the European Parliament and of the Council, on Certain Permitted Uses of Orphan Works, https://ec.europa.eu/smart-regulation/impact/ia_carried_out/docs/ia_2011/sec_2011_0615_en.pdf, visited on Oct. 2, 2019.

② Veraliah, French Parliament Passed Law on Out of Commerce Works on 22nd February 2012, https://www.ifrro.org/content/french-parliament-passed-law-out-commerce-works-22nd-february-2012, visited on Oct. 2, 2019.

③ Marcela Favale, Fabian Homberg, Martin Kretschmer, Dinusha Mendis, Davide Secchi, *Copyright, and the Regulation of Orphan Works: A Comparative Review of Seven Jurisdictions and a Rights Clearance Simulation*, https://www.gov.uk/government/uploads/system/uploads/attachment_data/file/312779/ipresearch-orphan-201307.pdf, visited on Oct. 2, 2019.

化复制和传播。①6个月之后,作者仍然可以基于人格权的受损而对作品的数字化使用提出反对意见。②这也反映出著作权中的人格权是绝对不受贬损的权利。

在实践中,获得授权对绝版图书进行集体管理的组织是"法国出版作者利益协会"(La Société Française des intérêts des Auteurs l'écrit, SOFIA)。③法国绝版图书数字化的特殊法律规定借鉴的正是延伸性集体管理制度,但在北欧的延伸性集体管理制度的基础上进行了拓展,允许不是相关权利人代表的集体组织对图书数字化进行管理,而这也是该特殊规定受学界批判之处。④

在退出机制上,法国关于绝版图书的集体管理制度允许权利人事先退出,也允许权利人事后退出,这也有别于北欧的延伸性集体管理制度,后者只提供了事后退出这一种方式。⑤可见,法国的这一制度是解决作品使用授权难题的一种较为特别的制度。

该法案曾受到作者和出版社的反对,他们认为该法案是政府对作者财产权的剥夺,违背了法国宪法。⑥在违宪与否的辩论中,法国政府将该法案定性为"针对无法使用的作品进行规范的现代和有效的机制",并声称法国

---

① LOI n° 2012-287 du 1er mars 2012 relative à l'exploitation numérique des livres indisponibles du XXe siècle [Law 2012-287 of March 1, 2012, on the Digital Exploitation of Unavailable Books of the 20th Century], articles 134-2, 134-3.

② Jane C. Ginsburg, Fair Use for Free, or Permitted-but-Paid?, https://www.ssrn.com/abstract=2444500, visited on Oct. 2, 2019.

③ Vicenc Feliu, Orphans in Turmoil: How a Legislative Solution Can Help Put the Orphan Works Dilemma to Rest, 12 *Rutgers Journal of Law & Public Policy*, 2015:107-137.

④ Jane C. Ginsburg, Fair Use for Free, or Permitted-but-Paid?, https://www.ssrn.com/abstract=2444500, visited on Oct. 2, 2019.

⑤ 华劼:《绝版作品数字化版权问题研究——以欧盟和法国的版权制度调整为视角》,载《电子知识产权》2018年第9期。

⑥ Conseil Constitutionnel, Décision n° 2013-370 QPC du 28 février 2014 [Decision no. 2013-370 QPC of February 28, 2014], http://www.conseil-constitutionnel.fr/conseil-constitutionnel/francais/les-decisions/acces-par-date/decisions-depuis-1959/2014/2013-370-qpc/decision-n-2013-370-qpc-du-28-fevrier-2014.140194.html, visited on Oct. 2, 2019; Francis X. Mattingly, If You Don't Use It, You Lose It: What the U.S. Could Learn From France's Law on Out-Of-Commerce Books of the 20th Century, 27 *Indiana International & Comparative Law Review*, 2017:277.

是世界上第一个针对文化遗产数字化提供解决方案的国家。① 可见,法国政府对这一特别法案引以为豪,认为这是解决绝版作品以及孤儿作品问题的一种开拓性的方案。

法国宪法委员会经过审查和讨论,最终认为此法案并不违宪,因此维持了该法案的实施。②在裁定中,法国宪法委员会认为,该法案既可以使公众接触之前已经不可获取的图书,服务于公共利益目标,③也为权利人提供了足够的保障措施,比如权利人可以"选择退出",绝版图书的数字化使用者需要向权利人提供公平的补偿,权利人仍然有对传统纸本图书的完整控制等。这些都是法国宪法委员会维持这项法案所考虑的因素。④

3. 德国在绝版图书数字化领域引入了延伸性集体管理制度

与法国类似的是,德国在关于绝版图书数字化使用方面也借鉴、引入了著作权延伸性集体管理制度。2013 年,德国针对特定的绝版作品引入了特殊法律规定。该法律规定,由公共图书馆、教育机构、博物馆或类似机构馆藏的作品,若出版日期在 1966 年 1 月 1 日之前,则可由集体管理组织进行数字化的管理。⑤德国法律设置的条件与法国类似,规定了使用者需要先在政府部门运作的登记处登记作品使用,并且权利人在 6 周之内未提出反对意见,以及许可使用不具备商业目的。⑥德国法律也默认集体管理组织可

---

① Lucie Guibault, France Solves Its XXe Century Book Problem!, http://kluwercopyrightblog. com/2012/04/13/france-solves-its-xxe-century-book-problem/, visited on Oct. 2, 2019.

② *French Constitutional Council Upholds French Law on Out of Print Books*, http://www.ifrro. org/content/french-constitutional-council-upholds-french-law-out-print-books, visited on Oct. 2, 2019.

③ Conseil Constitutionnel, Décision n° 2013-370 QPC du 28 février 2014 [Decision no. 2013-370 QPC of February 28, 2014], http://www. conseil-constitutionnel. fr/conseil-constitutionnel/francais/les-decisions/acces-par-date/decisions-depuis-1959/2014/2013-370-qpc/decision-n-2013-370-qpc-du-28-fevrier-2014.140194. html, visited on Oct. 2, 2019.

④ Ibid.

⑤ Gesetz über die Wahrnehmung von Urheberrechten und verwandten Schutzrechten [Law on the Administration of Copyright and Neighboring Rights], Sept. 9, 1965, BGBL. I at 1294, last amended by Gesetz, Oct. 1, 2013, BGBL. I at 3728, article 2, §13d (1), https://www. vgwort. de/fileadmin/pdf/allgemeine_pdf/out_of_commerce_law_2013. pdf (unofficial translation), visited on Oct. 2, 2019.

⑥ Ibid.

对非会员的绝版作品进行管理，这在本质上也是著作权延伸性集体管理。

虽然绝版作品和孤儿作品是两个不同的概念，但两者之间存在很大的交集，并且解决方案在宗旨上也具有高度的相似性，均是为了最大限度地促进作品的传播和使用，提升作品的文化价值，促进公共文化的繁荣。[①]因此，法国、德国关于绝版作品数字化使用的专门法律所提供的解决思路对解决孤儿作品问题是有借鉴意义的。

4. 英国在孤儿作品领域引入了延伸性集体管理制度

英国也一直在考虑如何解决孤儿作品的使用难题。2011年的"哈格里夫斯报告"（Hargreaves Report）将孤儿作品问题称为"版权制度需要调整解决的最为显著的失败"[②]，并提出了一个针对孤儿作品的解决方案，即针对大规模使用采取延伸性集体管理，针对个别使用采取权利清理程序。[③]

2013年，英国通过了对1988年《版权、设计和专利法》的修改，基本上采纳了上述报告的建议。针对"个别使用"，英国采取了类似于加拿大的强制许可制度，允许政府主管部门在使用者勤勉查找权利人无果的情况下，颁发非排他性的许可。这一针对个别使用的制度适用于所有作品，也适用于所有类型的使用者，是欧盟有限例外模式的补充。同时，英国法律也引入了延伸性集体管理制度，允许集体管理组织管理非会员作品，许可其特定使用。[④] 英国法律没有直接规定集体管理组织可以进行延伸性管理，而是规定这些组织需要向英国政府进行申请，以获得延伸性管理的权限。在申请时，这些组织必须明确希望进行延伸性管理的作品类型和许可使用的特定方式。[⑤]

从英国的孤儿作品解决方案可见，不同的路径有整合的可能，以发挥各

---

① 何炼红、郑宏飞：《公共文化机构数字化利用绝版作品的著作权授权机制探讨》，载《中南大学学报（社会科学版）》2018年第4期。

② Ian Hargreaves, Digital Opportunity: A Review of Intellectual Property and Growth, https://www.gov.uk/government/publications/digital-opportunity-review-of-intellectual-property-and-growth, visited on Oct. 2, 2019.

③ Ibid.

④ Enterprise and Regulatory Reform Act, 2013, sec. 77(3), § 116B.

⑤ Enterprise and Regulatory Reform Act, 2013, sec. 77(3), § 116B(2).

自的优势,弥补各自的短板。

5. 美国曾提议在孤儿作品领域引入延伸性集体管理制度

美国版权局在对孤儿作品版权问题开展研究时,曾就是否引入延伸性集体管理制度来解决大规模数字化使用问题公开征求意见。① 在 2015 年之前,美国是将孤儿作品问题和大规模数字化问题分别进行考虑的。美国版权局在 2006 年和 2011 年分别发布了关于孤儿作品和大规模数字化的研究报告。②2015 年,美国版权局将这两个问题合并考虑,并建议通过延伸性集体管理制度来解决大规模数字化中的孤儿作品使用问题。③

6. 小结

从国外的经验看,在应对孤儿作品的大规模数字化问题方面,是可以引入延伸性集体管理制度的。这一制度可以与强制许可制度配合使用(英国的经验),也可以与公共文化机构有限例外模式并存(北欧国家、德国、法国实践的启示)。比如,法国 2012 年的绝版图书数字化规定只适用于绝版图书的数字化,适用的对象较为狭窄;2015 年实施的欧盟《孤儿作品指令》针对的作品范围虽然较广,但适用领域仅为公共文化机构的有限使用。两个法律在适用范围上既存在区别,也存在交叉。公共文化机构对构成孤儿作品的绝版图书的数字化扫描是两者之间的交集。

很多欧洲学者主张综合性的解决方案。有欧洲学者指出,想找出单一的、能够适用于所有领域和所有类型作品的解决方案是不大可能的。④ 一些欧盟国家也在实施《孤儿作品指令》之外,针对孤儿作品还另行制定了其他规则。由此可见,欧洲国家更易于接受多样化的解决方案。其主要原因在于,欧洲各国之间既存在文化差异,也存在法律制度的差异。

---

① Orphan Works and Mass Digitization: Request for Additional Comments and Announcement of Public Roundtables, 79 *Fed. Reg.*, 2014: 7706-7711.

② United States Copyright Office, Orphan Works and Mass Digitization: A Report of the Register of Copyrights, https://www.copyright.gov/orphan/reports/orphan-works2015.pdf, visited on Oct. 20, 2022.

③ Ibid.

④ Johan Axhamn, Lucie Guibault, Cross-Border Extended Collective Licensing: A Solution to On-line Dissemination of Europe's Cultural Heritage?, https://www.ivir.nl/publicaties/download/ECL_Europeana_final_report092011.pdf, visited on Oct. 2, 2019.

笔者认为,我国也可以在特定的孤儿作品使用领域引入延伸性集体管理制度,按照"选择退出"模式,默认对作品进行数字化扫描和使用的管理。当然,与孤儿作品的强制许可制度相比,这是更进一步的例外,应当谨慎使用。因为这是对著作权人享有的许可权的背离。

二、对大规模数字化项目适用较低的勤勉查找要求

如果我国著作权法在未来无意引入普适性的著作权延伸性集体管理制度,那么孤儿作品领域自然也无法适用延伸性集体管理制度。在这种情况下,只能建议对大规模数字化项目适用较低的勤勉查找要求。

对此,笔者在前文已经专门论述,只有在整体上降低这一要求,才能促进孤儿作品的使用。此外,勤勉查找要求可以依据使用者身份的不同、使用情况的不同而有所区别。比如,公共文化机构出于公共利益目的的大规模数字化使用,应当适用最低程度的勤勉查找要求,以促进大规模数字化工程的推进。但即使是商业机构推进的孤儿作品大规模数字化项目,考虑到它有促进文化作品传播和使用的公益目的,也应降低勤勉查找的成本,施加较低的勤勉查找要求。

这样的区别对待具有正当性和合理性。作品大规模数字化的社会效益将使社会公众获得更多的好处,作为对价,大规模数字化工程的推进者和执行者也应当获得相应的好处和便利,即享受较低标准的勤勉查找要求。而对于单一作品的数字化使用而言,一方面由于使用者可能存在不同的选择空间,即可以选择能够联系到作者的作品,另一方面由于这种使用的社会效益不如大规模数字化使用的效益,因此对它的勤勉查找要求可以执行正常标准。

对孤儿作品的大规模数字化项目降低勤勉查找要求,当然可能存在"副作用"。对此,笔者在前文也已提出,要配之以反向登记和公告制度,以此作为较低勤勉查找要求的补充。通过反向登记和公告制度,使用者可以在公众监督下提供勤勉查找的证据和结果,大规模使用者亦不例外。在这样的配套制度保障下,较低勤勉查找要求的负面效应可以被控制在较低水平,人们也可以享受作品大规模数字化带来的好处。

第八章 新兴技术发展与孤儿作品问题解决方案之优化

孤儿作品的使用难题是当代版权法的困境,可以反映出技术与法律的互动,因为正是信息网络和数字化技术的发展使这一问题暴露无遗。那么,是否也可循着技术与法律的互动之路去探索其解决方案呢?笔者觉得这是可能的,并且最为有效。随着区块链技术、人工智能技术等新兴技术的发展,它们有望帮助破解孤儿作品的使用难题。在探讨新兴技术与法律互动下的解决方案之前,本章将先行分析孤儿作品使用困境的主要解决方案中存在的问题,然后分析区块链技术、人工智能技术等新兴技术如何帮助解决这些问题。

第一节 勤勉查找要求:孤儿作品解决方案存在的问题

一、勤勉查找要求是孤儿作品解决方案的关键组成部分

在孤儿作品的解决方案中,勤勉查找要求必不可少。勤勉查找要求已然成为孤儿作品解决方案中的核心规则,也是孤儿作品使用的前提条件。在各种解决方案中,只有满足了这一要求才能采取强制许可、责任限制或版权例外等不同的路径许可作品的使用。

勤勉查找要求不仅是各种解决方案实施共同需要的前提条件,也是孤儿作品定义中的关键要素。孤儿作品的定义往往包含或预设着勤勉查找的要素。勤勉查找权利人要求是界定孤儿作品的关键要素,也是确定孤儿作

品地位的前提。

二、勤勉查找要求是查找成本理论下的无奈选择

孤儿作品的使用困境在于无法或很难找到权利人,从而难以获得作品使用的许可。如何以较少成本促成许可,成为解决孤儿作品问题的关键所在。

孤儿作品使用方案中的一个关键词是"查找"。相应地,孤儿作品的首要问题和关键问题也与查找有关,即查找成本问题。法经济学对此形成了较为成熟的理论。查找义务应当分配给成本较低者,①这与将避免侵权或事故的成本分配给成本较低方一样,后者是法经济学中的经典理论。②将查找义务分配给成本较低者,将减少每笔交易中的交易成本,从而使整体上的社会成本得以降低。于是,问题转化为:在孤儿作品领域,谁是查找的成本较低者? 从成本角度而言,未必是使用者查找权利人更为经济和便利。

为促成许可谈判,使用者查找权利人或权利人查找使用者,均是可行之道。若一律要求使用者查找权利人,而权利人可以消极地"坐以待找",很难在查找成本理论中取得正当性。③在物权领域,由于物权的公示状态以及有体物权利边界的确定性,成本较低的查找方一般是使用者。因此,法律根据大数法则,将成本施加于有体物的使用者具有正当性。而知识产权未必如此,尤其是对于专利法中的"专利丛林"④和著作权法中的孤儿作品问题而言,将成本仅施加于使用者并不合适。

在理论上,不能一律要求使用者查找权利人,也不能一律要求权利人查找使用者,而应当根据查找成本的高低,逐案分配查找成本。然而,这又面

---

① Tun-Jen Chiang, The Reciprocity of Search, 66 *Vanderbilt Law Review*, 2013:1-64.
② 〔美〕盖多·卡拉布雷西:《事故的成本:法律与经济的分析》,毕竞悦等译,北京大学出版社 2008 年版,第 113—117 页。
③ Tun-Jen Chiang, The Reciprocity of Search, 66 *Vanderbilt Law Review*, 2013:1-64.
④ "专利丛林"往往出现在信息科技等复杂技术领域。一个产品往往涉及密集的、互相交叠的专利,加之等同权规则的存在,"专利丛林造成搜索潜在的相关专利、查看每项专利包含的权利要求书,以及评估侵权风险和许可需求已变得无法实现"。马大明、杜晓君、宋宝全、罗猷韬:《专利丛林问题研究——产生与发展、经济影响及度量》,载《产业经济评论》2012 年第 1 期。

临两个问题。第一,在著作权领域,潜在的使用者数量较多,要求权利人寻找使用者似乎不具有可行性。对这一问题可能的回应是:于权利人而言,并不需要找到所有的潜在使用者,找到最大、最有名的使用者即可满足知识产权制度内在的激励。①尽管理论上如此,但权利人实际上还是要将不同的使用者进行比较后才能找到最大、最有名的使用者,这需要一定的成本,且此成本难以量化。第二,逐案分配查找成本属于个案化的措施,在实践中的可行性面临挑战。各方查找成本的高低计算将是个艰巨的任务,并且双方的查找在现实中通常只有一方真实发生,而另一方的查找成本只能进行虚拟计算。这给根据查找成本分配查找义务增加了计算难度。

总之,逐案分配查找成本在理论上看似正当,却不可行。法律仍需在"使用者查找权利人"和"权利人查找使用者"两个选项之间进行抉择。在孤儿作品领域,权利人处于失联或失踪状态,要求权利人主动、积极查找使用者,近乎天方夜谭。因此,为了取得一致性的法律方案,将查找成本施加于使用者,成为一种无奈的选择。

三、勤勉查找要求在实践上的障碍

让使用者勤勉查找权利人,在理论上是一种无奈的选择,在实践中也产生了一定的问题。勤勉查找是孤儿作品使用方案的关键所在。不幸的是,这一要求成了孤儿作品有效使用和传播的障碍。勤勉查找权利人这一要求给使用者施加了较高的查找成本,阻碍了孤儿作品的使用,成为作品大规模数字化工程的绊脚石。②

"勤勉查找"的判断和认定是一个至关重要的问题。使用者可否自行判断其查找满足了"勤勉"的要求呢?答案是否定的。第一,自己作为自己行为的判断主体,难免有失公允。第二,自己作为判断主体会产生实践中的不一致性和不确定性,不仅可能导致大量潜在纠纷的出现,还会影响人们

---

① Tun-Jen Chiang, The Reciprocity of Search, 66 *Vanderbilt Law Review*, 2013:1-64.
② Anna Vuopala, Assessment of the Orphan Works Issue and Costs for Rights Clearance, http://cultivate-cier. nl/wp-content/uploads/2012/03/vuopala_report. pdf, visited on Oct. 2, 2019.

的行为预期。因此,法院或行政机关等公共权力机关作为勤勉查找的判断和认定主体,成为一种选择。一个理想的制度设计不可避免地涉及第三方监督、财产权的完整性和法律的确定性之间的权衡。① 但既有的解决方案将勤勉查找的判定配置给法院或行政机关等部门也会造成新的问题:公共权力机关介入判断将产生新的成本,即运作成本,这也是勤勉查找要求的附带成本,是一种对社会施加的成本。

将勤勉查找要求的满足与否,留由公共机关判定,运行成本较高,最终会导致制度运行效率低下,制度的预设目标难以实现,在强制许可模式下尤其如此。因为政府部门需要对使用申请者是否满足勤勉查找要求进行审查,而这成为孤儿作品使用尤其是大规模使用的"绊脚石"。更为重要的是,如果勤勉查找成为孤儿作品定义中的一个要素,那么其满足与否的认定之困难,必将阻碍孤儿作品的确定,进而影响其使用。

对于解决公共权力机关在判断和认定"勤勉查找"上的成本问题,本书前文已经提出可以构建孤儿作品使用的反向登记和公开制度,通过引入公众监督的环节,借助公示公信制度的保障,来减轻公共权力机关的判断和认定成本。然而,尽管这一成本可以通过制度设计予以减轻,但使用者的查找成本依然存在。

在实践中,勤勉查找是一项沉重又烦琐的任务,费时费力,成本昂贵。有实证研究表明,通常情况下,它过于烦琐,以至于妨碍了作品的权利清理,对于大规模数字化项目更是如此。② 有学者向欧盟委员会提交的报告指出,对于文化机构而言,与权利清理相关的交易成本很高,在大规模数字化中,一小部分作品的权利清理往往阻碍着作品的数字化和在线访问。③ 该报告举例,英国国家档案馆为了将 1114 个旧遗嘱数字化并提供在线访问,花了 3.5 万英镑(约 30 万元人民币)和 2 年时间来清理这些遗嘱的版权。其

---

① Jake Goldenfein, Dan Hunter, Blockchains, Orphan Works, and the Public Domain, 41 Columbia Journal of Law & the Arts, 2017:1-43.
② Anna Vuopala, Assessment of the Orphan Works Issue and Costs for Rights Clearance, http://cultivate-cier.nl/wp-content/uploads/2012/03/vuopala_report.pdf, visited on Oct. 2, 2019.
③ Ibid.

结果是，只有不到一半的遗嘱作品权利人被找到，并得到数字化和在线访问的授权。奥地利一所大学图书馆根据法律规定将1925年至1988年的20万篇博士论文进行了数字化，但无法提供在线访问，原因在于权利清理所涉的交易成本过高。这些博士论文数字化的成本是15万欧元，而权利清理的交易成本估计是数字化成本的20—50倍。① 较高查找成本导致的结果是，使用者自始就放弃查找，放弃使用作品。

我国的孤儿作品解决方案还只是在学界提议阶段，尚未付诸实践。就已经实施的代表性国家或地区看，强制许可模式成效欠佳。加拿大的数据足以说明这一点。截至2019年9月，加拿大只有304起关于孤儿作品使用的强制许可案例。② 中心化、机构化的强制许可模式成本昂贵，很难实现激活和解放孤儿作品的目的，而其关键和瓶颈正是勤勉查找及其认定的烦琐。欧盟的孤儿作品使用有限例外模式的效果也不理想。截至2018年5月，欧盟孤儿作品数据库收录的主作品和嵌入式作品累计不到2000个条目。③ 这一方面是因为其本身建立的就是一种有限例外模式，另一方面也是因为在有限例外模式下，仍然需要满足勤勉查找要求，仍然需要权威机构进行判断和认定。

概言之，要求使用者勤勉查找权利人在理论上并非最佳方案，实属一种无奈的选择，其中产生的查找成本和附带的认定成本阻碍着任何方案的成功施行。有鉴于此，结合区块链技术的发展，本书提出一个基于去中心化技术结构的注册体系，这一注册体系由用户主导，而不是由中心化的行政机关主导。区块链技术的引入将有助于实质性地解决勤勉查找要求的认定成本或机关运行成本问题。

---

① Anna Vuopala, Assessment of the Orphan Works Issue and Costs for Rights Clearance, http://cultivate-cier.nl/wp-content/uploads/2012/03/vuopala_report.pdf, visited on Oct. 2, 2019.

② Decisions: Unlocatable Copyright Owners, Copyright Board of Canada, http://www.cb-cda.gc.ca/unlocatable-introuvables/licences-e.html, visited on Oct. 2, 2019.

③ Orphan Works Database, https://euipo.europa.eu/orphanworks/, visited on Oct. 2, 2019.

第二节　区块链技术在孤儿作品解决方案中的应用

一、区块链中的技术创新与制度创新

（一）区块链的概念和特征

区块链是一种技术协议，用于创建安全透明的分类账，以向特定网络中的每个人报告交易。[①]具体而言，向区块链添加的记录信息，首先是通过哈希（hash 的音译）算法创建一个被称为"散列"（hash）的加密的数据字符串。该散列是某条记录的唯一标识，并且保证着记录的完整性，因为没有人可以在不破坏散列的情况下改变散列。一旦一条记录通过哈希算法进行加密，成为"散列"，它与其他在同一时段记录信息的"散列"聚集在一起，就成为一个"区块"。一个区块链中创建的第一个区块被称为"生成块"。每一个新创建的区块，都会链接到上一个区块，从而成为一个加密链接的区块链。概言之，经过哈希算法加密的散列组成区块，区块组成区块链。

区块链是一种"分布式共享账本技术"[②]，它其实是一种披着技术外衣的账本。其核心内容也是交易的分类账，类似于银行分类账的电子版本。但与传统的手写账本相比，区块链有三大亮点。第一，区块链可以记录其用户网络中发生的所有交易或事务，具有完整性的优势。第二，区块链分类账有公开透明和"一视同仁"的特点和优势，它非歧视地进行记录，并将结果公开，他人可以知晓，也可以监督。第三，区块链账本建立在用户的分布式共识之上，[③]是一种去中心化的记账或登记制度，它通过技术的应用降低了登记的成本。

[①] Satoshi Nakamoto, Bitcoin: A Peer-to-Peer Electronic Cash System, https://bitcoin.org/bitcoin.pdf, visited on Oct. 2, 2019.
[②] 朱建明等编：《区块链技术与应用》，机械工业出版社 2018 年版，第 2 页。
[③] 〔美〕阿尔文德·纳拉亚南等：《区块链：技术驱动金融》，林华等译，中信出版集团 2016 年版，第 39 页。

（二）技术创新与制度创新

区块链的分布式分类账技术不仅本身是一种技术创新，还会带来制度创新。区块链是一种可用于构建制度的技术，有形成新的治理模式的潜质。①数字技术、智能合约、社会治理被认为是区块链技术发展的三个阶段。②区块链在未来可应用于社会治理的各个方面，并带来制度创新。

区块链带来的制度创新根源仍在于其技术本质。作为一种创造信任的技术机制，它通过特定算法，形成一个公开透明的分布式分类账。③基于其账本技术的可靠性和结果的公开性，使用者之间能够形成共识。这一账本也具有了法律上"公示公信"的意蕴，这对推进任何依赖于公示公信原则的财产权制度的实施和完善都具有重大意义。

作为一种去中心化的技术机制，虽然没有权威机构对数据进行审查，然而其特有的密码算法和共识机制保障了数据的安全。区块链通常并不保存原始数据，而是保存经过哈希函数加密的数据，④其中的数据带有时间戳，且不易伪造和篡改。⑤数据信息的安全保障了数据信息的权威性。

概言之，区块链是一种公开性、权威性的分布式分类账技术，与传统的官方登记机构的本质属性一致。官方运营登记机构的目的在于保障登记的权威性，大多数登记制度还有公示公信的作用。区块链不仅符合官方登记机构的特征要求，还具有去中心化的优势，可以节约大量社会成本。这对于作品使用登记制度的构建有重大的启发意义。

二、基于区块链技术的孤儿作品查找登记制度之改进

区块链是关于记账、登记的突破性技术，有助于解决现行各种登记制度存在的问题。然而，区块链技术并不能成为解决版权确权登记困境的"灵

---

① 郑戈：《区块链与未来法治》，载《东方法学》2018 年第 3 期。
② 尹浩：《区块链技术的发展机遇与治理思路》，载《人民论坛·学术前沿》2018 年第 12 期。
③ 朱建明等编：《区块链技术与应用》，机械工业出版社 2018 年版，第 2 页。
④ 同上。
⑤ 同上。

丹妙药",原因在于,国际条约确立的版权自动产生原则根深蒂固,已经成为著作权法的基本原理,实难撼动。即使与技术相结合,重建版权强制登记制度也已经是不可能的命题。从激励角度而言,由于国际条约对版权确权强制登记制度的明确反对,因此各国法律很难给利用区块链的版权确权登记制度提供法律激励。一言以蔽之,在当代版权法下,区块链技术无法促成一般意义上的版权确权登记制度的建立。

然而,新技术的确为再现版权制度的活力提供了新契机。尽管区块链技术无法用于强制性的确权登记制度,但却可以用于孤儿作品的查找登记,并将有望解决孤儿作品查找和认定的困难,从而为其使用扫清障碍。

笔者提议的孤儿作品区块链登记制度在具体操作中是一个分布式分类账,该分类账记录和收集使用者对作品权利人的查找结果。查找作者的每一次努力、每一次行动都将通过区块链技术的总账得以记录。所有的查找情况均会记录在以区块链为基础的数据库中。

在区块链技术架构的"分布式总账"之下,每件孤儿作品都可以有一个单独页面。该页面记录着潜在使用者试图查找权利人的每一次努力。这种查找权利人的真实记录具有重要意义。第一,它可以作为潜在使用者已经进行勤勉查找权利人的证据,为作品的使用扫清障碍。使用者每一次的查找过程和查找结果都记录在账本中,并且不易篡改,证据的客观性可以得到充分保障。第二,基于使用者视角,区块链登记的另外一个好处是可以避免重复查找,减少他人的查找成本。区块链登记具有公开透明的特征,他人可以查阅先前的查找情况,也可以在先前查找基础上进一步查找,这将有助于找到权利人。第三,区块链技术之下可以形成共识机制,将登记结果公之于众,可以促进对勤勉查找的监督和审查。区块链注册体系将提高对勤勉查找程度验证过程的效率。第四,在该方案下,无须中心化的管理机构存在,可减少机构运作成本和社会成本。这一技术体系对使用者而言并无额外负担。区块链登记体系中的数据是使用者查找权利人的信息记录。

总之,基于区块链技术的孤儿作品查找登记制度是一种节省成本、提高效率的机制，可破解勤勉查找要求的实践难题，消除实践中的障碍，因为区块链技术可以将一个中心化的、以行政机关为主导的作品登记体系转变为一个去中心化的技术体系。

三、区块链技术与孤儿作品解决方案的融合与优化

区块链技术有助于解决勤勉查找要求存在的问题，而勤勉查找是所有孤儿作品解决方案的共同要求和实践瓶颈。因此，区块链技术与所有的孤儿作品解决方案都存在融合的可能性，并且可以带来优化的结果。

笔者倾向于通过强制许可模式来解决孤儿作品问题。在比较法中，孤儿作品使用的强制许可模式为较多国家所采用。这一模式的首要规则是使用者进行查找权利人的"合理努力"。在典型的域外法实践中，为了证明这种"合理努力"，加拿大版权委员会会要求使用申请人说明其为查找版权人所进行的所有步骤，并要求使用申请人提交可以证明这种努力的所有相关文件以及一份证明这些文件真实性的宣誓书。① 这不仅给使用者施加了较多负担，也使负责颁发许可的行政管理机关承担了一定的查验成本。如果引入区块链技术，行政管理机关的验证就可借助于区块链登记平台进行，查验成本将大大降低。区块链技术尽管是去中心化的，但它并非与中心化的行政机构运作完全不兼容。与比特币系统是去中心化的，但比特币交易所可以是中心化的一样，②去中心化的区块链技术也可以为中心化的行政管理系统所利用。

为了分析的完整性，此处对区块链技术与其他解决方案之间的融合与优化一并进行分析。第一，对权利救济限制模式而言，在这种模式下，不需要某个机构就孤儿作品进行事先的强制许可，无须政府部门的介入。这一解决方案的基本价值取向是依赖市场力量，避免政府干预，这也是权利救

---

① Laurent Carrière, Unlocatable Copyright Owners: Some Comments on the Licensing Scheme of Sec. 77 of the Canadian Copyright Act § 5.2.2, http://www.robic.ca/admin/pdf/277/103-LC.pdf, visited on Oct. 2, 2019.

② 〔美〕阿尔文德·纳拉亚南等：《区块链：技术驱动金融》，林华等译，中信出版集团2016年版，第38页。

济限制模式的特色。在基本理念上，区块链技术与市场导向的基本理念是一致的，它可以避免政府干预，避免行政机关介入产生的成本。同时，区块链技术又可以弥补市场自发秩序的不足，将依赖市场力量的制度安排置于公众互相监督之下，并通过技术措施保障结果的公开透明。应该说，区块链技术非常适合依赖于市场力量的解决方案。第二，对有限例外模式而言，这种模式的特征在于非常谨慎地为孤儿作品使用设置例外，并从文化遗产的维护上取得正当性依据。这一带有很强限制性的使用规则旨在保护和传播欧盟文化遗产，具有公共利益目的。欧盟《孤儿作品指令》并不期待解决孤儿作品使用的全部问题，而是采取一种有限解决的策略。其结果是，它只能有限地解决公共文化机构使用孤儿作品的问题。但作品的商业使用才是更具有一般意义的问题。因此，为了真正解决孤儿作品的版权问题，势必要解决非公共机构在商业领域使用孤儿作品的问题。区块链技术的引入使得公共文化机构查找权利人的信息可以完整地公之于众，商业化主体也可利用区块链平台中公布的信息，与权利人取得联系，并获得许可。区块链平台的公开化特征和优势将会使孤儿作品的使用不限于公共文化机构，以此弥补有限例外模式的不足。

总之，区块链技术可用于完善孤儿作品使用制度中查找情况的记录和登记，并帮助形成公示公信的结果。它还可以与不同的孤儿作品问题解决方案相结合，形成法律和技术互动之后的优化结果。

第三节　人工智能与勤勉查找的自动化

近年来，人工智能（AI）技术不断发展，已经成为最为热门的技术之一。人工智能是一种令人兴奋的革命性技术，旨在模仿或模拟人类智能，其持续和指数式增长将深刻地影响人类社会。

人工智能将对著作权法或版权法产生多方面的影响。第一，由于人工智能可能具有创造力，或者更准确地说是计算或算法创造力，因此它能够产生类似于人类生物智能衍生的创造性输出。有学者认为，"人类不再是创新和创造性作品的唯一来源。"①随着人工智能的不断发展，它甚至有望成为创作过程中的主要参与者和推动社会创新的主要力量。第二，人工智能也为解决版权法的一些难题带来了契机，孤儿作品使用制度中勤勉查找要求的执行问题也有可能借由人工智能技术得到解决。

学界对人工智能的定义尚未达成一致。据计算机领域的学者统计，关于人工智能的定义有十余种之多。②笔者认为，从技术上而言，人工智能是一种能够模拟人类智慧进而具有模拟人类行为的能力的计算机技术。人工智能是一个内容丰富的概念，它包括弱人工智能、强人工智能和未来可能出现的人工超级智能（ASI）。③在现实生活中，还存在着各种各样的"伪人工智能"。真正的人工智能需要通过计算机科学中的"图灵测试"。图灵测试可以被理解为一个模拟游戏，它测试的重点在于智能设备模拟人类的能力，而不是人工智能的智慧能力本身。④可见，对于人工智能来说，具有一定的智慧能力是不够的，还需要具备模拟人类的能力，这是一个较高的要求。迄今为止，真正的强人工智能还没有出现。市场上很多所谓的人工智能产品，充其量只是"弱人工智能"，甚至还有打着人工智能旗号的"伪人工智能"。

回到孤儿作品领域，孤儿作品问题的解决，尚用不到强人工智能或人工超级智能，弱人工智能足以应对这些问题。简单地说，人工智能和自动化技术的发展，将降低勤勉查找的成本。

虽然真正的人工智能，尤其是强人工智能，应当具备"自主性"，仅仅具有"自动性"是不够的，但自动化是人工智能技术的基础，也是人工智能技

---

① K. Hristov, Artificial Intelligence and the Copyright Dilemma, 57 IDEA: *The Journal of the Franklin Pierce Center for Intellectual Property*, 2017:431-454.
② 王超等编:《人工智能技术及其军事应用》，国防工业出版社 2016 年版，第 6—7 页。
③ J. Kerns, What's the Difference Between Weak and Strong AI?, http://www.machinedesign.com/robotics/what-s-difference-between-weak-and-strong-ai, visited on Oct. 2, 2019; T. Urban, The AI Revolution: The Road to Superintelligence, https://waitbutwhy.com/2015/01/artificial-intelligence-revolution-1.html, visited on Oct. 2, 2019.
④ 〔美〕Martin Ford:《机器危机》，七印部落译，华中科技大学出版社 2016 年版，第 214—215 页。

术的一个重要方面,所以此处暂且将能够执行作品作者自动化查找程序的技术也纳入"弱人工智能"的范畴。

借由人工智能技术的帮助,孤儿作品的勤勉查找是有可能由自动化的专家系统予以执行的。在欧盟《孤儿作品指令》实施过程中,已经有人就勤勉查找的自动化系统展开讨论。欧盟"欧洲文化图书馆"工程所包含的权利信息和孤儿作品公开登记数据库(ARROW)项目始于2008年,旨在促进数字化项目中的权利管理。① ARROW项目的目标之一是,最大可能地促进勤勉查找过程的自动化。遗憾的是,这一项目于2013年终止。② 近年来,人工智能技术的发展有望为勤勉查找的自动化提供新希望。技术的发展可以保证勤勉查找的准确性以及在法律上的有效性。

人工智能除了可以进行孤儿作品的自动化勤勉查找之外,也可用于构建完全自动化的孤儿作品许可系统。这些都是未来可能出现的,并且现在可以设想到的。随着技术的不断发展,强人工智能乃至更新的技术的出现,孤儿作品制度中的一些难题也许可以由技术来解决。至少,技术应当作为解决方案中的辅助工具。

第四节 "技法融合"下的孤儿作品问题解决之新希望

技术尤其是信息网络技术的发展引发了一系列法律问题。在技术与法律交叉的各种具体前沿问题的背后,都隐藏着关于技术与法律之关系的基本理论问题。新技术发展是否将对法律构成挑战,甚至破坏现有法律?如果有挑战甚至破坏,法律如何应对?技术与法律之间到底是什么关系?就最后一个问题,经过上文的分析,笔者可以初步得出结论,两者之间的关系

---

① Cinzia Caroli et al., ARROW: Accessible Registries of Rights Information and Orphan Works Towards Europeana, 18 *D-Lib Magazine*, 2012.

② Jake Goldenfein, Dan Hunter, Blockchains, Orphan Works, and the Public Domain, 41 *Columbia Journal of Law & the Arts*, 2017:1-43.

是互动关系。

在科技领域,研发人员往往追求破坏和更替现有技术之目标,而非满足于对现有技术的"小修小补"。换言之,技术发展是一个"创造性破坏"的过程,一个新技术的产生,同时意味着以往技术的被破坏或淘汰。技术发展带来了新技术背景下个人信息保护、版权保护等方面的一系列法律问题,需要予以应对。[1]一般认为,技术发展会对法律制度构成挑战,关于法律与技术的现有文献一般都假定"新技术等同于法律和法律界的根本变化和不稳定性"[2]。美国一位学者型法官在其著作中表示:"我已经看到法律和技术两个领域之间互相作用,这是必然的,却经常是对立的。就像救生艇上的敌人一样,尽管技术和法律在步调和意图上存在不同,但他们被迫面对对方。"[3]然而,这一图景并非全景。

本书前文揭示,技术与法律之间不是单一的挑战关系,两者之间是可能并且可以形成良性互动关系的。一些法律问题可以存在技术驱动型的解决方案。在解决既有法律困境或技术对法律的挑战时,单纯的技术方案往往不足解决问题。技术只是一种工具,其本身并不能成为完整的方案。在解决法律问题时,技术方案往往作为法律方案的补充,或与法律方案相互融合。由此可见,对"法律被代码或算法取代"的"死亡前景"[4]的担忧是多余的。在未来,法治仍将主宰和维护人类秩序。技术的加入不会导致法律之"死亡",也不会走向技术之治,技术只是人类法治秩序中的一个因素,尽管它正发挥着越来越重要的作用,但无法取代法律。在解决法律问题和法律困境时,技术恰恰能与法律形成良性互动,以取得更高效率的解决方案。

在互动关系论之下,孤儿作品问题因技术发展而凸显,因此技术也应当

---

[1] Neal Katyal, Disruptive Technologies and the Law, 102 *Georgetown Law Journal*, 2014: 1685-1689.

[2] Ezra Dodd Church, Technological Conservatism: How Information Technology Prevents the Law from Changing, 83 *Texas Law Review*, 2004:561-595.

[3] Curtis E. A. Karnow, *Future Codes: Essays in Advanced Computer Technology and the Law*, Artech House, 1997, pp. 1-2.

[4] 余成峰:《法律的"死亡":人工智能时代的法律功能危机》,载《华东政法大学学报》2018年第2期。

成为孤儿作品解决方案中的一部分。前文已经详细分析了可以引入对作品权利人的每次搜索加以记录的区块链技术,也简要分析了人工智能技术应用于孤儿作品领域所能发挥的作用。它们可以为孤儿作品问题的解决带来新的希望。其实,新兴技术的应用还有着更为广泛的空间。比如,结合区块链技术的"智能合约",将会促进孤儿作品许可的自动化。又如,文本隐藏技术既可以用于提供权利人证明,也可以用于版权保护。可见,虽然技术发展会带来新的法律问题,但同时也为解决法律制度中存在的问题提供了契机。

孤儿作品版权使用困境的形成不仅具有法律制度上的深层次原因,还有技术上的因素。困境的产生是法律和技术互相作用的结果。但循着法律和技术的互动之道,技术发展也有望破解孤儿作品的版权使用难题。从一般意义上而言,新技术的出现或发展会引发或者加剧法律制度中存在的问题,但这些问题的解决又可以从新技术的发展中获得支撑或辅助。技术与法律的互动将成为科技法学中的一个基本原理。

进一步而言,在新兴的与网络、数据、人工智能相关的法律前沿问题的背后,都蕴含着技术与法律的关系这一基本命题。技术与法律之间并非单一的挑战关系,而是互动关系。技术在法律问题解决方案中的正确定位是作为法律方案的辅助和补充,与法律方案形成良性互动。

总之,技术与法律之间不是简单的破坏或挑战关系,而是可以存在互动的。在"技法融合"之下,孤儿作品问题有望得到进一步解决。这是技术发展带给我们的希望。

第九章　挟持理论下孤儿作品解决方案之反思

孤儿作品问题是当代著作权法的一个内在缺陷,长期隐身于著作权法的制度架构之中,在信息网络时代和数字化时代得以暴露和凸显。然而,各种主要解决方案仍基于权利人中心主义,奉行"先授权、再使用"的规则,呈现出思维上的单向性,忽视了孤儿作品使用困境在成因上的双向性。

本章将尝试引入挟持理论,以期为孤儿作品问题的研究提供一个新的理论视角。[①]本章的定位是理论反思,即以问题为导向,基于学术研究应有的反思实践之能力,对孤儿作品现有解决方案可能存在的问题进行反思。在运用新的理论工具的基础上,本章将对孤儿作品版权使用困境的真正问题和关键问题进行追问,试图取得新发现,进而对孤儿作品制度设计和法律适用的具体方向提出新见解。需要表明的是,笔者尊重立法者的智慧和选择,并不彻底否定现有方案,而是以一种务实的态度,对已有方案作进一步改良和构建。

在挟持理论下,孤儿作品的真正问题并不在于权利人和作品之间的失联以及如何使两者"重聚",而在于使用者被突然复出的权利人挟持的潜在风险。这种挟持风险从一开始就会威慑和影响作品的使用和传播,影响著作权法宗旨的实现。基于这一发现,孤儿作品问题的解决方案,无论是"勤

---

① 学界对知识产权利用中的挟持问题已经展开了一些研究,在专利挟持和商标挟持问题上都有力作发表。丁道勤、杨晓娇:《标准化中的专利挟持问题研究》,载《法律科学(西北政法大学学报)》2011年第4期;李晓秋:《论商标挟持行为的司法控制》,载《现代法学》2017年第4期。但未见学者关于版权挟持问题的专门研究。

勉查找要求",还是停止侵害禁令和定价机制,都应致力于全方面地降低权利人的挟持杠杆。"降低杠杆"并非消除杠杆,不会走向权利人利益得不到保护的另一极端,却会"倒逼"权利人采取措施,以保持自己的可识别性和可联系性,从而在源头上避免孤儿作品的出现。

第一节 孤儿作品现有解决方案存在的缺陷

一、再看比较法上的现有解决方案

如前所述,世界各主要国家和地区应对孤儿作品问题的解决方案呈现出三大模式:强制许可模式、权利救济限制模式和公共文化机构有限例外模式。由于本章分析时,将从更为广泛的意义上针对所有的现有解决方案展开理论上的评析和反思,因此此处先对各种解决方案再做一次归纳介绍。

强制许可模式的实践典范是加拿大。加拿大是最早针对孤儿作品问题进行专门规定的国家,1988年即在立法上对孤儿作品设置了专门规则。[①]根据加拿大《版权法》第77节的规定,在使用者已经进行查找权利人的合理努力之后,若仍无法找到意图使用的已发表作品的权利人,使用者可以向加拿大版权委员会申请获得使用该作品的非排他性许可。[②]除加拿大外还有其他一些国家同样采取了强制许可模式。日本《著作权法》第67条授权文化厅长官颁发使用孤儿作品的强制许可,其条件也与加拿大类似,包括:作品已经公开出版;经勤勉查找,著作权人由于不能确定等原因无法找到。文化厅长官还会将根据通常许可费率确定的许可费托管于专门账户。[③]英国也采用了强制许可模式,其要素包括:勤勉查找、向法定机构申请许可、

[①] Jeremy de Beer, Mario Bouchard, Canada's "Orphan Works" Regime: Unlocatable Copyright Owners and the Copyright Board, 10 *Oxford University Commonwealth Law Journal*, 2010:215-254.

[②] Canadian Copyright Act § 77, R. S. C., 1985 (last amended on 2019-06-17), http://laws-lois.justice.gc.ca/eng/acts/C-42/index.html, visited on Oct. 2, 2019.

[③] Copyright Law of Japan, sec. 8, article 67, http://www.cric.or.jp/english/clj/cl2.html, visited on Oct. 2, 2019.

法定机构事先确定许可费并将许可费托管于指定账户等。①

权利救济限制模式系美国《2006年孤儿作品法案（议案）》和《2008年孤儿作品法案（议案）》所设计。使用者在满足勤勉查找义务后无须履行任何程序即可使用作品，权利人在侵权诉讼中的救济将受到限制。②由于美国式的权利救济限制模式本质上摒弃了许可要求，因而遭到权利人的反对。该模式并未付诸实践。

公共文化机构有限例外模式源于欧盟《孤儿作品指令》。③由于欧盟《孤儿作品指令》仅针对公共图书馆、教育机构、博物馆和档案馆等公共文化机构在实现其带有公共利益的任务中使用孤儿作品的问题，因此它很难被称为解决孤儿作品问题的完整方案。

相较权利救济限制模式和公共文化机构有限例外模式而言，强制许可模式在可行性和解决问题的全面性上更具优势。但是，强制许可模式在其假设的前提和预设的方向上存在一些根本性的偏差。此模式的理念以保护权利人利益为中心和重点，对使用者施加尽力查找的要求，并要求其事先缴纳许可费。在某种意义上，国家版权局指定的机构所承担的角色是版权人的代理人，是站在权利人的立场上的，其背后体现的是"权利人中心主义"。

二、现有解决方案体现出教条主义倾向

孤儿作品之所以成为难题，是因为其权利人无法确定或无法取得联系，所以难以满足"先授权、再使用"的财产权默认规则。强制许可模式也同样建立在"先授权、再使用"的财产权规则基础上。

---

① The Copyright and Rights in Performances (Licensing of Orphan Works) Regulations 2014, article 4,6,10.

② Orphan Works Act of 2008, § 2(b)(1)(A)(i); Shawn Bentley Orphan Works Act of 2008, § 2(b)(1)(A)(i).

③ Directive 2012/28/EU of the European Parliament and of the Council of 25 October 2012 on certain permitted uses of orphan works, https://eur-lex.europa.eu/LexUriServ/LexUriServ.do?uri=OJ:L:2012:299:0005:0012:EN:PDF, visited on Oct. 2, 2019.

由于无法找到权利人,无法取得授权,因此产生了孤儿作品使用的难题。现有方案对孤儿作品许可难题的认识深深地扎根于财产权的基本理念。实践中被采用较多的强制许可模式深深地印有"先授权、再使用"的烙印。美国提议的权利救济限制模式将孤儿作品的使用作为有限的例外,并采取了个案解决的策略。这一模式不能系统性地解决孤儿作品的使用问题,而是留由法院在纠纷发生后进行个案解决。美国所提议的模式已经夭折,主要原因在于它在一定程度上破坏了"先授权、再使用"的基本理念。即使获得通过,法院在原有的基本理念之下,也很有可能对孤儿作品的例外规则作限制解释,从而导致其实践效果有限。欧盟针对公共文化机构所采取的部分解决策略,也体现了孤儿作品商业化使用中对违反"先授权、再使用"规则的一种天然抵抗。总之,在权利人中心主义下,"先授权、再使用"似乎已成为著作权法不可动摇的规则。在此理念下,未经许可使用著作权不是有害行为,而是有罪行为,即"其本身有罪,不在于其结果有害"[①]。

事实上,著作权法并非此规则的"严格皈依者"。现行法律中存在着对先许可主义的背离,如合理使用和法定许可等著作权例外和限制规则。网络版权制度中的"通知—删除规则"也背离了"先授权、再使用"的教条主义,需要权利人积极主张和行使权利,打破了权利人的消极形象。笔者认为,要真正解决孤儿作品问题,势必首先在理念上打破对权利人中心主义的盲目崇拜,如此才能从观念和根本意义上破解找不到权利人、无法取得授权的困境。

三、现有解决方案呈现的思维单向性

现有的解决方案着重于规制使用者行为,要求使用者在使用前查找权利人,且查找的标准是尽力查找,并要求使用者事先缴纳许可费,假定孤儿作品问题的成因在于使用者,而不是权利人,其背后隐藏着权利人中心主义的理念。

这种思维和解决思路上呈现的单向性在根本上忽视了孤儿作品是一个

[①] Ariel Katz, The Orphans, the Market, and the Copyright Dogma: A Modest Solution for a Grand Problem, 27 *Berkeley Technology Law Journal*, 2012:1285-1346.

由供需双方共同造成的问题。孤儿作品使用困境之成因很难排除权利人方面的因素。若权利人在作品上表明版权信息和联系方式,并保持可联络性,孤儿作品问题就不会产生。孤儿作品之所以成为版权法中的难题,根本原因在于权利人无法联系。对此,若不从权利人自身角度寻找根源与对策,一味地给使用者施加要求和义务,恐怕失之偏颇。

孤儿作品问题在成因上具有双向性。科斯的理论对此有所涉及。在科斯之前,侵权的因果关系也奉行"单向论"。比如,当机动车撞上行人发生交通事故时,人们会直觉性地责备机动车驾驶员并指责其导致事故的发生,规制的重点也在于驾驶员。科斯在其论文《社会成本问题》中提出,此类侵权事件中的因果关系具有双向性,即驾驶员和行人都可以采取措施避免事故的发生。[1]法律仅对驾驶员的行为进行规制,并不存在正当性。侵权因果关系"双向论"的逻辑推论是,法律应当将避免事故的责任施加于成本较低的一方。这一理论被另一位著名法经济学家卡拉布雷西进一步阐释。卡拉布雷西在其著作《事故的成本:法律与经济的分析》中认为,预防事故的义务应当分配给避免事故的成本较低方。[2]在孤儿作品领域,权利人一般是避免该问题发生的成本较低方,因为权利人完全知道自己身处何处、如何联系。[3]当然,就逻辑上而言,避免孤儿作品问题有别于避免事故的情景。孤儿作品的使用规则旨在鼓励有益结果的出现,是关于如何最好地鼓励使用作品的制度安排。就成本而言,权利人仍是产生有益结果的成本最低方。[4]就成因而言,孤儿作品的成因更多在于权利人方面,而不在于使用者方面。以规制使用者行为为基础和中心的解决方案未能切中要害,也很难真正地解决问题。加拿大的实践即为例证。自1990年至2020年9月,加

---

[1] R. H. Coase, The Problem of Social Cost, 3 *Journal of Law and Economics*, 1960:1-44.

[2] 〔美〕盖多·卡拉布雷西:《事故的成本:法律与经济的分析》,毕竞悦等译,北京大学出版社2008年版,第113—117页。

[3] Oren Bracha, Standing Copyright Law on Its Head? The Googlization of Everything and the Many Faces of Property, 85 *Texas Law Review*, 2007:1799-1869.

[4] Ariel Katz, The Orphans, the Market, and the Copyright Dogma: A Modest Solution for a Grand Problem, 27 *Berkeley Technology Law Journal*, 2012:1285-1346.

拿大只有348起关于孤儿作品许可的案件。①加拿大的数据说明由政府部门或指定的权威机构介入的强制许可模式的实践效果不佳。其主要原因在于对使用者是否满足勤勉查找要求进行个案考察和裁决费时费力。希冀以这种制度安排解决孤儿作品问题的思路值得反思。

综上所述，现有解决方案扎根于权利人中心主义，奉行"先授权，再使用"之规则，忽视了孤儿作品问题成因上的双向性。基于这些深层次的原因，现有解决方案在观念上仅强调使用者的勤勉查找，并且对使用者施加各种要求和限制，完全没有考虑权利人方面的原因。正如"孤儿作品"这一术语存在一定的偏颇和误导性，②现有解决方案也很容易偏离孤儿作品的实质问题。要解决孤儿作品问题，需要在认知上打破对权利人中心主义的盲目崇拜，意识到孤儿作品问题的双向性，正视孤儿作品使用中权利人可能存在的机会主义行为，以及这种行为可能造成的威慑作用，从而全面地认识孤儿作品问题的本质。为此，有必要切换视角，重新审视这一问题。挟持理论有望为认清孤儿作品的使用困境提供新的理论视角。

第二节 挟持理论下孤儿作品问题之再审视

一、挟持理论的引入

本章拟引入挟持理论以深化对孤儿作品版权问题的研究。挟持理论是法经济学中的一个经典理论，原用于解释不完全契约关系中的挟持行为。近年来，一些学者已发现挟持理论在探讨专利权和商标权的善意使用者利益保护时也能发挥很好的解释作用。③然而，在中文文献中，尚未见学者将

---

① Unlocatable Copyright Owners, https://decisions.cb-cda.gc.ca/cb-cda/refusees-other-autre/en/2020/nav_date.do, visited on Oct. 2, 2019.
② 参考本书第一章第一节的论述。
③ 在商标法领域，典型的如崔国斌：《商标挟持与注册商标权的限制》，载《知识产权》2015年第4期(主要探讨商标制度中的先注册原则和商标权界限的模糊性两相结合可能导致善意的在后使用者被注册商标人挟持的问题)；在专利法领域，典型的如丁道勤、杨晓娇：《标准化中的专利挟持问题研究》，载《法律科学(西北政法大学学报)》2011年第4期(主要探讨标准化中的专利挟持的各种表现形式，对挟持理论本身并无探讨)。

这一理论引入著作权法研究。在英文文献中，尽管有个别文献会提到著作权的挟持问题，①但鲜有专门研究版权挟持问题者，挟持理论在知识产权相关的英文文献中也主要用于讨论"专利蟑螂"、标准化等问题。近年来，随着讨论和研究的深入，国外学者已经意识到孤儿作品在成因上具有双向性，权利人对使用困境的造成具有不可推卸的责任。②目前已经有学者对孤儿作品和"专利蟑螂"这两个当代知识产权难题进行联想和比较，发现其共同特征在于权利人的挟持。③的确，在孤儿作品问题上，同样也可能出现挟持，因此需要加以规制。

（一）挟持理论的基本内涵

挟持是新制度经济学中的一个重要理论，为2009年诺贝尔经济学奖获得者之一奥利弗·威廉姆森研究的交易成本经济学的主要内容之一。此处的"挟持"并非抢劫挟持之意，而是指某特定主体在就他人享有产权的专有资本进行关系性投资后，担心之后可能重新进行谈判时被迫接受不利于自己的契约条款，从而使自己的投资贬值。④威廉姆森的挟持理论扎根于他提出的交易的三个属性：资产专用性、有限理性和机会主义。⑤有限理性和机会主义也是交易成本经济学的两个重要的前提假定，即如果交易参与者完全理性，也不存在机会主义的行为倾向，交易者就能自行协调并取得理想结果，无须法律干预。⑥

挟持理论与法学密切相关，因为挟持往往发生在契约关系之中。作为

---

① Kate Darling, Contracting About the Future: Copyright and New Media, 10 *Northwestern Journal of Technology and Intellectual Property*, 2012:485-530; Jiarui Liu, Copyright Injunctions after eBay: An Empirical Study, 16 *Lewis & Clark Law Review*, 2012:215-288.

② Ariel Katz, The Orphans, the Market, and the Copyright Dogma: A Modest Solution for a Grand Problem, 27 *Berkeley Technology Law Journal*, 2012:1285-1346.

③ Tun-Jen Chiang, Trolls and Orphans, 96 *Boston University Law Review*, 2016:691-715. 此文章从理论上论证了孤儿作品、"专利蟑螂"这两个知识产权难题之共性在于权利人的挟持，但并未进一步就解决方案展开探讨。

④ 易宪容：《交易行为与合约选择》，经济科学出版社1998年版，第229页。

⑤ 〔美〕约翰·克劳奈维根编：《交易成本经济学及其超越》，朱舟、黄瑞虹译，上海财经大学出版社2002年版，第295页。

⑥ 同上书，第141页。

挟持前提的契约可以是事先签订的明文合同,也可以是基于默示许可或法定许可等特殊原因而成立的契约关系。挟持与不完全契约理论有密切关系。这种契约在本质上存在不完全性,因为订约人于订约之时无法预测未来也不能穷尽所有情况,所以这可能导致出现事后的机会主义行为。因此,挟持也被称为后契约的机会主义行为。① 对挟持的另一个定义就是,"在不完全契约中,一方利用对方已经进行的特定投资,对这种基于不完全契约关系的投资进行'准租金'(quasi-rents)式的获利"②。挟持理论与法学密切相关还体现在挟持者的筹码在于其专有的财产权,而民法上的绝对权保护为挟持提供了权利基础上的根本保障。下面,笔者将以知识产权为例进一步阐释基于财产权的挟持及其可能的危害。

(二) 知识产权使用中的挟持

知识财产的无形性和模糊性导致其挟持问题更易发生。在知识产权领域,当一方主体对某知识财产的使用进行了不易撤回或无法改变的固定性投资,而该知识财产的继续使用受制于另一方主体的许可时,即可能产生挟持问题。使用者的固定投资具有持续的未来价值,因此他会倾向于继续使用相应作品,而权利人则可能以收回许可或停止使用相威胁,从而在后续谈判中取得足够分量的杠杆。③

挟持发生后,知识产权权利人和使用者的谈判地位并不平等,难以取得协商结果,往往引致诉讼。挟持的一个重要方面即权利人对诉讼手段的策略性使用,主要是利用禁令救济保护力度大、触及面广的优势给对方施加压力。④ 以策略性诉讼为代表的机会主义行为扭曲了知识产权的生态关

---

① 程恩富、伍山林:《企业学说与企业变革》,上海财经大学出版社 2001 年版,第 44 页。
② Benjamin Klein, Fisher—General Motors and the Nature of the Firm, 43 *Journal of Law and Economics*, 2000:105-142.
③ Benjamin Klein, Transaction Cost Determinants of "Unfair" Contractual Arrangements, 70 *American Economic Review*, 1980:356-362.
④ Mark A. Lemley, Philip Weiser, Should Property or Liability Rules Govern Information?, 85 *Texas Law Review*, 2007:783-841.

系,增加了知识产权制度运行的社会成本,①因此需要予以制度性回应。

在知识产权法中,学者们较为关注的是专利挟持。专利挟持被视为法经济学上的挟持的一个变种。②版权法学者很少关注挟持理论。相比专利而言,版权的排他性弱,并且存在独立创作例外。使用者可能以独立创作例外对抗权利人的侵权主张,也可能基于思想表达两分法采用不同的表达形式以避免侵权风险。这些因素的存在导致版权使用者被挟持的概率在整体上小于专利。然而,这并不能推导出版权领域不存在挟持。版权许可合同存续或变更中可能产生典型的合同挟持。当使用者有接触作品的可能性,从而无法行使独立创作抗辩之时,继续使用作品便有可能被挟持。孤儿作品中存在的问题即属于这种。当使用者善意使用,并且版权作品只占据最终产品的一小部分、重新设计产品又将产生实质性成本时,挟持的可能性会更为显著。

二、孤儿作品使用困境的真正问题:潜在挟持的威慑作用

(一)潜在挟持的威慑

在挟持理论下,孤儿作品使用中的真正问题得以浮现。孤儿作品使用的真正问题不在于作品权利人与作品失去联系,也不在于如何使作品与权利人"聚合",而在于之前并未发现的权利主体可能突然出现并主张权利,行使排他权和禁止权,对善意投资造成挟持和威胁。有学者指出,孤儿作品和"专利蟑螂"的共性在于知识产权使用中的挟持。③

孤儿作品著作权人挟持使用者的问题在实践中虽不必然存在和普遍存在,但其危害也并不在于挟持的真实发生,而在于事先的威慑。潜在挟持的存在一开始就对知识产权的善意投资和使用造成负面影响,产生消极性

---

① 刘强:《机会主义行为与知识产权制度研究——新制度经济学的视角》,中南大学出版社2016年版,第108—109页。

② Thomas F. Cotter, Patent Holdup, Patent Remedies, and Antitrust Responses, 34 *Journal of Corporation Law*, 2009:1151-1210.

③ Tun-Jen Chiang, Trolls and Orphans, 96 *Boston University Law Review*, 2016:691-715.

的阻截作用,导致潜在使用者不敢使用。这不利于知识产品的传播和使用,会进而导致知识产权的价值目标无法实现,最终有损于社会公共利益。实践中的孤儿作品使用困境即体现了潜在使用者对未来持续使用中可能被突然出现的权利人挟持的担忧。

尽管使用者被挟持是一个潜在问题,使用者是否会被挟持处于不确定状态,但正是这种对未来的不确定性导致了投资风险。潜在的使用者对权利人突然复出从而阻止作品的使用的担忧,将致使放弃使用,导致大量作品得不到使用和传播。

知识产权领域的投资往往不可撤销,①在权利状态不确定、不清晰的前提下投入成本并使用版权作品的行为存在较大风险。在商标领域,尚可改名解决,尤其是对服务商标而言。②但在版权领域,此类投资一旦形成,便很难撤回。善意使用者将处于被动地位,容易受到权利人挟持。

知识财产价值的产生具有延续性。挟持不仅对已经发生的投资产生影响,对后续投资也会产生影响。商标价值的增长从本质上说是一个由无到有、从小到大的过程,这也是商标期限可不断续展的根源所在。但版权作品的价值未必是一个从小到大的不断发展过程。有些热门作品的价值实现可能存在高峰期,之后的收入会逐步减少,典型的如热门电影。然而,热门作品的特殊情况并不阻碍一般意义上的知识产权价值的延续性。一般而言,投资效果并不是立竿见影的,往往需要一段时间收回投资成本之后才能获利。因此,延续性投资本质上具有依赖性,更易产生挟持问题。

版权法中的挟持问题虽不如"专利蟑螂"的挟持问题突出,但挟持的真正危害不在于发生的概率,而在于它造成的恐惧和威慑,以及对作品使用、投资和传播的阻碍。

---

① 知名度较高的"王老吉"商标案即为例证。加多宝集团作为商标许可使用者对该商标进行使用、宣传,并进行了大量的投资,在权利人终止许可合同之时其投资便成为无法撤回的固定投资,产生了挟持现象。版权领域也会面临同样的问题。见裴立、刘蕾诉山东景阳冈酒厂案[北京市第一中级人民法院(1997)一中知终字第 14 号民事判决书];陈喆(琼瑶)诉余征(于正)案[北京市第三中级人民法院(2014)三中民初字第 07916 号民事判决书]。

② 在商标领域,服务商标的侵权较易通过改名解决,而商品商标的改名却存在难度,这是因为存量商品甚至已经流入市场的商品之召回、重新包装和重新出售都会产生大量的人力、财力成本。

总之，在挟持理论下，孤儿作品的真正问题和关键问题在于权利人的潜在挟持所产生的威慑和阻碍，这是立法者可能尚未意识到的一个"新发现"。孤儿作品问题的理想解决方案应当纳入针对挟持问题的考量。孤儿作品的解决方案如果盲目崇拜"权利人中心主义"，一味强化保护权利人利益并不妥当。孤儿作品解决方案不能全部聚焦于如何查找权利人以及如何确保权利人得到补偿，也要关心使用者的利益如何得到保障。

（二）挟持的危害及规制的必要性

第一，挟持风险的存在将阻碍有利于社会利益的投资。从本质上说，挟持风险源于投资者对他人享有产权的资产和作品的依赖性。就依赖性投资而言，只有当成本值得投入时，才符合经济效率原则。[①] 版权挟持的可能性将导致使用者承担事先尽可能避免被挟持的过度成本。此成本的存在可能降低使用者的投资积极性。由于挟持风险的存在，一个理性的投资者在没有安全保障的前提下往往不会进行实质性的投入。因此，挟持将导致效率低下，其最主要的负面效应在于阻碍有利于社会利益的投资。[②]

第二，单向挟持之力的存在不符合公平之基本理念。挟持具有单向性。在投资对双方都有利的情况下，只有一方即权利人拥有挟持之力，而使用者、投资者并没有类似的挟持之力。[③] 依据朴素的法感就可以发现，单向挟持之力并不公平，需加以规制。

第三，实现作品价值的最大化不值得进行激励。挟持策略以实现作品价值的最大化为取向，这将导致所涉作品的市场价值超过它可能具有的内

[①] Juliet P. Kostritsky, Uncertainty, Reliance, Preliminary Negotiations and the Holdup Problem, 61 *SMU Law Review*, 2008:1377-1439.

[②] Mark A. Lemley, Carl Shapiro, Reply: Patent Holdup and Royalty Stacking, 85 *Texas Law Review*, 2007:2164-2173.

[③] Dotan Oliar, The Copyright-Innovation Tradeoff: Property Rules, Liability Rules, and Intentional Infliction of Harm, 64 *Stanford Law Review*, 2012:951-1020.

在价值。①这一结果并不符合著作权法内在的激励机制,在理论上不具有正当性。知识产权法理论和制度设计的一个默认前提是,权利人只能"捕获"其作品"内在价值"的一部分。②很多积极外部性不能也不应被内部化。③法律上允许甚至鼓励的知识创作利益的全部内部化,反而会导致利益失衡。④挟持将导致权利人的获益高于其智慧贡献之价值,产生了高于激励创新所需的社会成本。⑤因此,挟持行为并不值得获得法律上的激励,反而应为法律所规制甚至摒弃。

总之,挟持弊大于利,不值得法律进行保护和激励。有学者甚至将知识产权的挟持与滥用并列。⑥在此认知基础上,有必要设计一套针对挟持的规制方案,以避免挟持的产生。

三、现有解决方案体现的权利人中心主义之反思

著作权法中"权利人中心主义"一味保持和加强对权利人的保护,是挟持问题产生的一个重要根源。权利人中心主义将权利人的角色单一化和简单化,并未考虑到权利人在现实中的角色多样化和态度分化。在现实中,权利人可能是积极行使权利者,也可能是漠不关心者,⑦甚至是机会主义者或挟持者。著作权法以权利人为中心构建,并且将权利人假想为一个善良的和无辜的人,却忽视了权利人有可能借助手中的权利,实行机会主义行为的可能性,对潜在的作品使用产生威慑。其危害后果在客体具有模糊性

---

① Andrea Pacelli, Who Owns the Key to the Vault? Hold-up, Lock-out, and Other Copyright Strategies, 18 *Fordham Intellectual Property, Media and Entertainment Law Journal*, 2008:1129-1270.

② 此即所谓的"溢出理论"。Brett M. Frischmann, Mark A. Lemley, Spillovers, 107 *Columbia Law Review*, 2007:257-301.

③ Ibid.

④ Mark A. Lemley, Property, Intellectual Property, and Free Riding, 83 *Texas Law Review*, 2005:1031-1076.

⑤ Thomas F. Cotter, Comparative Law and Economics of Standard-Essential Patents and FRAND Royalties, 22 *Texas Intellectual Property Law Journal*, 2014:311-362.

⑥ Abraham Bell, Gideon Parchomovsky, Reinventing Copyright and Patent, 113 *Michigan Law Review*, 2014:231-279.

⑦ 张鹏:《规制网络链接行为的思维与手段》,载《华东政法大学学报》2018年第1期。

的知识产权领域尤为严重。这不利于作品的传播和使用，也会有损著作权法促进文化艺术繁荣的宗旨。

私权神圣不可侵权，权利人的版权保护自有其根基，但著作权法具有很强的政策工具属性，若权利人的行为可能有违著作权法所追求的目标之实现，则需对此进行反思。有违著作权法目标实现的行为不值得法律进行激励，反而需要予以规制。

设计孤儿作品问题的解决方案时，应该意识到潜在积极作者的存在，对权利人复出后的挟持行为予以规制。现行解决方案中的使用者查找要求、强制许可等措施都是以规制使用者为中心的。要求使用者事前对权利人进行查找，对权利人而言无任何负担；收取强制许可费，对权利人而言也有益无害。这些解决方案的理论前提中并没有纳入对潜在权利人可能存在挟持的不当行为的考虑。基于对权利人中心主义的反思，要认真对待孤儿作品问题成因上的双向性，在解决方案中权衡双方利益。

第三节 挟持理论下孤儿作品解决方案之修正

一、基本理念：降低权利人的挟持杠杆

挟持问题的解决可从不同阶段着手。方案一是增强财产权的公告功能以及促进事前许可的获取，从而让使用者避免进行易被挟持的固定投资；方案二在于降低挟持者的杠杆。[①] 两者分属事前规则和事后规则。在孤儿作品领域，难以撼动的版权自动产生原则导致版权的公告功能存在本质缺陷，权利人的不明或失联导致获取事前许可存在极大难度，因此方案一并不可行。以降低挟持者的杠杆为核心的方案将成为可行之道。孤儿作品制度设计和法律适用都应考虑降低挟持者杠杆、避免挟持行为。

在孤儿作品领域，权利人并非消极且无辜的失联者，而是事后可能积极主张权利的人。如果权利人一直失联，不再复出，成为真正的消极者，他人

---

① Tun-Jen Chiang, Trolls and Orphans, 96 *Boston University Law Review*, 2016: 691-715.

使用孤儿作品并无障碍和风险,使用者可以放心地对作品进行投资和使用,这其实有利于实现著作权法的宗旨。使用孤儿作品会产生法律纠纷的真正情形是潜伏的权利人突然复出并主张权利。造成孤儿作品问题的是潜伏着的积极权利人。孤儿作品问题并非使用者单方面造成,其因果关系具有双向性。权利人和使用者双方的行为共同导致了孤儿作品问题。此外,使用者并不是造成孤儿作品问题的根源,潜伏的权利人的复出和挟持行为才是问题的根本和重心。若要孤儿作品的解决方案具备正当性和合理性,其制度设计和法律适用都应尽可能考虑降低权利人的挟持杠杆、避免挟持行为。

二、"勤勉查找要求"的正当性问题与缓和

(一)"勤勉查找要求"的正当性问题

前文已经指出,孤儿作品的真正问题在于潜在的挟持风险之威慑作用,因此聚焦于规制使用者行为的解决方案可能出现偏颇,但这还不足以彻底否定现有方案。认定孤儿作品的前提条件是勤勉查找权利人无果,外国的几种主要解决方案也都将"勤勉查找"作为孤儿作品使用规则的核心要素,因此很难想象和设计一种不需要经过查找权利人,而直接使用孤儿作品的法律制度。笔者认可在孤儿作品解决方案中设置"勤勉查找"要求的必要性,但需对其正当性进行反思,从而为我国的制度设计和未来的法律适用指明方向。

孤儿作品的首要问题是查找成本问题。根据法经济学家科斯和卡拉布雷西的理论,避免侵权或事故的成本应当分配给成本较低方。在知识产权法中,查找义务也应当分配给成本较低方。[①]因此从成本角度考虑,未必是使用者寻找权利人最为经济和便利。

法律要求使用者查找权利人的目的无非是促成许可谈判,然而前文已经提及,这一目标也可通过权利人寻找潜在的使用者实现。一律要求使用

---

① Tun-Jen Chiang, The Reciprocity of Search, 66 *Vanderbilt Law Review*, 2013:1-64.

者在使用前查找权利人,而权利人消极地"坐以待找",并不一定公平。①

此外,如果将权利人假设为一个"有限理性"的人,允许其存在机会主义行为,但却对使用者施加高标准的勤勉查找义务,也有失平衡。这种义务的配置失衡进一步对勤勉查找要求的正当性提出了质疑。

(二)"勤勉查找要求"的缓和

尽管勤勉查找存在正当性之疑,但去除这一要求又将面临新的问题。因此,极端化的策略并不可行。一个折中的可能对策是缓和"勤勉查找要求"。

既然允许权利人存在一定的机会主义行为,基于利益平衡理论,也应允许使用者存在一定的机会主义行为。勤勉查找无疑对使用者施加了较高要求,这也是加拿大孤儿作品强制许可模式实践效果不佳的主要原因。在立法论上,著作权法宜采用"合理查找"或"合理勤勉地查找"等用语,而不是"尽力查找",以免法律适用中将"尽力"按照"竭尽全力"的意味进行解释,要求使用者穷尽所有查找途径和方式。那将导致使用者查找成本过高,进而使得使用者放弃使用或者冒险使用。这一结果并不符合孤儿作品制度设计的初衷。

无论立法用语如何,"勤勉查找"至少应当价值中立,按照"合理人"的通常标准进行判断。因为按照国家机关部门的查找能力和查找标准,任何作品的权利主体应当都可以查找确定。"勤勉查找"的标准要按照本行业领域的通用标准,针对主要数据库设置。由于版权数据库建设存在差异,对于不同类型的作品,还应当适用不同的标准,但一个整体的把握基准是"合理人"的通常标准,并且在合理的程度把握上要较为宽松,尽可能降低查找的难度系数。在法律适用的基本理念上,应当意识到孤儿作品成因上的双向性,以及孤儿作品使用中可能存在的挟持问题,从而避免苛求使用者采取成本较高的查找行动。

---

① Tun-Jen Chiang, The Reciprocity of Search, 66 *Vanderbilt Law Review*, 2013:1-64.

三、禁令救济的原则性拒绝

（一）禁令救济对孤儿作品使用的威慑

孤儿作品使用规则中有一个关键的问题：权利人复出后，能否要求使用者停止使用孤儿作品？英美法系和 TRIPS 将这种停止称为禁令（injunction），我国法律的立法用语为"停止侵害"。[①] 知识产权是一种绝对权。一般来说，基于绝对权理念，著作权人有权要求未经其许可的使用者停止使用其作品。那么，孤儿作品领域是否也应当严格遵循此理念？

财产的绝对权保护建立在产权界定清晰的基础上，而知识产权可能存在着权利的不确定性，未经注册登记的著作权更是如此。权利的不确定性导致使用者在很多情形下难以事先知道或判断其特定使用是否构成侵权。这导致禁令救济存在较大的"错误成本"。[②]建立在权利不确定性基础上的知识产权禁令具有内在缺陷，易被权利人策略性地使用。此外，知识产权禁令的实施还会延伸到知识产权之载体，牵涉非侵权性的使用，导致包含所涉知识产权的整个产品无法销售，因此具有巨大的威慑作用。如果作品只是使用者整个最终产品的一小部分，比如在一部长达两小时的电影中使用了他人约五分钟的音乐曲调，基于这一小部分的侵权而对整部电影颁发禁令，无疑具有惩罚性。惩罚的本质在于道德意义上的责难，与知识产权救济的填平原则无法兼容，采取惩罚不利于知识产权制度对持续创新的激励，故在权利具有模糊性和不确定性的知识产权领域采用惩罚性救济具有极大的制度风险。[③]在上述情况下，赔偿可能足以补偿侵权损失，而禁令却

---

① 由于美国知识产权法的影响力，加之 TRIPS 的国际协调，我国知识产权领域普遍接受"禁令"这一称谓。张广良：《知识产权侵权民事救济》，法律出版社 2003 年版，第 52—61 页。"禁令"甚至被知识产权研究领域称为"国际上的主流用语"。何炼红、邓欣欣：《类型化视角下中国知识产权禁令制度的重构》，载《中南大学学报（社会科学版）》2014 年第 6 期。

② Mark A. Lemley, Philip Weiser, Should Property or Liability Rules Govern Information？, 85 Texas Law Review, 2007:783-841.

③ 蒋舸：《著作权法与专利法中"惩罚性赔偿"之非惩罚性》，载《法学研究》2015 年第 6 期。

未必符合公共利益,①也未必符合著作权法的立法宗旨。禁令的威慑作用会使权利人在谈判中取得超过其知识产权真实价值的许可费,获得过度保护。但在本质上,这不只是一个单纯的获利过度问题,它导致的过度控制才是根本性的问题。

孤儿作品使用中挟持问题的产生,与策略性地使用诉讼手段相关,尤其与权利人可能获得的禁令之威慑有莫大关联。如果权利人要求禁令的目的在于排他性使用,而不是取得高额的许可费,不存在挟持问题,但实践中更可能发生的是,禁令成为谈判的杠杆,成为迫使使用者接受高额许可费的工具。因此,要解决孤儿作品使用中的挟持问题,势必要消除禁令的威慑。

(二)产权理论下的禁令救济之审视

禁令是一种绝对权救济方式,建立在财产规则之上。财产规则和责任规则之规则选择理论由美国学者卡拉布雷西和梅拉米德于1972年在《哈佛法律评论》发表的奠基性文章中提出,后成为美国法学界的一种经典产权理论。② 我国学者将之称为"卡梅框架"。③卡梅框架下的规则选择建立在交易成本的考量基础上。当交易成本较低、交易主体之间可以通过自主协商达成交易时,财产规则较为适宜。此时,可赋予财产利益之主体以排他权、绝对权,在知识产权法上即体现为权利人可享有排他权以禁止他人未经许可的使用。而当交易成本过高、交易者之间难以达成利用资源之合意时,责任规则提供了一种更佳的规则模式。④在责任规则下,权利人拥有的

---

① eBay Inc. v. MercExchange LLC., 547 U.S. 388, 396-397.
② Guido Calabresi, A. Douglas Melamed, Property Rules, Liability Rules, and Inalienability: One View of the Cathedral, 85 *Harvard Law Review*, 1972:1089-1128.
③ 我国学者对财产规则和责任规则的介绍与分析,见魏建、宋微:《财产规则与责任规则的选择——产权保护理论的法经济学进展》,载《中国政法大学学报》2008年第5期;凌斌:《法律救济的规则选择:财产规则、责任规则与卡梅框架的法律经济学重构》,载《中国法学》2012年第6期;凌斌:《规则选择的效率比较:以环保制度为例》,载《法学研究》2013年第3期。
④ Guido Calabresi, A. Douglas Melamed, Property Rules, Liability Rules, and Inalienability: One View of the Cathedral, 85 *Harvard Law Review*, 1972:1089-1128; James E. Krier, Stewart J. Schwab, Property Rules and Liability Rules: The Cathedral in Another Light, 70 *New York University Law Review*, 1995:440-483.

不是完整的排他权或绝对权,他人可以在满足条件的情形下通过支付赔偿金获得使用的权利。责任规则的本质在于通过第三方权威机构(如法院)的定价促成产权的强制交易。这也反映了科斯定理的内在精神,即交易成本决定财产的谈判能否取得有效率的结果。① 责任规则确保在缺少谈判的前提下,可以凭借法律产生有效率的结果。② 财产规则和责任规则对禁令的态度截然不同。在财产规则下,禁令是侵害财产权的救济之精髓所在。与之相反,责任规则下的救济方式仅限于赔偿,而排斥禁令。③

基于财产规则的禁令在传统财产法原理中有坚实支撑。作为绝对权、排他权的物权之救济方式以停止侵害为主,而作为相对权的侵权和违约之债的救济方式则以损害赔偿为主。知识产权套用的是物权化的绝对权保护模式,一旦侵权,就要停止侵害。在知识产权诉讼中,颁发禁令制止侵权的正当性还可从信息成本角度进行解释。在决定知识产权的价值时,当事人比法院更具信息优势。④ 然而,基于财产规则的禁令在某些情况下可能导致权利人获得的补偿过度,造成成本的错误分配,施加过高的社会成本,阻碍持续创新。⑤ 赋予知识产权以排他性的财产权,提供物权式的绝对权保护,理论上有利于为创新提供更多激励。然而,禁令一旦被绝对化,就意味着对知识产品的任何使用均需要获得事先授权,由此造成的巨大交易成本抵消了权利使用带来的效率,⑥ 对绝对化的禁令救济也提出了挑战。著作权是一种特殊的财产权,承载着激励创新和促进传播的功利主义功能,相关制度需要平衡创作者、传播者和社会公众的利益,仅仅关心财产权特征而给予绝对的排他性保护,并不符合著作权法的架构原理。

---

① R. H. Coase, The Problem of Social Cost, 3 *Journal of Law and Economics*, 1960:1-44.

② Guido Calabresi, A. Douglas Melamed, Property Rules, Liability Rules, and Inalienability: One View of the Cathedral, 85 *Harvard Law Review*, 1972:1089-1128.

③ Jake Phillips, EBAY's Effect on Copyright Injunctions: When Property Rules Give Way to Liability Rules, 24 *Berkeley Technology Law Journal*, 2009:405-435.

④ Thomas F. Cotter, Comparative Law and Economics of Standard-Essential Patents and FRAND Royalties, 22 *Texas Intellectual Property Law Journal*, 2014:311-362.

⑤ Mark A. Lemley, Philip Weiser, Should Property or Liability Rules Govern Information?, 85 *Texas Law Review*, 2007:783-841.

⑥ 陈武:《权利不确定性与知识产权停止侵害请求权之限制》,载《中外法学》2011 年第 2 期。

财产规则是产权交易的默认规则,责任规则是特殊情况下的例外规则。对孤儿作品而言,适用责任规则在理论上更符合问题的本质。

著作权法本身已经是财产规则和责任规则的融合体。著作权法以财产规则为原则,其表现形态为"先授权、再使用";以责任规则为制度设计的例外,其表现形态为著作权法中存在的一些"先使用、再付费"的特殊规则。① 责任规则直接破坏了"意思自治"原则,② 一般不是产权交易的默认规则,但对孤儿作品而言,适用责任规则在理论上更符合问题的本质。

在孤儿作品场合,由于权利人身份不明或失联,因此通过自主协商达成交易几乎不可能。此时,责任规则成了一种替代性的规则。责任规则的本质在于使用者可以在未经谈判、未经许可的前提下先行使用作品,等权利人主张权利时承担赔偿责任。这一赔偿实际上可被视为在法院等权威机构主持下产生的交易费用。对孤儿作品而言,适用责任规则,有助于减轻作品交易的成本,提高作品传播和使用的经济效益。这两点理由显示出在孤儿作品问题上选择责任规则所具有的优势。

尽管责任规则在孤儿作品问题上显示出优势,但彻底放弃财产规则、完全走向责任规则的阻力也显而易见。美国的孤儿作品法律议案引发的争议和结果即是明证。笔者并不认为要完全根据责任规则来设计孤儿作品的解决方案,而是应当汲取其对禁令的限制态度。至于是按照事后赔偿还是按照事先缴纳许可费来解决使用对价问题,笔者将在后文再行探讨。

(三)禁令救济之条件与限制

长期以来,知识产权禁令救济在我国近乎绝对化,法院也信奉"停止侵害当然论"。③ 然而,这在理论上并不符合财产规则的原旨。财产规则并不

---

① 王国柱:《著作权"选择退出"默示许可的制度解析与立法构造》,载《当代法学》2015 年第 3 期。
② 凌斌:《规则选择的效率比较:以环保制度为例》,载《法学研究》2013 年第 3 期。
③ 张春艳:《我国知识产权停止侵害救济例外的现实困境及突围》,载《当代法学》2017 年第 5 期。

意味着禁令是财产权的唯一救济和必然救济方式。①物权请求权有善意取得、时效取得等制度。虽然知识财产无法占有，对应的知识产权停止侵害请求权无法套用物权式的限制，但仍应当基于利益平衡原则予以必要限制。

救济无非是为了维护知识产权制度的激励创新功能。若权利人不能就其智力劳动和资金投入获利，他们就不会投入研发成本。这会影响知识产权激励功能的发挥。然而，在知识产权法理论下，救济的程度达到足以激励创新即可，②并不必然要求颁发禁令。

禁令在原理上并不必然需要得到支持，绝对支持反而增加了权利人挟持使用者的可能性，可谓弊大于利。对禁令施加限制条件的合法性基础在于权利人具有可归责性，并有助于保护善意使用者的利益，纠正显失公平的法律后果。③在比较法上，无论是英美法系还是大陆法系，对知识产权的停止侵害请求权都有一定限制。此处试以美国、德国这两个典型国家为例进行阐述。

美国在设置知识产权禁令的法律规则方面，经历了从绝对支持到采取衡平原则的过程。美国长久以来在专利案件中当然性地适用禁令救济。这种立场在著名的"eBay案"中发生了变化。美国最高法院在此案中采取禁令的衡平救济原则，规定知识产权禁令之颁发适用以下四个要件：(1) 原告遭受不可挽回的损害；(2) 诸如损害赔偿等法律救济不足以补偿损害；(3) 原被告之间的艰难情形衡量结果也确保采取衡平法上的禁令救济有必要性；(4) 永久禁令不会危害公共利益。④美国版权法判例一直倾向于颁发禁令，但也不是绝对支持禁令。⑤在上述规定出现后，美国颁发版权禁令也

---

① Guido Calabresi, A. Douglas Melamed, Property Rules, Liability Rules, and Inalienability: One View of the Cathedral, 85 *Harvard Law Review*, 1972:1089-1128.

② Mark A. Lemley, Philip Weiser, Should Property or Liability Rules Govern Information?, 85 *Texas Law Review*, 2007:783-841.

③ 梁志文：《反思知识产权请求权理论——知识产权要挟策略与知识产权请求权的限制》，载《清华法学》2008年第4期。

④ eBay Inc. v. MercExchange, L.L.C., 547 U.S. 388, 391.

⑤ Jake Phillips, EBAY's Effect on Copyright Injunctions: When Property Rules Give Way to Liability Rules, 24 *Berkeley Technology Law Journal*, 2009:405-435.

更加出于对衡平的考量。

德国《著作权法》第 100 条也对停止侵害请求权进行了限制,当使用者并无故意或过失、停止侵害将会让使用者遭受不恰当的损失、权利人可合理期待接受金钱赔偿时,使用者可以向权利人支付金钱赔偿。[①]可见,在以德国为典型的大陆法系国家,著作权禁令也非绝对化的。

我国法院在面对权利人停止侵害请求权时,也应当避免绝对化。我国司法实践已经意识到停止侵害请求权绝对化的弊端,在专利法司法实践中已经对停止侵害请求权进行了一定的限制。[②]但我国专利法司法实践对禁令救济绝对化的突破还较为有限,其理由仅限于国家利益和公共利益。在著作权法中,孤儿作品作为一个特殊问题,其禁令适用之限制可以正好成为一种突破性的尝试。

在理念上,要明确地将孤儿作品的使用作为著作权纠纷的一种特殊类型。在原则上,经过强制许可的孤儿作品使用应不受禁令之约束,在权利人复出后使用者可继续使用。即使是面对未经法定强制许可而使用孤儿作品的情况,其禁令的颁发也应当附加一定的条件。法院在颁发禁令时,要将被告在禁令下被突然复出的权利人挟持的风险纳入考量。是否颁发禁令需要考量的相关因素包括:最终产品是否包含多项知识产权,禁令之颁发是否会涉及其他知识产权以及有形载体;所涉作品是否存在很多替代性产品,其未经权利人许可的使用是否具有必要性;权利侵害是否具有主观恶意;权利人改获金钱赔偿是否属于其原始的合理期待等。此外,还应当考虑使用者使用和传播本已沉寂多年的孤儿作品对社会带来的好处。在某些情形中,公共利益会支持拒绝禁令,因为禁令将导致资源的浪费。

---

① Copyright Act of 9 September 1965 (Federal Law Gazette Part I, p. 1273), as last amended by Article 8 of the Act of 1 October 2013 (Federal Law Gazette Part I, p. 3714), http://www.gesetze-im-internet.de/englisch_urhg/, visited on Oct. 2, 2019.

② 2020 年修正的《最高人民法院关于审理侵犯专利权纠纷案件应用法律若干问题的解释(二)》第 26 条规定:"被告构成对专利权的侵犯,权利人请求判令其停止侵权行为的,人民法院应予支持,但基于国家利益、公共利益的考量,人民法院可以不判令被告停止被诉行为,而判令其支付相应的合理费用。"

在孤儿作品领域,要改变禁令救济原则性适用的财产权默示规则,反而要在原则上拒绝这一救济。禁令之拒绝配以权威机构核定或判定的许可费,无疑是一种变相的强制许可,而孤儿作品的强制许可模式正是我国应当采取的优选模式。

四、价格控制

(一)价格控制是主要手段

在物流中途涨价、建筑工程中途涨价这些典型合同挟持的解决方案中,价格控制是主要手段。在合同的继续履行能产生社会效益时,终止合同并不可取,替代性的优选方案是控制合同价格,以缓解挟持问题。[①]

在孤儿作品的强制许可模式中,价格控制涉及三个方面:一是国家版权局指定的权威机构事先核准并要求使用者提存的使用费;二是权利人复出后,使用者继续使用的许可使用费;三是在未经权利人许可也未经权威机构"强制许可"情形下,使用构成侵权之后的赔偿费用。上述价格控制实际上融合了财产规则和责任规则,比纯粹的责任规则复杂。责任规则只涉及事后的赔偿责任之价格控制,但强制许可模式中所涉的不同阶段的价格控制在原理上与责任规则下的价格控制并无区别。

无论是事先提存的许可费,还是纠纷发生后的赔偿,都体现着"权利人中心主义",在观念上天然地倾向于权利人。赔偿的概念尤其不利于引导价格决定者考虑挟持的可能性。基于此,以"价格控制"的理念替代"赔偿"更容易引出正确的结果。

(二)权威机构(法院等)介入的正当性

遵循契约自由原则,合同法建立在同意的基础上,其原因在于同意能够

[①] Steven Shavell, Contractual Holdup and Legal Intervention, 36 *Journal of Legal Studies*, 2007:325-354.

促进双方及社会之福利。①在契约领域,自主商谈和自由定价是基本原则,政府和法院在一般情况下不宜介入,因为定价信息更多是一种市场因素,当事人基于其信息优势,比政府和法院更适合决定价格。

法律介入合同在法经济学上有两个常见的正当性理由:信息不对称和外部性。有学者指出,挟持是一个独立于信息不对称和外部性的问题,应当成为法律介入合同的另一个理由。②孤儿作品的使用在本质上是一种许可合同,在理论上存在着强制许可、准强制许可、默示许可、许可法定豁免等不同模式。在孤儿作品问题上,由于信息不对称和挟持问题的存在,若严格依赖于同意规则,未必能达成促进双方福利及社会福利之理想效果。挟持可能性的存在及其威胁为权威机构介入合同提供了正当性。

(三) 原则和考量要素

权威机构介入孤儿作品许可和使用领域所面临的关键问题是如何确定适当的费用。与财产规则相比,责任规则虽减少甚至避免了交易成本,但却对承担定价角色的法院施加了"评估成本"。③法院很难确定恰当的许可费,这是对责任规则的常见批判。④无论是责任规则的事后赔偿,还是准法定许可中的事先缴纳、托管许可费,对此费用都很难提供一个标准的计算方法。但有一些基本原则和规则可以遵守。第一,在认知上,立法者和司法者要考虑出现挟持的可能性,树立价格控制的理念。第二,遵循填平原则,权威机构认定的使用费或事后赔偿费用应当避免带有惩罚性,尽可能与按照市场机制进行许可的通常合理价格相一致。第三,在费用的确定中纳入对孤儿作品特殊情况的考虑。版权作为无形财产权,其价值具有浮动

---

① Juliet P. Kostritsky, Uncertainty, Reliance, Preliminary Negotiations and the Holdup Problem, 61 *SMU Law Review*, 2008:1377-1439.

② Steven Shavell, Contractual Holdup and Legal Intervention, 36 *Journal of Legal Studies*, 2007:325-354.

③ James E. Krier, Stewart J. Schwab, Property Rules and Liability Rules: The Cathedral in Another Light, 70 *New York University Law Review*, 1995:440-483.

④ Richard A. Epstein, A Clear View of the Cathedral: The Dominance of Property Rules, 106 *Yale Law Journal*, 1997:2091-2120.

性,有时难以确定。在版权纠纷发生后,由于侵害版权的实际损失往往难以确定,实务中常依赖法定赔偿。但对于商业价值较小的作品而言,诉讼可能导致"补偿过度"。①因此,有学者认为,在孤儿作品问题上,法院可以拒绝禁令,同时拒绝法定赔偿。②但依据现有法律体系,拒绝给予孤儿作品的权利人法定赔偿在著作权法中没有依据,很难立足。

无论是事先确定的使用费,还是纠纷发生后的法定赔偿,都有一定的自由裁量性。在孤儿作品问题上,费用的多少可以考虑如下因素:权利人的可确定性和可接触性;使用者是否善意,是否进行了合理勤勉的查找;权利人的合理期待等。正如有学者所说:"权利人对其作品和著作权放任不管的态度可以被视为权利人并不期待获得实质性的许可费。"③

五、宽容对待孤儿作品的"创新性使用"

孤儿作品的挟持问题在包含性使用、演绎性使用和转换性使用等情形下更为突出。笔者将这些使用类型统称为"创新性使用"。例如,一段孤儿作品的画面或音乐被一部电影使用,一幅权利人不明的图画被作为商标使用,一首匿名的歌曲被改变成新歌曲。在这些情况下,若严格依据版权法原理,权利人复出后,有权禁止继续使用作品,那么权利人的挟持之力将被放大。

就演绎性使用而言,使用者的额外表达也具有价值,权利人不应该控制使用者的额外表达。然而,问题在于其额外表达基于的是先有作品,额外表达的公开传播将附带性地导致先有作品或其片段的公开传播。包含性使用和转换性使用的问题与之相似,但若因禁令导致新作品受到限制,甚至牵涉相关产品无法出售,其过度控制可想而知。因此,在提供知识产权救济时,应将使用者的创新纳入考虑。后续创新的程度越高,社会贡献越大,

---

① Brad A. Greenberg, Copyright Trolls and Presumptively Fair Uses, 85 *University of Colorado Law Review*, 2014:53-128.
② Ariel Katz, The Orphans, the Market, and the Copyright Dogma: A Modest Solution for a Grand Problem, 27 *Berkeley Technology Law Journal*, 2012:1285-1346.
③ Ibid.

就越不应受到权利人的过度控制之威胁。①面临创新性使用,原则上应当宽容对待后续使用者。禁令往往会导致对额外表达或其他部分的过度控制,应予拒绝。在赔偿问题上,即使使用者未经许可而使用作品,也应当基于价格控制的理念,纳入对创新价值的考虑,避免过度赔偿。

也有学者提出,在作品的二次创作方面,可以适用"补充—替代"的二元分析法,如果二次创作的新作品并不构成对原作品的市场替代,而是起到补充作用,有助于原作品的市场推广,应不被视为侵害改编权。②的确如此,如果一个作品,比如短视频,对原电影起到介绍作用,这实际上是一种宣传推广,对权利人有益无害,即使二次创作的短视频中实质性地复制和纳入了原电影的片段也应当允许。权利之侵害的前提假设是对权利人造成侵害,即有害的。如果他人使用作品片段,实际上起到宣传推广的作用,就不是有害的,在法律上对此加以禁止实无必要。

六、对矫正方案的进一步解释和澄清

禁令之原则性拒绝、使用费和赔偿之价格控制、使用者勤勉查找义务之缓和,在表面上似乎对孤儿作品的权利人不友好,但这正是针对孤儿作品使用中的挟持风险而展开的对策。在法律救济上对挟持者和潜在挟持者施以限制,将减少挟持现象的发生。同时,这也将"倒逼"权利人采取措施,保持其可识别性和可联系性,从而减少孤儿作品出现。基于自动产生原则的现行版权制度,并没有为权利人主动提供联系方式,提供足够的激励。③因此,在孤儿作品的权利救济方面进行适当调整,既无须打破版权自动产生原则,又有可能促进从根源上解决孤儿作品问题。

需要强调的是,本章引入挟持理论对孤儿作品问题进行检视,并不是要以挟持理论为出发点对整个制度进行彻底改革,更不是要彻底推翻权利人

---

① 蒋舸:《著作权法与专利法中"惩罚性赔偿"之非惩罚性》,载《法学研究》2015 年第 6 期。
② Tim Wu, Tolerated Use, 31 *Columbia Journal of Law & the Arts*, 2008:617-635.
③ Hal R. Varian, Copyright Term Extension and Orphan Works, 15 *Industrial and Corporate Change*, 2006:965-980.

中心主义。权利人的利益仍需要予以恰当的保护。笔者提出的解决方案致力于降低权利人的挟持杠杆，在本质上考虑了孤儿作品问题成因的双向性，纳入了对双方利益的衡量。毕竟，"降低杠杆"并非"消除杠杆"，不会走向权利人利益得不到保护的另一极端。使用者并不能随意使用孤儿作品，其使用仍需满足勤勉查找要求。即使按照笔者的观点对禁令与赔偿做了一定的限制，使用者仍面临禁令的不确定性与赔偿数额的不确定性的风险。这些因素仍将导致使用者较为谨慎地使用孤儿作品。总之，在孤儿作品这一特殊问题的解决方案中纳入降低权利人挟持杠杆的考虑，并不会走向权利人利益得不到保护的另一极端。

第十章　当代版权法下版权强制登记制度缺失之反思

第一节　版权强制登记制度的缺失及其问题

对无形财产而言,登记对于权利的界定、权利状态的公示以及交易的便利均具有重要价值。然而,如前文所述,在《伯尔尼公约》的协调之下,版权的强制登记制度已不复存在。在主要的知识产权类型中,版权(著作权)的产生和取得制度较为特殊。有别于专利权和商标权,版权的取得并不需要符合任何形式或遵循任何程序条件。这也是孤儿作品产生的最重要的制度性根源。

版权登记制度的消亡和缺失引发了诸多问题。版权的自动产生虽方便快捷,但登记制度的缺失对权利人、使用者都造成了一定的不良影响。登记的缺失导致权利产生缺少公示,由此产生权利状态不确定、不清晰,权利人不易联系以及大量孤儿作品存在等问题,进而影响了作品的传播和使用。潜在使用者由于查找和联系权利人的成本较高,可能选择放弃使用作品,也可能选择冒险进行未经许可的侵权性使用。相应地,权利人得到的报酬和激励也将受到影响。

登记对于版权这种无形财产权而言具有重要价值。这是一些学者提出重建版权登记制度的目的所在,也是美国一直以来变相激励版权登记的缘由所在。

版权登记制度的取舍是一个两难命题。版权的产生如果需要以登记为前提，将有助于明确作品的权利状态，增加法律上的确定性，更进一步说有助于作品和信息的传播，促进文化的繁荣和社会的发展。然而，这样一种制度也将给权利人和版权局增添较大负担。这一两难命题给学者们提供了足够的探讨和创新空间。

我国学界对版权登记制度的研究还不够深入。综观现有文献，作为一个基本问题，版权登记制度虽然得到我国知识产权界的持续关注，但现有研究侧重于探讨目前实施的自愿登记制度的完善，研究广度和深度尚有拓展的空间，在新的互联网技术背景下对版权登记制度变革可能性的探讨也有足够余地。近些年来，欧美国家的一些学者对版权登记制度革新已展开争论。对国外已经形成的主要学说，本章第二节将专门评析。本章拟在认识到现有学说存在不足的基础上，基于知识产权法原理，重新探索可行且具有实践效果的版权登记制度，提出并论证笔者的新观点。

需要说明的是，从解决孤儿作品问题的角度看，版权登记制度不能成为孤儿作品问题的完整解决方案，它只不过是能用来防止新作品在未来成为孤儿作品，是一种面向未来的制度，并不能解决已经存在的孤儿作品问题。因此，从登记制度上着手解决孤儿作品问题只是一种补充性的方案。

尽管版权登记制度不能成为孤儿作品的完整解决方案，但版权登记制度无疑是有助于解决孤儿作品版权问题的。因此，仍然有必要反思当代版权法下强制登记制度缺失的缺陷，并探索革新之道。

第二节 版权登记制度革新的主要学说

在国际条约的协调下，强制性的版权登记制度已不复存在。但登记制度有其难以否定的内在价值。于权利人而言，版权登记可以是一种权利的彰显；于社会公众而言，版权登记可以让查找和使用版权作品更为便利。版权登记制度的内在价值和优势是很多国家为版权自愿登记提供激励的原因。然而，版权的自愿登记只能有限地缓解本章第一节所说的问题。为了解决它们,国外有些学者提出了重建版权登记制度的构想。①

一、重建或复兴以确权或授权为目的的登记制度

第一种学说是重建或复兴以确权或授权为目的的登记制度。②一些学者提议的美国版权法改革方案包括了复兴版权登记制度,他们主张区别对待未登记作品和登记作品,登记作品可以获得更强有力的保护。③欧盟也曾就在欧盟层面建立版权登记机构公开征求意见。从征求意见的结果看,作品的终端使用者、机构使用者大多支持在欧盟层面建立版权登记机构,而大多数作者对此予以反对,主要理由是登记成本较高。④在创作社会化时代,几乎人人是作者。版权的确权登记制度在创作极度繁荣的当代社会如何运作、能否运作,的确需要谨慎考虑。对于创作频繁的作者而言,确权登记制度可能弊大于利。⑤如果立法者要求作者像申请专利一样准确地描述作品的保护范围,那么作者在权利边界界定上所投入的时间可能比创作该作品的时间还长,确权成本可能超过权利人的可获利益。⑥此外,从审查角度而言,海量作品的登记和审查也非易事,可若不做审查,形式主义的登记无助于解决现有问题,恐怕还会造成新的乱象。

---

① 吕炳斌:《版权登记制度革新的第三条道路——基于交易的版权登记》,载《比较法研究》2017年第5期。

② E. g., Joshua O. Mausner, Copyright Orphan Works: A Multi-Pronged Solution to Solve a Harmful Market Inefficiency, 12 *Journal of Technology Law and Policy*, 2007:395-425; Dennis W. K. Khong, Orphan Works, Abandonware and the Missing Market for Copyrighted Goods, 15 *International Journal of Law and Information Technology*, 2007:54-89; Pamela Samuelson, Preliminary Thoughts on Copyright Reform, https://craphound. com/PreliminaryThoughts. pdf, visited on Oct. 2, 2019.

③ 万勇:《美国版权法改革方案述评》,载《知识产权》2014年第1期。

④ European Commission, Report on the Responses to the Public Consultation on the Review of the EU Copyright Rules (July 2014), https://ec. europa. eu/newsroom/dae/document. cfm? doc_id=60517, visited on Oct. 2, 2019.

⑤ Brad A. Greenberg, More Than Just a Formality: Instant Authorship and Copyright's Opt-Out Future in the Digital Age, 59 *UCLA Law Review*, 2012:1028-1074.

⑥ 崔国斌:《知识产权确权模式选择理论》,载《中外法学》2014年第2期。

二、建立基于侵权救济目的的版权登记制度

第二种学说试图从美国版权法已有的实践出发,就权利救济方式对版权登记制度进行进一步改造。本质上而言,该观点试图建立一种基于侵权救济目的的版权登记制度。

第二种学说的产生得从美国现行版权法中的特殊登记制度说起。美国版权法在接受《伯尔尼公约》的自动产生原则后,仍通过诉讼规则、证据规则、侵权赔偿规定等措施激励版权的自愿登记,具体如下:

第一,为鼓励登记,美国版权法规定,登记证书的证据推定效力只限于在首次发表之日起五年内进行登记的作品;对于首次发表之日起五年之后才进行登记的作品,登记的证据效力由法院自由裁量。[①] 换言之,在美国,如果作者想对作品进行登记,晚登记不如早登记,五年之内作品的登记证据效力更高。

第二,美国版权法还规定,在侵权之前已经对作品进行登记是取得法定损害赔偿和律师费赔偿的前提条件。[②] 对未发表作品而言,版权登记生效之日前的侵权,权利人无法获得法定损害赔偿和律师费赔偿;对已发表作品而言,在首次发表之日到登记生效之日期间,所发生的侵权无法获得法定损害赔偿和律师费赔偿,除非作品是在首次发表之日起三个月内登记的。[③] 美国版权法还就侵害视觉艺术作品的署名权和保护作品完整权、作品已经预登记并满足后续特定条件的情形作了例外规定,但就一般情况而言,美国版权法的立法目的和意图非常明显,它以获得充分的赔偿救济为激励,鼓励对作品进行登记,并且是尽早登记。

第三,根据美国版权法的规定,版权登记还是权利人提起侵权之诉的前提条件。美国1976年《版权法》第411(a)节规定:"在版权的权利要求根据本法进行登记或预登记之前,不能提起关于任何美国作品版权侵权的民事

---

① 17 U.S.C. § 410(c).
② 17 U.S.C. § 412.
③ 17 U.S.C. § 412.

诉讼。"①美国法院对"进行登记"有"获登记说"和"申请说"两种不同的立场。②"申请说"③对权利人来说,无非就是在起诉前加一道申请登记程序,对权利人的维权影响有限。而"获登记说"④则由于版权登记审查需要排队,周期较长(美国版权登记平均周期是 7 个月),⑤因此会实质性地影响权利人的起诉和维权。美国一些知名学者支持"申请说",比如戈尔斯坦教授认为申请说是"更好的规则"⑥,尼莫教授也认为侵权诉讼应以版权申请为条件,而登记的推定证据效力则依赖于登记证书。⑦但美国最高法院在"Fourth Estate 案"的判决中采"获登记说"。⑧法院认为,版权登记是侵权诉讼的行政前置要求,并且要在获得登记之后才可提出侵权之民事诉讼。美国最高法院得出这一解释主要是依据文本解释和体系解释。至于这一解释可能存在的负面效应,法院认为,只要版权获得了登记,权利人就可以获得赔偿,无论侵权发生在登记之前还是登记之后。⑨依此理解,似乎只是诉权受到影响,而不影响最终的实质性救济。但"获登记说"可能影响有些一经发表就可能产生侵权的作品的维权速度,然而美国最高法院认为,对于这些容易被侵权的作品,美国《版权法》在 2005 年修改后已经提供了作品发表前的预登记制度,为这些容易被侵权的作品提供了事先登记、及时维权的选择

---

① 17 U.S.C. § 411(a)。

② Thomas M. Landrigan, Application or Registration?: Confusion Regarding the Copyright Act's Prerequisite to Copyright Infringement Lawsuits, 44 *Indiana Law Review*, 2011:581-603.

③ 典型案例如 Cosmetic Ideas, Inc. v. IAC/InteractiveCorp, 606 F. 3d 612, 621(CA9 2010)。该案认为,只要版权申请人完成了登记申请,申请文件被版权局接收,即满足美国版权法上的"登记"要求。

④ 美国第十和第十一巡回上诉法院采取"获登记说"。典型案例如 La Resolana Architects, PA v. Clay Realtors Angel Fire, 416 F. 3d 1195, 1202 (10th Cir. 2005); M. G. B. Homes, Inc. v. Ameron Homes, Inc., 903 F. 2d 1486, 1488 (11th Cir. 1990)。

⑤ Fourth Estate Public Benefit Corp. v. Wall-street. Com, LLC, et al., 139 S. Ct. 881 (2019).

⑥ Paul Goldstein, *Goldstein on Copyright*(vol. 1), § 3. 15, p. 3:154. 2, Wolters Kluwer, 2005.

⑦ M. Nimmer, D. Nimmer, *Nimmer on Copyright*(vol. 2), § 7. 16[B][3][a], [b][ii], LexisNexis, 2018.

⑧ Fourth Estate Public Benefit Corp. v. Wall-street. Com, LLC, et al., Supreme Court of the United States No. 17-571, decided March 4, 2019, 139 S. Ct. 881 (2019).

⑨ Fourth Estate Public Benefit Corp. v. Wall-street. Com, LLC, et al., 139 S. Ct. 881(2019).

性方案。①美国1976年《版权法》第411(a)节同时也规定："如果注册所需的样本、申请书和费用已经以适当的形式交付给版权局，并且注册被拒绝，则申请人有权在向版权局发出通知、并提供起诉书副本的情况下提起侵权民事诉讼。"由此可见，在登记被拒绝之后，作者仍然可以发起侵权之诉，这一诉讼要通知版权局，版权局可以作为第三方参加诉讼。

美国式的版权登记制度的正当性依据的是《伯尔尼公约》第5条第2款。该款规定，享有和行使版权不需要履行任何手续或满足任何形式要求，但保护作者的救济措施完全留由各国国内法规定。换言之，《伯尔尼公约》将权利本身和救济措施区别对待。TRIPS对知识产权的保护措施进行了一定程度的协调，要求各成员方提供救济措施，但不要求对所有案例适用全部的救济措施。②美国版权登记的第一个激励措施在本质上属于证据规则，第二个激励措施在本质上属于赔偿规则，而《伯尔尼公约》本身并未涉及证据规则或赔偿规则。但美国版权登记制度中的第三个激励措施，也是影响力最大的措施却可能与国际条约规定不符。一方面，未获得登记就不能起诉，会实质性地影响权利的行使和保护，另一方面，美国法同时又规定，登记失败也可起诉，这使得这一规定似乎只是影响了起诉的时间。此外，美国版权法规定的登记要求只适用于本国作品，并不是《伯尔尼公约》和TRIPS协调的范畴。③因此，美国式的版权登记制度并没有违反版权保护的国际义务，而是利用了其灵活性。

近年来，美国学者重构版权登记制度的思潮是进一步扩张救济措施上的区别，比如对颁发禁令的救济方式施加版权登记的前提要求。④根据美国最高法院的解释，无论版权登记成功与否，都不影响权利人寻求禁令救济。

---

① Fourth Estate Public Benefit Corp. v. Wall-street.Com, LLC, et al., 139 S. Ct. 881(2019).
② The Agreement on Trade-Related Aspects of Intellectual Property Rights, articles 44(1), 45(2), 43(1), 41(1).
③ 王迁：《论著作权法中的权利限制条款对外国作品的适用——兼论播放作品法定许可条款的修改》，载《比较法研究》2015年第4期。
④ Christopher Jon Sprigman, Berne's Vanishing Ban on Formalities, 28 *Berkeley Technology Law Journal*, 2013:1565-1582.

"在登记处批准或拒绝登记之后,版权权利人也可以寻求禁令,禁止侵权人继续侵害其专有权利,并要求侵权人销毁侵权材料。"[1]然而,这种登记模式的实践效果可能并不理想。美国现行版权法也存在着有权利救济差异的登记激励措施,但版权登记的数量还是非常少,[2]因为会产生版权侵权诉讼的作品数量相对较少。美国式的版权登记制度尚不足以为较大数量的版权登记提供激励,无法以此构建一个信息量巨大的版权数据库,服务于各类作品的传播和利用。

三、对上述主要学说的小结和评析

上述国外学者探讨的版权登记制度或基于确权目的,或基于侵权救济目的。基于确权目的的登记制度面临的障碍非常大。回归历史上曾经施行的确权登记制度本身未必是历史的倒退,但重建一个基于确权或授权目的的版权登记制度,不但背离了版权法已经确立的权利自动产生的基本"教义",还面临着实践上的可行性问题。基于侵权救济目的的登记制度也不可能为大多数作品的登记提供激励,它只是要求在侵权诉讼前对作品进行登记。[3]受制于自身局限性,这种学说所提出的议案还不足以成为为社会公众提供足够版权信息的理想登记模式。

除了上述两种主要学说之外,学界还存在着其他一些学说。比如,美国学者斯伯里格曼提出,在维持版权自愿登记的基础上,引入一个新的续展登记制度。这个新的续展登记制度将适用于所有的作品。在性质上,这一续展制度是自愿的,但如果权利人没有进行续展,他人可以向政府部门申请强制许可。因此,这种新的版权登记名义上是自愿的,但不进行登记会造成权利的实质性丧失。这一制度有违《伯尔尼公约》,不是一个可行的解决

---

[1] Fourth Estate Public Benefit Corp. v. Wall-street. Com, LLC, et al., Supreme Court of the United States No. 17-571, decided March 4, 2019, p. 10, 139 S. Ct. 881 (2019).

[2] Pamela Samuelson, Members of the CPP, the Copyright Principles Project: Directions for Reform, 25 *Berkeley Technology Law Journal*, 2010:1175-1245.

[3] Thomas M. Landrigan, Application or Registration?: Confusion Regarding the Copyright Act's Prerequisite to Copyright Infringement Lawsuits, 44 *Indiana Law Review*, 2011:581-603.

方案。①

由上可知,重建基于确权目的的版权强制登记制度会面临极大障碍,基于侵权救济目的的登记制度也难以取得理想效果,而互联网技术的发展和在线版权交易平台的兴起则为版权登记制度的革新提供了第三条道路。本章第三节将基于知识产权法原理,探索可行并具有实践效果的版权登记制度,提出并论证版权登记制度革新的第三条道路,即基于交易的版权登记。基于交易的版权登记契合知识产权法原理,具有正当性。在线版权交易平台进行登记和审查的必要性则源于其合理注意义务。该方案可在现行法律框架下展开。同时,为取得理想效果,有必要为版权登记提供激励,并实施区别化的审查机制。这种登记方案不失为破解版权登记制度重建难题的一种优选方案。

第三节 在线版权交易平台发展与版权登记制度革新的契机

一、基于在线版权交易平台的版权登记模式②

从版权法的发展史和国内外实践看,版权登记制度的取舍和设计确为一大难题。在现有主要学说中,版权登记制度的革新着眼于确权或侵权环节,尚未涉及版权制度的另一重要环节,即许可、转让等交易环节。笔者认为,基于交易的版权登记将为版权登记制度的革新提供第三条可选择的道路,并可能取得意想不到的效果。

笔者提出的基于交易的版权登记制度由在线版权交易平台作为登记的实施和审查主体,依赖于在线版权交易平台而展开。这种构想主要受近年

---

① Jerry Brito, Bridget Dooling, An Orphan Works Affirmative Defense to Copyright Infringement Actions, 12 *Michigan Telecommunications and Technology Law Review*, 2005:75-113.
② 详见吕炳斌:《版权登记制度革新的第三条道路——基于交易的版权登记》,载《比较法研究》2017年第5期。

来英国为改革版权制度而推出的一站式在线版权交易平台"版权中心"（Copyright Hub）之启发。英国作为现代版权法的发源地，对数字时代版权交易新制度、新模式和新规则的探索充满动力。英国关于版权交易中心之设想源于在国际知识产权界具有较高影响力的哈格里夫斯报告。2010年11月，哈格里夫斯教授受英国首相卡梅伦委托，对知识产权制度如何支持发展与创新进行调研，其最终报告提出了关于改进知识产权制度以支持创新和促进发展的十条建议，其中之一便是成立"数字版权交易中心"（Digital Copyright Exchange）。①英国政府高度重视此项建议，于2011年11月委托胡珀教授进行关于数字版权交易中心的专项调研，并提出建设方案。调研的主要建议是在英国建设一个非营利的、行业主导的版权交易中心，并与国内外各种类型的数字版权交易中心、版权登记处和其他版权数据库相连，在建设中使用一致性的跨部门和跨国界的数据构建模块和标准，并奉行自愿、非排他和促进竞争的基本原则。②英国的"版权中心"引起了世界知识产权组织（WIPO）的关注。WIPO总干事弗朗西斯·加里将"版权中心"称为"使数字内容市场更好运作的关键的促成器"③。胡珀教授作为中心主席在WIPO官方杂志上也专门撰文介绍了中心的构想和实施。④英国版权交易中心发展的第一阶段主要是与各种版权组织网站建立链接，第二阶段主要是完善检索系统，第三阶段将向用户提供交易中心的权利登记服务。⑤

---

① Ian Hargreaves, Digital Opportunity: A Review of Intellectual Property and Growth, https://www.gov.uk/government/publications/digital-opportunity-review-of-intellectual-property-and-growth, visited on Oct. 2, 2019.
② Richard Hooper, Ros Lynch, Copyright Works: Streamlining Copyright Licensing for the Digital Age, https://webarchive.nationalarchives.gov.uk/ukgwa/20140603093549/http://www.ipo.gov.uk/dce-report-phase2.pdf, visited on Oct. 2, 2019.
③ What Others are Saying, http://www.copyrighthub.org/about/what-others-are-saying/, visited on Oct. 2, 2019.
④ Richard Hooper, UK's Copyright Hub: A License to Create https://www.wipo.int/wipo_magazine/en/2016/02/article_0007.html, visited on Oct. 2, 2019.
⑤ Richard Hooper, Ros Lynch, Copyright Works: Streamlining Copyright Licensing for the Digital Age, https://webarchive.nationalarchives.gov.uk/ukgwa/20140603093549/http://www.ipo.gov.uk/dce-report-phase2.pdf, visited on Oct. 2, 2019.

建立权利登记是英国版权交易中心最初设定的四个目标之一。①若实现,英国版权交易中心事实上也将成为一个版权登记中心。②然而,英国版权交易中心的建设较为缓慢。③由于英国版权交易中心在实践中尚未发展到提供权利登记的阶段,因此英国以往实践中并不存在官方的版权登记机构,④英国学者对这种新型登记模式的探讨也非常少。下文将尝试对这种登记模式在理论上的正当性和在实践上的可行性展开分析,并从版权法基本原理出发,进行具体制度构造的探索。

二、基于交易的版权登记制度的理论证成

(一)基于交易的版权登记与知识产权法原理的契合性

从原理上看,知识产权制度承担着激励创新和鼓励传播的双重目的。毋庸置疑,基于交易的版权登记在促进作品的传播和利用方面具有天然的内在优势。登记看似会增加作者成本,影响版权的激励功能。其实不然,登记并不必然导致版权激励的减损。国外学者对美国版权登记的实证研究也表明,即使法律上并不要求登记,作者也有进行登记的动机,即登记可以促进交易,从而进一步地激励创作。⑤登记制度虽然给作者增加了成本,但又给作者增加了获得潜在收益的机会。登记制度在经济激励方面的最大好处即在于这种潜在收益,而它的实现有赖于版权的交易。基于交易的登记模式有助于这种潜在收益的获取,符合版权激励的内在逻辑,在深层次上

---

① 英国版权交易中心最初设定的四个目标为:促进信息和版权教育,建立权利登记,探索版权许可的解决方案和市场体系,解决孤儿作品问题。Copyright Licensing Steering Group, Streamlining Copyright Licensing for the Digital Age: A Report by the Creative Industries (Copyright Licensing Steering Group 2013), p.12.
② Rosie Burbidge, The Copyright Hub: Moving Copyright Licensing into the Digital Future, https://www.inhouselawyer.co.uk/legal-briefing/the-copyright-hub-moving-copyright-licensing-into-the-digital-future/, visited on Oct.2, 2019.
③ Richard Hooper, UK's Copyright Hub: A License to Create, https://www.wipo.int/wipo_magazine/en/2016/02/article_0007.html, visited on Oct.2, 2019.
④ Dotan Oliar, Nathaniel Pattison, K. Ross Powell, Copyright Registrations: Who, What, When, Where, and Why, 92 *Texas Law Review*, 2014: 2211-2250.
⑤ Ibid.

契合激励论。

基于交易的登记模式在本质上是一种基于市场价值考量的登记模式，它致力于推动作品市场价值的实现。实际上，受著作权保护的很多作品并不存在市场价值或市场价值甚微。例如，大量的电子邮件和商务备忘录并不是在版权保护的激励下撰写的，也并不存在独立的商业价值。版权制度保护的重点应是具有价值的作品，应努力为这些作品的创作提供激励，并为其价值实现提供良好的制度安排。激励论作为一种解释版权制度的基本理论，本质上指向的是一种经济价值上的激励。基于交易的登记模式有利于版权制度激励功能的实现。这种登记制度扎根于知识产权法基本原理，具有正当性的根基。

（二）经济学意义上的正当性解释

知识产权作为一种财产权，其制度设计的正当性还可以从经济学上得到解释。在经济学意义上，登记制度的缺失会导致财产权的权利状态和边界模糊不清，增加社会成本和交易成本。[1]版权登记制度则提供了明确的产权归宿，降低了权利人和使用者在财产交易中的谈判成本和交易成本。无形财产权的交易更依赖于通过登记制度所确立的产权状态和产权边界。就在线版权交易平台而言，其采取登记措施也是有效开展版权交易的前提。登记产生的权利归属信息有利于降低版权交易的成本，这与版权交易平台的内在特性相符。版权登记的最大好处在于降低交易成本，它与交易平台相辅相成，二者具有天然的耦合性。

当然，要真正达到降低交易成本的效果，需将登记成本维持在作品交易后可能获得的收益之下。登记成本过高反而会增加交易成本。本节所提倡的区别化审查机制即旨在避免登记成本过高。从整体上看，只要将登记成本控制在作品交易可获收益之下，这种制度就具有正当性和合理性。

---

[1] Peter S. Menell, Michael J. Meurer, Notice Failure and Notice Externalities, 5 *Journal of Legal Analysis*, 2013:1-59.

（三）在线版权交易平台的合理注意义务与版权登记的必要性①

就法律逻辑而言，在线版权交易平台施行登记和审查是其自身合理注意义务的内在要求，是预防和避免可能产生的侵权责任纠纷的最有效途径。

关于这一内容首先要讨论的问题是，在线版权交易平台作为网络服务提供者，是否可以依赖避风港规则来避免侵犯版权的责任？

避风港规则是指，为网络用户提供链接、搜索或存储等具有技术中立性质的网络服务的网络服务商对其网站上存在的侵犯版权的作品不承担赔偿责任的一种法定规则。设置这一规则的原因在于侵权作品是依照用户指令而存储于服务器上的，网络内容提供者另有其人。如果要求网络服务提供者对其存储、搜索或者链接的海量作品进行审查，势必造成其负担过重和权利义务失衡。避风港规则的设计有良好的初衷，其立法目的在于保障网络产业的正常发展。网络环境中涉嫌侵权的作品数量之大可能超出网络服务提供者的监督和控制能力，让网络服务提供者在满足特定条件下得以免除侵权责任，可以避免其卷入无休止的纠纷和诉讼中。避风港规则的关键在于"通知—删除规则"，即在权利人向网络服务提供者发出侵权通知之后，网络服务提供者应删除有关侵权内容的链接，否则要承担知情之后的侵权责任。"通知—删除规则"是传统过错责任的变更和调整。避风港规则的一个补充规则是"红旗规则"，即网络服务提供者虽然可以"躲"在"避风港"中，但是如果侵权行为像红旗一样在网络服务提供者面前飘扬时，它就应当知道侵权事实的存在。与民法上的一般侵权规则相比，"红旗规则"大幅度地压缩了"应知"的内容。在避风港规则下，网络服务提供者不需要对其存储、搜索或链接的作品承担版权审查义务，它可以消极地等待权利人通知后再采取避免侵权的行动。然而，由于此规则偏向网络服务提供者，因此在实践运行中也呈现出一些问题。美国已经通过各种替代性、补充性的侵权责任规则变相要求网络服务提供者履行必要的注意义务，以预防用

---

① 详见吕炳斌：《网络版权避风港规则的发展趋向》，载《中国出版》2015年第23期。

户的侵权行为。①

在我国司法实践中,为了避免避风港规则的弊端,已经重新回归和采用一般侵权法意义上的"明知"或"应知"规则。《最高人民法院关于审理侵害信息网络传播权民事纠纷案件适用法律若干问题的规定》第 7 条第 3 款规定:"网络服务提供者明知或者应知网络用户利用网络服务侵害信息网络传播权,未采取删除、屏蔽、断开链接等必要措施,或者提供技术支持等帮助行为的,人民法院应当认定其构成帮助侵权行为。"在实践中,法官借助对"应知"的解释,对网络服务提供者的合理注意义务进行具体的个案考量,以确定合理注意义务的合理限度,从而实现具体案件的公平正义。②比如,对视频分享网站而言,一般认为其合理注意义务包括对用户上传的提醒义务、对热门视频的注意义务、节目分类的注意义务、榜单编排的注意义务和设置过滤机制的注意义务。③视频分享网站并非版权管理机构,法律不可能要求它对用户上传的所有视频进行审查。在"应知"规则下,网络服务提供者的注意义务是一种合理人的注意义务。

一般侵权法中"明知"或"应知"判断的关键和难点在于"应知"。"应知"是一种过失状态。现代民法对"应知"这种过失状态的判断采取客观化的标准。过失的客观化不再强调行为人道德的非难性,而着重于社会活动应有客观的规范准则。④过失判断采取客观化的标准,符合民法尽可能合理和客观地分配损害的宗旨。⑤

无论是大陆法系还是英美法系,均采取客观化的过失判断方法。在英

---

① E. g. , Jane C. Ginsburg, Separating the Sony Sheep from the Grokster Goats: Reckoning the Future Business Plans of Copyright-Dependent Technology Entrepreneurs, 50 *Arizona Law Review*, 2008:577-609; Nathan Lovejoy, Standards for Determining When ISPs Have Fallen out of Sec. 512 (A), 27 *Harvard Journal of Law & Technology*, 2013:257-278. 崔国斌:《网络服务商共同侵权制度之重塑》,载《法学研究》2013 年第 4 期。

② 李颖、宋鱼水:《论网络存储空间服务商合理注意义务——以韩寒诉百度文库案判决为切入点》,载《知识产权》2013 年第 6 期。

③ 胡开忠:《"避风港规则"在视频分享网站版权侵权认定中的适用》,载《法学》2009 年第 12 期。

④ 王泽鉴:《侵权行为法(第一册)》,中国政法大学出版社 2001 年版,第 15 页。

⑤ 同上书,第 258 页。

美法系中,注意义务是过失侵权责任分析和判定的核心概念,"是行为人为避免危害他人的结果发生而为必要的作为或不作为的义务"[①],对注意义务的违反之判断采取合理人标准。与英美法系的注意义务类似,大陆法系存在客观过错理论。客观过错理论是德国学者对罗马法"善良家父"理论加以改进后提出的。在该理论下,判断侵权人的过错状态采取的是一种客观抽象的注意义务标准,并以一般人的预见能力来判断侵权人对损害结果能否预见。[②]客观过错理论比主观过错理论更具有应用的可能性,它不再要求法官要对行为人的主观心理状态进行考察和分析。认定过错,只需把行为人的意志状态与标准人的意志状态进行比较,或者将行为人的注意程度与法律或惯例所要求的注意程度进行比较即可得出结论。[③]在客观过错理论下,过错并非人内心可非难的心理状态,而是一种可进行客观考察的行为缺陷,是对法律规则或惯例规则所规定的义务之违反。[④]

在客观过错理论下,过失的判断采取"善良家父"、善良管理人或合理人的注意义务标准。尽管在善良管理人或合理人的判断主体表述上存在区别,但两大法系对过失的客观判断具有相通性和一致性。那么对网络服务提供者而言,何为其合理注意义务?合理人的注意义务是否要求其承担版权审查义务?

从逻辑上看,注意义务还不能推导出审查义务。在避风港规则下,网络服务提供者没有版权审查义务。不仅法律上没有这样的要求,网络行业惯例也不存在这样的要求。

虽然避风港规则并不要求网络服务提供者进行关于知识产权合法性的事前审查,但在司法实践中网络服务提供者是否应进行知识产权合法性事前审查却是常见的争议焦点。[⑤]有法官认为,在某些特定的信息网络服务模

---

① 金凌:《略论注意义务对我国侵权行为法的启示》,载《法学评论》2009年第2期。
② 李晗、李玲娟:《侵权责任的正当性基础研究——挑战、批判与重构》,载《政法论坛》2010年第3期。
③ 喻敏:《对侵权行为法中过错问题的再思考》,载《现代法学》1998年第4期。
④ 张民安:《过错侵权责任制度研究》,中国政法大学出版社2002年版,第61页。
⑤ 石必胜:《网络服务提供者的事前知识产权审查义务》,载《电子知识产权》2013年第9期。

式中,网络服务提供者应当主动审查利用其网络发布和传播的作品的知识产权合法性。①在司法判决中,法院曾明确视频分享网站服务商负有版权审查义务,不能仅仅通过在网站上作一些有关权利的警告性提示或要求权利人发出权利通知来替代该义务。②这一判决的理由是:尽管对海量作品进行版权审查有一定的困难,但与其将这种注意义务施加于版权人,不如施加于更有能力控制和减少侵权行为发生的网络服务提供者。③

在此问题上,逻辑要服从于经验。尽管注意义务并不是审查义务,但司法实践中,法院已经对特定的网络服务提供者施加了版权审查义务。这有司法政策上的考虑。如果一个规则在逻辑状态下的运行将导致实践中出现大规模的侵权现象,那么这个规则就有必要在具体实施中予以调整。在实践中,正是基于沉重的盗版压力,法院才以各种替代性的责任承担规则侵蚀或架空了避风港规则,变相地要求网络服务提供者承担一定的版权审查义务。④法院对网络服务提供者施加审查义务从本质上说是强化了网络服务提供者的注意义务。

可见,在线版权交易平台很难依赖于避风港规则获得责任上的限制或免责。基于避风港规则及"红旗规则"的缺陷与问题,强化网络服务提供者的注意义务,施加一定程度的版权审查义务,已成为一种发展趋势。⑤这种实践中的调整扎根于民法中过错责任判断中的"明知"和"应知"两个方面,借助于对"应知"的解释,在原理上具有一定的正当性。长期以来奉行的避风港规则已逐步被修正和调整,网络服务提供者依赖避风港规则免除审查义务,尤其是对特定作品的审查义务的可能性已经降低。合理的注意义务对网络服务提供者而言可能是一个不易把握的标准,因此主动提高履行注意义务的标准才是真正的安全之策。

在线版权交易平台提供的服务内容就是版权交易,具有一定的特殊性。

---

① 石必胜:《网络服务提供者的事前知识产权审查义务》,载《电子知识产权》2013年第9期。
② 上海市高级人民法院(2008)沪高民三(知)终字第7号民事判决书。
③ 广东省高级人民法院(2006)粤高法民三终字第355号民事判决书。
④ 崔国斌:《网络服务商共同侵权制度之重塑》,载《法学研究》2013年第4期。
⑤ 同上。

即使在避风港规则下,提供作品信息发布、储存、索引和检索等技术服务的在线版权交易平台也有施加合理的注意义务及审查义务的必要性。对平台而言,所谓的"合理"不是仅仅针对热门作品,而是需要对每一件拟交易的作品进行审查,否则将面临较大的法律风险。避风港规则面对这种特殊的网络服务提供者所能发挥的作用较为有限。

此外,如果在线版权交易平台不仅提供纯粹的作品信息发布、储存、索引和检索等技术性服务,还收取一定的版权交易中介费,就更不能适用避风港规则了。避风港规则的构成要件之一是网络服务提供者"未从服务对象提供作品、表演、录音录像制品中直接获得经济利益"①。在线版权交易平台的运作模式将影响避风港规则的适用。无论是纯技术性的,还是营利性的,在线版权交易平台都很难通过避风港规则预防和避免在版权交易中可能会产生的侵权责任。

即使可以适用避风港规则,在线版权交易平台仍可能承担对作品的版权审查义务。尽管这并非法律上的明确要求,这种源于合理注意义务的审查义务存在着不确定性,但忽略甚至无视这种审查义务并不是在线版权交易平台的明智选择。与其产生可能的纠纷或侵权责任,在线版权交易平台不如主动承担审查义务。有鉴于此,若能建立基于交易的版权登记和审查制度,不仅将为在线版权交易平台提供一种更为可靠的避免版权侵权的方法,也将给版权制度带来变革。

概言之,在线版权交易平台有必要采取积极措施,实施版权登记和审查制度以避免侵权作品的在线注册和交易,从而最大限度地避免被卷入侵权责任纠纷。

(四)基于交易的版权登记的价值

基于交易的版权登记具有重要价值。第一,如前所述,这将帮助在线版权交易平台履行合理注意义务,预防和避免可能存在的帮助侵权责任。第

---

① 《信息网络传播权保护条例》第 22 条。

二,在线版权交易平台上的版权登记将形成一个版权信息数据库,这会向社会公示作品的权利状态和权利人信息,减轻使用者查找和联系作者的成本,有利于减少未经许可使用版权现象的出现,并在减少侵权的同时促进作品的传播和利用,从而活跃版权交易,促进作品价值的实现。对权利人和使用者而言,这是一种双赢的制度安排。第三,基于交易的版权登记模式有利于版权登记信息的及时更新。在其他版权登记模式下,权利的产生和变动需要分别进行登记或进行相应的补充登记,而在线版权交易平台上的版权登记将自动记录权利的初始产生和变动情况。这既有利于减少不断登记的成本,也有利于向社会提供一个更为全面和及时的版权信息数据库。

基于交易的版权登记模式有助于弥补现行版权法律体系下版权无须登记、自动产生的弊端,为建立版权登记制度提供了第三条道路,具有一定的价值和意义。基于交易的版权登记模式服务于交易需求,具有其他登记模式无可比拟的优势。这种登记模式在现行版权法框架下即可展开,无须对现有制度进行大幅修改。

三、基于交易的版权登记制度的具体构造

(一)难以动摇的版权自动产生原则

笔者并无意推翻经长期实践业已稳固的版权法基本原则。基于交易的版权登记制度的具体构建的一个基本理念是:从当下公认的版权法基本原理出发,不违背版权自动保护原则,不对版权的产生和行使施加形式和程序要求。版权自动产生原则有较强的理论基础,在国际条约协调下也为各国普遍承认,在百余年的实践中虽呈现出一些问题,但尚未达到需将整个制度推倒重来的地步。简言之,自动产生原则作为当代版权法的一个基本原则,不宜推翻,也很难推翻。

(二)在现行法律之下展开的可能性

根据版权法基本原理,法律不能要求作品进行强制登记,无法建立强制

性的版权登记制度。退而求其次,可以选择行业自律规范作为突破口。从法律模式上看,网络平台对作品进行审查和登记可以作为一种行业自律的规范而存在。①当然,这种自律规范的源头仍在于网络服务提供者的合理注意义务的相关法律规定。笔者无意通过建议修改法律,去构建一种全新的作品确权登记制度,基于交易的版权登记可以由在线版权交易平台自行实施。这种登记制度在法律上的依据是:尽管不是法律上的强制性要求,但却是平台服务提供者为了有效开展版权交易,承担合理注意义务,而采取地避免和化解版权纠纷的预防措施。无论是国际条约,还是国内法,都不禁止网络服务提供者基于上述目的主动对其网站上的作品进行版权审查。因此,基于交易的版权登记制度完全可以在现行法律之下展开。

(三)带有版权登记功能的一站式版权交易平台的构想

建立基于交易的版权登记需要创建一个带有版权登记功能的版权交易平台。这一新的登记制度的有效实施也有赖于权威性的一站式版权交易平台的建设。版权交易平台和版权登记功能可以进行融合。在互联网时代,这一融合的最佳模式就是在线版权交易平台。从性质上讲,这将是一个开放式的平台,任何权利人都可在平台上登记作品的版权和相关信息,并说明允许的许可方式,从而实现登记和交易的一体化。

版权在价值实现上,存在着信息不对称和市场失灵。权利人寻找作品的使用者,使用者寻找希望使用的版权作品的路径有时并不通畅。信息网络技术的发展为版权交易的规模化、集约化和专业化运营提供了良机。版权交易制度也面临创新和发展的历史性机遇。相比传统的人工谈判模式,在线版权交易平台更具效率,也突破了时间和地域的限制,已成为国内外的一种发展趋势。英国是第一个从国家战略层面重视在线版权交易平台建设的国家。英国对这一平台的构想可谓"抱负远人",但在实践中却采取了务实的态度,分阶段有序实施。一个规模宏大的跨部门和国际化的版权交

---

① 朱巍:《网站审查义务研究》,载《政治与法律》2008年第4期。

易平台的确不可能一蹴而就,其实施和推进有赖于政策的支持和法律的保障。英国版权交易中心的建设得到了政府的重视和启动资金上的支持。英国的版权交易中心并非一些企业的个体行动,而是体现着国家战略。①我国的在线版权交易平台尚处于起步发展阶段,运行机制还不够完善;各数字版权交易中心各自为政,缺乏规模化和集约化,作用和影响力也受到很大限制。为了构建一个行之有效的基于交易的版权登记制度,有必要打造一个跨部门、跨行业、综合性的一站式在线版权交易平台。

针对不同版权交易平台分立的弊端,英国版权交易中心建设的第一步是与各分立的版权机构建立链接,将之网络化。2013年3月,英国政府为"版权中心"提供了15万欧元的启动资金,②其余资金则来源于创意产业的资助。自2014年10月起,英国"版权中心"成为一个自负盈亏的实体,并且对自我盈利模式持乐观态度。③会员费、许可佣金和广告费等成为其收入来源。借鉴英国的做法,我国也可以由政府支持,建立一个权威的在线版权交易平台,并将其他版权交易机构或交易平台的网站以链接或子网站的方式纳入,打造一站式交易平台。政府的适当介入和支持将有利于在线版权交易平台的发展。

我国建设一个带有版权登记功能的一站式版权交易平台具有现实意义和可能性。"加强知识产权交易平台建设"是我国建设知识产权强国的举措之一。在我国,已经出现一些以版权交易为业务的网站,如"中国影视版权交易网""北方国家版权交易中心"等。然而,这些版权交易中心的实践运作并不理想。④数字版权交易平台往往受规模或地域之限制,发展缓慢,影响有限。版权交易平台有着规模化和集约化的内在需求,而这正好契合互联网的本质特征。在"互联网+"和建设知识产权强国的宏观背景下,我

---

① 季芳芳、于文:《在线版权交易平台的创新趋势及评价——以英国"版权集成中心"(Copyright Hub)为例》,载《编辑之友》2013年第7期。

② History of the Copyright Hub, http://www.copyrighthub.co.uk/about/history, visited on Oct. 2, 2019.

③ Copyright Licensing Steering Group, Streamlining Copyright Licensing for the Digital Age: A Report by the Creative Industries (Copyright Licensing Steering Group 2013), p. 88.

④ 孟妮:《北京将成立版权交易平台》,载《国际商报》2017年5月28日第B01版。

国可以由政府支持建立一个权威的在线版权交易平台,并将其他版权交易机构或交易平台的网站纳入其中,打造一站式交易平台。我国现有的从事或正在开拓版权交易服务的机构,很多为事业单位或国有企业。然而,打造一站式版权交易平台的最佳模式其实是公私合力,即由政府支持并提供启动资金,同时吸纳版权交易或版权产业相关的社会化力量的投资。当前,我国互联网市场规模和技术水平已超越诸多经济发达国家,成为世界公认的互联网大国之一。一站式版权交易平台在我国很有可能实现。我国也完全可以向世界提供将版权交易和版权登记融合的制度创新与制度贡献。

(四)版权交易平台的双重属性及垄断防范

笔者所提议的版权交易平台兼具交易平台和登记机构的双重属性。从登记机构角度而言,版权登记有公共政策目的,版权登记公告的信息是一种公共产品,[①]服务于知识产权本应具有的文化价值和社会功能。[②]因此,从理想状态上说,最好打造一个统一的登记平台。不同的版权登记平台将分散版权登记机构,使它们无法互通,这会造成版权登记的公共利益受损。[③]但如果从交易平台的性质而言,又似乎应当允许竞争。

完美的竞争状态需要完美的信息,包括关于交易客体的质量、特性、价格以及出售者的信息。[④]理想状态下的完美竞争需要消灭交易成本,但这是一个无法实现的目标。[⑤]带有版权审查功能的交易平台的最大优势在于促进交易客体的权利状态的相对确定。登记制度致力于促进版权信息的公开

---

① Peter S. Menell, Michael J. Meurer, Notice Failure and Notice Externalities, 5 *Journal of Legal Analysis*, 2013:1-59.
② 何隽:《全球化时代知识产权制度的走向:趋同、存异与变通》,载《比较法研究》2013年第6期。
③ Michael W. Carroll, A Realist Approach to Copyright Law's Formalities, 28 *Berkeley Technology Law Journal*, 2013:1511-1535.
④ A. Mitchell Polinsky, Economic Analysis as a Potentially Defective Product: A Buyer's Guide to Posner's Economic Analysis of Law, 87 *Harvard Law Review*, 1974:1655-1681.
⑤ Wendy J. Gordon, Fair Use as Market Failure: A Structural and Economic Analysis of the Betamax Case and its Predecessors, 82 *Columbia Law Review*, 1982:1600-1657.

和公示,其本身有助于促进竞争,但一站式的交易平台又可能阻碍竞争。

因此,应当在制度构建中防范可能造成的负面效果。一站式版权交易平台有利于交易的便捷化和实现登记的权威性,值得政府部门予以支持,但应当采取措施避免垄断。第一,应当允许不同的版权交易平台的存在。基于版权登记的公共属性和活跃版权交易的需求,政府部门可以牵头或资助设立一个一站式版权交易平台。但"一站式"并不意味着"唯一",应当允许其他企业或组织设立版权交易平台。一些网络公司也可以自行开发并成功运行在线版权交易平台。这些平台一旦与政府资助设立的一站式交易平台连接互通,就可以降低用户的查找成本。第二,一站式版权交易平台的定位是一个网络服务提供者,提供的只是交易平台。在该网站上,应当允许不同的交易代理公司开展交易业务和竞争。一站式版权交易平台自身也会倾向于促进竞争。第三,一站式版权交易平台不宜直接向交易双方收取交易费用,它可以依赖政府资助和产业投资,以及可能获取的广告收入等费用维持正常运作。这些措施有助于避免笔者设想的兼具登记和交易功能的一站式版权交易平台进行垄断的风险。

(五)版权登记的激励措施

笔者提倡的基于交易的版权登记制度,在本质上并不是法律上的强制要求。为取得理想效果,有必要为登记提供一定的激励措施。关于登记的激励措施,一种观点是"二元论",即给登记的作品更多的版权保护,比如在侵权诉讼中给予更多的赔偿,其目的是给参与版权交易平台的权利人提供激励。[①]还有一种观点认为,登记作品和未登记作品在保护上应有所区别,比如对于未登记作品而言,其合理使用的范围应更为宽松。[②]这种观点遭到了质疑和反对。毕竟,对不同的作品进行区别性对待不符合法律的基本理念。笔者认为,版权登记的激励措施可从两方面考虑,即经济上的激励和

---

① Gill Grassie, A UK Digital Copyright Exchange: Will the Pipe Dream ever Become a Reality?, 7 *Journal of Intellectual Property Law & Practice*, 2012:23-29.

② Pamela Samuelson, Members of the CPP, the Copyright Principles Project: Directions for Reform, 25 *Berkeley Technology Law Journal*, 2010:1175-1245.

法律上的激励。

在经济激励方面,基于交易的版权登记可谓具有天然优势。这种登记以作品的使用和新价值创造为吸引力,致力于降低交易成本和实现市场价值。这种经济利益上的激励在很大程度上可以吸引权利人将其作品发布于在线版权交易平台、进行版权登记以及申请版权审查。针对版权保护和版权许可现行制度存在的不足,这种经济上的潜在利益可为登记提供一定的激励。

为版权登记提供法律上的激励则较为棘手。美国式的版权登记模式在激励措施方面颇具特色。前文已经提及,在美国,版权登记的激励是给予登记的权利人在侵权赔偿和证据上的特定利益或优势。此外,登记证书还可以在美国海关备案,以阻止侵权复制品的进口。[①]这种法律上的激励是美国的版权登记制度的显著特征。

我国法律为著作权自愿登记提供的激励有别于美国。在我国著作权法下,著作权登记文书具有一定的法律效力,在诉讼中可以作为登记事项属实的初步证明。依据我国现行体制,有权进行版权登记的机构是中国版权保护中心和各省、自治区、直辖市的版权局。其他机构提供的版权登记或认证并不具有法律效力。笔者构想的在线版权交易平台并不是法定的著作权登记机构。一个可行的突破口是由法定登记机构参与在线版权交易平台建设。如果打造一个由法定登记机构作为主要力量参与的权威性、一站式在线版权交易平台,那么一个作品在平台上成功登记就可视为在法定登记机构登记,这将成为在线版权交易平台的吸引力和优势。国家版权局甚至可以明确授权在线版权交易平台进行版权登记,这有利于保证在线版权交易平台审查和登记的正规性与权威性。

在我国,著作权登记证书在法院只能作为一种初步证明,可以被更为可信的证据推翻。尽管我国著作权法为版权登记提供的法律激励较为有限,但这并不影响笔者提议的版权登记方案的实效性。在线版权交易平台的主

---

① 19 C.F.R. §§ 133.31-133.37.

要功能是交易,附带功能是登记,这本身就会吸引更多的作品进行登记。在线版权交易平台上发布和登记的作品要公之于众,接受监督,这会要求版权审查遵循客观、严格和一致的标准。这将促进登记结果的公信力和证据效力的提高,进而提升登记的法律激励效果。

(六) 区别化的版权审查机制

版权登记自然要求审查,未经审查的登记没有多大意义。对建立版权登记制度的一个主要质疑就是审查的可行性。作品的巨大数量确实造成了审查的困难,并且审查也会导致时间成本的增加。此外,作品完成时,作者也往往难以判断该作品是否能在商业上获得成功,这会让作者难以决定是否登记。

消除这些顾虑的方法是实施区别化机制。在一站式版权交易平台上,用户可以选择不同的登记和审查模式。最基本的分类是经过版权审查的作品和未经版权审查的作品。未经版权审查的作品又可分为三种,即已公开并经一段时间(比如6个月)后社会公众无异议的作品;已公开但有人提出异议的作品;未公开的作品。交易双方会谨慎对待未经版权审查尤其是版权状态存在争议的作品。在线版权交易平台可以通过发布公告的方式,警示用户谨慎对待未经审查或版权存在争议的作品,从而引导和鼓励用户申请版权审查。对于审查的费用,也可以采取区别化机制。对常规审查收取较低的费用,对加快审查收取较高的费用。区别化机制的实施将在一定程度上帮助降低登记成本,同时鼓励真正具有潜在价值的作品进行登记和审查,从而打造一个信息量巨大的版权信息数据库。

四、基于交易的版权登记制度的可行性

笔者所提出和构想的基于交易的版权登记在实践上具有可行性。本节所阐述的版权登记的激励措施、区别化审查机制的设计原理都是为了增加实施这一制度的可行性。这一制度的可行性还可以从国际条约下的可行性、技术上的可行性和审查工作的可行性三方面展开分析。

任何制度的调整都不能违背国际条约确立的、被各国普遍接受的基本原则。《伯尔尼公约》确立的版权自动保护原则已为各国普遍接受。因此，关于版权登记的新观点和新模式都必须在版权自动保护原则下展开。笔者所设想的基于交易的版权登记方案在性质上是一种行业自律手段。不在版权交易平台登记，并不会导致权利人所享有的权利被削弱，其实现作品经济价值的权利也不会被剥夺。这与版权的自动保护原则相符。

随着信息技术的发展，建设在线版权交易平台在技术上不再存在障碍。作品的比对程序有利于审查作品的独创性，提高审查效率。检索技术的发展也有利于作品信息数据库的开发和利用。尽管大规模的在线版权交易平台还是一个新鲜事物，但有体物的电子商务平台在国内外都已颇具规模，相关技术可以借鉴。此外，国外在线版权交易平台建设已小有规模，我国可以适时借鉴其技术，建设自己的在线版权交易平台，提供作品发布、登记和交易服务。

在线版权交易平台对作品进行登记审查的可行性也与技术发展相关。电子申请方式本身就会加快审查进程。随着信息技术的发展，无论是文字作品，还是美术作品、摄影作品或视听作品，判断其独创性的难度都在不断降低。大部分作品的审查效率将得以大幅度提高。若再配之以区别化的版权审查机制，在线版权交易平台进行版权登记、审查作品不仅具有可行性，还将比传统方式更具效率。

复兴或重建版权登记制度的主要顾虑在于，作品数量多，以至于登记和审查制度无法实施。对此，笔者认为，作品的确数量众多，可用"海量"来形容，但真正具有市场价值、可通过交易实现价值的作品数量却要大打折扣。就此角度而言，基于交易的版权登记将大幅度减少版权登记的压力，增加登记的可行性。

第四节 版权自愿登记制度的完善[①]

基于交易的版权登记制度虽可扎根于现代版权法基本原则,但仍具有一定的变革性,若不能实现,则只能采取一种更为保守的方法,即对现有的版权自愿登记制度进行完善。

依据版权自动产生的原理,版权确权登记只能采自愿登记原则。对版权自愿登记制度所引发的权利状态模糊、权利人寻找困难、阻碍作品使用和传播等种种弊端,有学者进行了反思,提出了重建版权强制登记制度的构想。[②]笔者无意主张恢复或重建版权强制登记制度,而持现实主义的观点,主张维持版权的自愿登记。需要指出的是,自愿登记与公信力并不存在不可调和的矛盾。自愿登记制度并不妨碍登记产生的公信力。自愿登记是权利人自主选择的事项,制度设计要认真对待权利人的这种需求,合理地设计版权登记制度,使登记具有公信力。站在权利人立场,登记可以产生公信力也是一种合理期待。

版权登记的公信力之形成有赖于版权登记的统一性、公开性和权威性。在这方面,我国目前的版权登记制度存在欠缺。除了计算机软件这种特定的客体由全国统一的机关进行登记之外,其他各类作品的登记机关十分混乱。[③]在实践中,国家版权局委托中国版权保护中心开展版权登记工作,地方版权局或其委托机构也可开展版权登记,如江苏省版权局委托江苏版权保护中心进行该工作。各地版权登记程序与规则存在差异,在统一性上存在不足。各登记机构在作品归类,独创性认定,登记申请的不予受理、不予

[①] 详见吕炳斌:《版权"一女多嫁"的解决之道——以善意第三人保护为中心》,载《暨南学报(哲学社会科学版)》2017年第12期。

[②] E. g., Joshua O. Mausner, Copyright Orphan Works: A Multi-Pronged Solution to Solve a Harmful Market Inefficiency, 12 *Journal of Technology Law and Policy*, 2007:395-425; Pamela Samuelson, Preliminary Thoughts on Copyright Reform, https://craphound.com/Preliminary-Thoughts.pdf, visited on Oct. 2, 2019; Stef van Gompel, *Formalities in Copyright Law: An Analysis of their History, Rationales and Possible Future*, Kluwer Law International, 2011, p.296.

[③] 范继红:《试论我国版权登记机关的统一》,载《电子知识产权》2011年第7期。

登记和撤销等问题上标准不一,登记证书的形式和内容也不统一。[①]此外,相关登记结果可能无法查询,更缺乏全国互通的数据体系,在公开性上也存在问题。版权登记统一性、公开性的缺乏导致其权威性受到严重影响。

分散的登记机构不利于对版权登记进行规范和管理,客观上也造成了登记信息查询的不便。因此,有必要建立一个统一的版权登记机构,统一适用标准,统一登记流程,统一公开登记结果。国家版权局和地方版权局作为行政机关直接进行登记有权威性,但运作成本也较高。遵循国内已有实践,宜指定中国版权保护中心或成立一个专门的机构从事版权登记工作。此专门的版权登记机构可在地方设立代办处或分理处,全国联网,信息共享,奉行统一的程序和实体标准。在信息网络时代,登记流程的便捷和登记结果的公开都非难事。

版权登记公信力的形成还和版权登记的审查标准相关。在登记的实质性标准问题上,版权产生的条件是独创性,对作品进行实质审查还是形式审查是相关制度构建难以回避的问题。一种观点认为,即使登记机关在登记的过程中对作品进行实质审查,其结果仍然有被法院否决的可能性,因此登记机关根本没有必要进行实质审查。[②]此观点值得商榷。专利、商标在实质审查之后,都面临着在后续的行政复议程序和行政诉讼程序中被认定为无效的可能性,并不能因此就认为无须进行申请、注册或登记时的实质性审查。另外一种反对实质性审查的主要理由是,登记的实质性审查与经济效率和行政效率原则相悖。[③]有学者指出,登记机关的实质性审查将花费较长的时间,耗费较大的人力、物力,登记成本也将随之增加。[④]版权登记的目的在于明确界定受法律保护的权利范围,对维护权利的稳定性和促进交易安全具有重要意义。实行形式审查虽然节约了审查的时间成本,但将造

[①] 索来军:《著作权登记制度概论》,人民法院出版社2015年版,第44—45页。
[②] 李雨峰:《版权登记制度探析》,载《知识产权》2008年第5期。
[③] 高圣平:《登记对抗主义之下的动产抵押登记制度——兼及〈企业动产抵押物登记管理办法〉的修改》,载《法学家》2007年第6期。
[④] 文杰:《我国版权登记制度的现状、问题与完善——从版权"一女多嫁"谈起》,载《出版发行研究》2011年第5期。

成后续的麻烦,增加了不可预见的交易成本,还有可能带来诉讼成本。而一次经过实质性审查的登记可为潜在的无数交易服务,符合效率原则,具有良好的社会效益。故从整体上考虑,在版权登记阶段施行一定的实质性审查符合经济效率原则。专利申请和商标注册都奉行实质审查原则。实质性审查保证了授权的可靠性和稳定性。比起对专利的新颖性、创造性和实用性判断以及对商标的显著性判断,对版权独创性的判断相对简单。独创性要求作品是作者独自创作,不是复制和抄袭的,在作品上体现了作者创作的个性。对此条件的判断比对专利和商标的实质性条件的判断来得简单。版权的确权登记只能建立在自愿登记的基础上,否则将有违版权自动产生原则。然而,自愿登记并不影响对自愿申请的登记进行实质审查。选择自愿登记的主体是作者,而施行实质性审查的主体是登记机关。在国际法上,也没有国际条约规定版权登记机关只能进行形式性审查。某一作品未能通过实质性审查,只表明其版权未得到行政机关的确认。在救济途径上,作者仍可通过侵权诉讼等方式进行确权和维权。版权的自动产生并不影响行政机关或司法机关作为权威机关对版权的权属状态进行实质性审查意义上的评估。

此外,就版权变动登记而言,也应实行实质性审查。版权变动的审查方式是书面审查,即根据当事人递交的合同或申请材料判断权利是否转让或许可,其实质性审查主要体现为判断交易是否真实。这可以从交易主体是否适格、交易是否具有合理的对价、交易是否具有明显虚假情形等事项上进行判断。唯有通过对作品的实质性审查,才能确立版权登记的公信力。如果仅仅进行形式性审查,则不能确保权利状态的真实性和正确性,从而缺乏赋予版权登记以公信力的基础。版权的自愿登记制度、版权变动的登记对抗主义也并不必然推导出登记需要采取形式性审查。

总之,版权的客体为无形财产,其公信力无法通过占有来明确,登记公示制度的缺乏削弱了版权登记的公信力。版权的自愿登记制度与版权登记的公信力并不存在内在的不可调和的矛盾。版权登记公信力的形成有赖于版权登记的统一性、公开性和权威性,并需要实质性审查来保证登记的质量。版权登记的统一化,加之实质性审查结果的质量保证,可以将登记的差错率控制在最小范围,版权登记状态和实际权利状态也能够达到高度一致。只有让版权登记具有权威性和公信力,这一制度的活力才会重新焕发。

第五节 版权登记制度的革新完善与孤儿作品问题的解决

当代版权法采自动产生原则,不再实施强制性的确权登记制度。版权的自动产生有其内在价值和正当性依据,撼动这一根深蒂固的原则极为困难。然而,作为一种无形财产权,版权的权利状态和边界应当尽可能明确,这有赖于建立一个行之有效的版权登记制度。孤儿作品产生的根源在于作品确权登记制度的缺失,登记制度的改革和完善将有助于孤儿作品问题的解决。

为了避免版权自动产生的内在弊端,从根本上化解孤儿作品问题,有必要探索可行的版权登记变革之道。基于交易的版权登记不失为一种可取方案。笔者在本章前文构想的基于版权交易的登记方案,可以作为在线版权交易平台为了避免自身侵权责任的行业自律规范而存在,无须法律修改即可实施。当然,这种登记模式的顺利运作依赖于构建一个跨部门、跨行业、综合性的一站式在线版权交易平台。版权交易的集约化和版权登记的集中化互为条件、互相依赖。在线版权交易平台发展过程中也会有建立一套版权登记和审查制度的内在动力,以明确作品权利状态,防范可能存在的侵权风险,同时降低交易成本,为交易提供便利。政策上的支持和法律上的激励将有助于推动基于交易的版权登记制度的构建和发展。当然,要设计一种完美无瑕的版权登记制度是一件极难的任务。笔者提议的基于交易的版权登记虽不可能尽善尽美,但不失为版权登记制度改革的一种优选方案。如果能实现这种制度,那么大多数希望交易或正在交易的作品都将得到登记,并向公众展示。登记信息必然包含权利人信息,这将有助于解决孤儿作品问题。

如果上述提议的基于交易的版权登记制度无法实现，那么就只能采取更为保守的策略，对现有的自愿登记制度进行完善。我国现有的自愿登记制度还没有充分发挥其功能，这是登记机构的分散、审查标准的不一致、数据库的不统一、公信力的不足等多种原因造成的，因此需要对该制度加以完善。在信息网络时代，建立统一的登记数据库已不是难题，在技术上完全可行。版权登记申请的实质性审查有利于保障登记质量，它比起专利审查和商标审查而言难度更小、成本更低，是可以操作的。如果能对现行的版权自愿登记制度进行一定程度的优化和完善，其利用率就会得到提高，越多的作品进行登记，越多的权利人信息就可以被获取，孤儿作品的数量也会随之减少。

完善登记制度所能解决的主要是未来的孤儿作品问题，并不能解决已经存在的孤儿作品问题。其实，无论是笔者提议的基于交易的版权登记制度，还是现行的自愿登记制度的完善，都只能局部解决孤儿作品问题。在自愿登记制度下，即使登记的激励措施得以改善，登记的效力得以提升，还是会有很多作者选择不进行登记，但对于那些权利保护意识较重的作者而言，选择登记的概率就会大大提高。在基于交易的版权登记制度下，可能只有具有交易价值的作品的权利人会选择登记。但由于这些进行登记的作品往往是使用价值较高的作品，因此也将在很大程度上化解孤儿作品的问题，因为他人希望使用的也是使用价值较高的作品。对于那些使用价值较低甚至没有什么使用价值的作品，权利人不会选择进行登记，他人一般也不会使用，因此登记与否并不重要。概言之，登记制度的完善将有助于解决孤儿作品问题。

当然，如上所述，版权登记制度无论如何完善，只要是非强制性的，最多只能解决部分孤儿作品问题，因此对孤儿作品问题的解决，仍然有赖于强制许可等新规则的构建和实施。无论是基于交易的版权登记制度还是完善现有版权登记制度发挥的都是补充作用。

第十一章 当代著作权法的理论基础之反思

第一节 公共领域理论视野下的孤儿作品版权问题

一、孤儿作品、版权与公共利益

版权是一种私权,旨在保护私有财产,在原理上适用私有财产权的理论。然而,出于知识信息的"公共产品"属性,知识产权保护中一直存在着私权与公共利益之间冲突和平衡的矛盾。基于各种正当性理由,知识产品中的私人利益获得了权利化保护。根据私法原理,权利的位阶高于利益,但这并不意味着作为私权的知识产权高于公共利益。权利只不过是保护利益的一种手段,权利归根到底还是利益。①对权利的释义存在着意志理论和利益理论的分歧,但目前的通常释义是将两者进行结合。②比如,一种定义是"权利指法律规范所授予人的、旨在满足其利益的意思力"③。在此观点下,权利是一种具有决定权的意思力,其功能在于满足和保护利益。权利在本质上保护的还是利益。受私权保护的利益要受到公共利益的限制,无论对有体物,还是无形财产而言,这皆成立。

---

① 吕炳斌:《个人信息权作为民事权利之证成:以知识产权为参照》,载《中国法学》2019年第4期。
② 朱庆育:《民法总论(第二版)》,北京大学出版社2016年版,第503页。
③ 〔德〕汉斯·布洛克斯、〔德〕沃尔夫·迪特里希·瓦尔克:《德国民法总论(第33版)》,张艳译,中国人民大学出版社2012年版,第373页。

包括版权在内的知识产权都不是对客体圆满支配的权利,这一权利结构的缘由之一即知识产权保护要兼顾公共利益,兼顾他人的行为自由,并且知识产权制度的最终目的在于促进知识信息的传播,进而促进社会发展,造福社会。因此,就知识产权的宗旨和目的而言,知识产权作为私权,应当受到社会公共利益的限制。①

孤儿作品使用困境对版权法目的的实现和公共利益均会产生不利影响。时任美国版权登记处负责人玛丽巴斯·彼得斯在评析孤儿作品问题时表示:"如果没有版权权利人,则没有版权保护期限的受益人,这是一个巨大的浪费。这样的结果并没有进一步推进版权制度的目标。"②美国版权局也注意到"由于版权归属和权利人状况的不确定性,作品因此无法向公众公开,公共利益可能会受到损害。尤其是在如此情况下:不再有任何活着的人声称对版权拥有权利,或者权利人不再对作品的使用有任何异议"③。作品的版权属于私权利益,似乎与公共利益无关,然而,当由于版权归属和权利人状况的不确定性阻碍了作品流通和使用时,公共利益的确会受到损害。此外,孤儿作品问题可能会影响原有创意内容的再使用,妨碍他人使用具有文化或科学价值的内容。④目前全球范围内的大部分孤儿作品版权制度都受到广泛的批评,不仅可能有损公共利益,还被认为是"一种对作者并不能提供实际利益的制度"⑤。这种制度迫切需要改革。

---

① 张冬、李博:《知识产权私权社会化的立法价值取向》,载《知识产权》2012 年第 3 期。
② The "Orphan Works" Problem and Proposed Legislation, http://www.copyright.gov/docs/regstat031308.html, visited on Oct. 2, 2019.
③ Library of Congress, Orphan Works: Notice of Inquiry, http://www.copyright.gov/fedreg/2005/70fr3739.html, visited on Oct. 2, 2019.
④ Stef van Gompel, Unlocking the Potential of Pre-existing Content: How to Address the Issue of Orphan Works in Europe?, 38 *The International Review of Intellectual Property and Competition Law*, 2007:669-702.
⑤ Submission to the Copyright Office: Proposal on Orphan Works, http://web.law.duke.edu/cspd/pdf/cspdproposal.pdf, visited on Oct. 2, 2019.

二、孤儿作品与公共领域

（一）公共领域的一般理论

对将知识产权作为私有财产权的基本定位进行反思，需要强调公共领域理论。公共领域理论应当成为知识产权法中一个基本且重要的理论，也是知识产权法相比民法其他领域而言所特有的理论。从本质上说，公共领域理论旨在维护公共利益，寻求知识产权与公共利益之间的平衡。

公共领域与私权领域相对应。长期以来，在知识产权领域，私权不断扩张，公共领域不断被挤缩，这一现象引起了学者的关注和担忧，公共领域理论随之出现。[①]学者提出，构建著作权法理论框架的基石应当是公共领域理论。[②]基于公共领域理论对确保知识产权合理边界的积极作用，有学者认为，公共领域问题是包括著作权法在内的知识产权法的核心问题。[③]学者对公共领域理论的评价如此之高，在一定程度上也反映出这一理论的价值。基础理论或核心理论应当对部门法有统率性，孤儿作品版权问题也可使用公共领域理论进行分析。

公共领域与自由相关。公共领域是一种公众处于自由状态而不受特定主体私权控制的领域。在信息网络时代，公共领域也反映出许可文化和自由文化之间的冲突。互联网奉行自由文化，而版权制度却奉行许可文化。[④]随着信息网络技术的发展，权利人对作品的控制延伸到虚拟的网络空间，其控制力进一步加强。然而，这却与互联网的自由本质发生了冲突。因此，在互联网中重新划出一定的公共领域不仅得到理论界的提倡和呼吁，也在实践中得到了响应。自由软件运动和知识共享即为明确的例证。

自由软件运动旨在促进软件的普及性使用，是促进公共领域发展的一

---

① 冯晓青：《知识产权法的公共领域理论》，载《知识产权》2007年第3期。
② 冯晓青：《著作权法中的公共领域理论》，载《湘潭大学学报（哲学社会科学版）》2006年第1期。
③ 黄汇：《版权法上的公共领域研究》，法律出版社2014年版，第205页。
④ 〔美〕劳伦斯·莱斯格：《代码2.0：网络空间中的法律（修订版）》，李旭、沈伟伟译，清华大学出版社2018年版，第207页。

个典型事例。自由软件与商业软件相对应。开发者提供自由软件供社会公众免费使用,并允许他人进行修改、完善,但同时要求衍生软件仍遵照自由软件的通用许可约定。由此,自由软件运动不断发展和壮大,构建了一个在软件场合的公共领域。这一公共领域也成为互联网和信息技术不断发展的一个动力。有趣的是,自由软件运动为著名"黑客"理查德·斯托曼所倡导,斯托曼本人也被称为这一运动的精神领袖。①"黑客"在这一运动中发挥了巨大的作用,是自由软件运动的推动者,也是版权许可文化的破坏者,但社会公众却并不反感。这一运动奉行的其实是一种与"交换文化"相对应的"赠予文化"。②迫于"黑客"的压力,一些软件开发者索性采取开放源代码的策略,促进了自由软件运动的发展。软件开发者的目的并不是为了取得金钱激励,而是为了获得人们的赞赏和认可,这与基础科学和社会科学领域的学术研究也有一定的相似之处。学者们从事研究,撰写论文,发表论文,其主要目的并不是为了获得稿费报酬,而是为了促进知识的传递,获得同行认可,提高学术声誉。这也说明,一律将作者假想为经济利益的追求者是不恰当的。

  知识共享运动也是促进公共领域发展的一个典型例证。知识共享运动源于对知识产权制度正当性和存在价值的争议。知识产权制度以激励创新为其理论基础。然而,过于强势的知识产权保护是否阻碍了社会的发展,也为西方学者长期讨论。③与此同时,我国学者也推崇文化共享的思想。④知识共享和文化共享的理念都致力于促进人类先进知识的传播和发展,具有共同的价值取向。知识共享的目的在于提高知识的利用价值,并提升知识的效益。⑤知识共享协议下有不同的许可条款,权利人可以放弃某些权利,也可以保留某些权利,并不是对知识产权的彻底放弃。但是,就权利人通

---

① 方兴东主编:《黑客微百科:洞察网络时代的未来》,东方出版社2015年版,第105页。
② 周翼:《挑战知识产权——自由软件运动的经济学研究》,格致出版社、上海人民出版社2010年版,第67页。
③ 宋海燕:《娱乐法》,商务印书馆2014年版,第96页。
④ 米健:《论先进文化与文化共享——兼谈知识人的良心与责任》,载《比较法研究》2003年第1期。
⑤ 樊治平、孙永洪:《知识共享研究综述》,载《管理学报》2006年第3期。

过知识共享协议或声明放弃的那部分权利而言,它们可以组成一个公共领域。这实际上是通过私人自治的模式来创造知识产品的公共领域。

有学者基于知识共享的自愿性、非强制性得出结论,认为知识共享属于伦理体系,有别于具有强制性的法律体系,两者并行不悖,不能构成取代关系。① 笔者认为,知识共享建立于伦理基础之上,但仍然是通过法律制度的安排来实现的,仍然应当被视为法律体系的一部分。此外,从法社会学的角度而言,这种源于实践的法律制度和规则可以被视为"活法",即一种源于自发秩序的"活生生的法"。这一概念来自奥地利法学家埃利希的《法社会学原理》一书。埃利希认为:"活法不是法条中确定的法,而是支配生活本身的法。"② 这种"活法"反映着社会现实需求,是对既有法律规范的逐步调整。知识共享的兴起就反映了一种现实需求,它也在逐渐影响着法律理念和制度的发展。

(二) 孤儿作品与公共领域的分析

关于孤儿作品和公共领域之间的关系,我国学者的认识存在一定分歧。有学者将孤儿作品和政府作品并列,指出这些作品到底属于公共领域,还是私权排他领域,是需要明确的问题。③ 有学者认为,有很大一部分孤儿作品可以归入"事实意义上的公共领域"④。也有学者认为,真正意义上的"孤儿"作品(比如,自然人作者已经去世)应当归入公共领域。⑤ 然而,还有部分学者认为,将孤儿作品归入公共领域并不恰当。⑥

笔者认为,孤儿作品首先是一种"作品",并且在权利保护期内。因此初

---

① 胡波:《共享模式与知识产权的未来发展——兼评"知识产权替代模式说"》,载《法制与社会发展》2013年第4期。
② 〔奥〕欧根·埃利希:《法社会学原理》,舒国滢译,中国大百科全书出版社2009年版,第545页。
③ 黄汇:《〈著作权法〉修改应解决公共领域难题》,载《中国社会科学报》2015年7月22日第5版。
④ 董慧娟:《公共领域理论:版权法回归生态和谐之工具》,载《暨南学报(哲学社会科学版)》2013年第7期。
⑤ 周艳敏、宋慧献:《版权制度下的"孤儿作品"问题》,载《出版发行研究》2009年第6期。
⑥ 刘宁:《试论我国孤儿作品的著作权法律保护》,载《电子知识产权》2013年第7期。

步看来，孤儿作品并不属于公共领域。但是，真正意义上的"孤儿"作品，即作者已经去世后，无人继承又无人受遗赠的作品，应当自动进入公共领域。①对这类作品，与其由国家代为行使权利，不如直接实现其公共利益，将之释放到公共领域。

孤儿作品的特殊制度安排有助于促进知识产品公共领域的发展，这一点应当得到肯定和承认。比如，孤儿作品最为彻底的解决方案是重建作品登记制度，建立权利人信息数据库。登记制度具有过滤功能，它拥有的一个实质性的效果便是扩大公共领域。②此外，孤儿作品的认定与权利清理也有助于扩展公共领域。因为在此过程中，可能会发现有些作品的权利人已经放弃权利，或者本来处于模糊状态的版权作品，在经过使用者勤勉查找后，权利人表示可以免费使用，不必取得许可，即采取彻底的知识共享策略。这完全是可能的，就像在基础科学研究领域，研究者的宗旨和目的是促进知识的传播与交流，而不是获得研究成果的版税收入。在大众创作和"流量为王"的时代，很多网络作品的作者仅以作品传播为目标。权利人事实上已经分化，版权保护意识各异，法律不能一味地将所有作者假想为权利的积极需求者。这就需要另外一种机制来识别不在乎版权甚至放弃版权的作者，从而促进公共领域的发展。孤儿作品的特殊制度安排，在实现这一目标方面，是可以做出贡献的。

版权法中的公共领域主要包括版权保护期届满的作品、不受版权保护的创作结果等。但是，除了这两种情况形成的公共领域之外，还存在所谓的"权能公共领域"，其中的作品往往是某些著作权能受到限制的。③在解决孤儿作品问题的各种方案中，不乏对著作权进行限制的方案。由此看来，孤儿作品问题的解决方案也会生成一个"权能公共领域"。当然，孤儿作品中的精神权利、人格权利仍然是受到永久保护的，可能受到限制的是其中

---

① 周艳敏、宋慧献：《关于孤儿作品著作权问题的立法设想》，载《电子知识产权》2011年第3期。

② Stef van Gompel, Copyright Formalities in the Internet Age: Filters of Protection or Facilitators of Licensing, 28 *Berkeley Technology Law Journal*, 2013:1425-1458.

③ 黄汇：《版权法上的公共领域研究》，法律出版社2014年版，第15页。

的经济权利。为了促进信息网络时代孤儿作品的数字化利用,对孤儿作品中的数字化复制权能进行限制,也不失为一种思路。

在公共领域理论之下对孤儿作品版权问题进行分析,并不是要将孤儿作品纳入公共领域,而是要为私权的限制和私权行使中的利益平衡寻求理论支撑。孤儿作品问题的解决方案既需要考虑促进公共领域发展和维护公共利益,又需要在孤儿作品使用的社会效应和作者权利与经济利益的维护方面进行平衡,为权利人提供足够的保障措施。将公共领域理论纳入孤儿作品问题解决方案的思考之中,至少可以确保形成的方案是经过利益衡量的。

第二节　许可文化与自由文化的冲突

一、信息权利与信息自由

知识产权的客体可以被理解为一种特定的信息。[1]"信息说"为分析知识产权客体的非物质性提供了一个理论工具,便于将无法被占有的无形客体与可被占有的物权客体相区别,说服力较强,也得到国内外众多学者的提倡。[2]按照"信息说"进行理解,知识产权所保护的是一种特定的信息。具体而言,专利权保护的是一种处于公开状态的技术信息,著作权保护的是文学艺术或科学领域的表达信息,商标权保护的是指示来源的特定信息。

---

[1] 关于知识产权的客体,学界存在知识说、智力成果说、符号说和信息说等不同观点。刘春田:《知识财产权解析》,载《中国社会科学》2003年第4期(知识说);李明德主编:《知识产权法》,北京师范大学出版社2011年版,第2页(智力成果说);李琛:《论知识产权法的体系化》,北京大学出版社2005年版,第124—129页(符号说);朱谢群编:《郑成思知识产权文集:基本理论卷》,知识产权出版社2017年版,第134页(信息说);吕炳斌:《个人信息权作为民事权利之证成:以知识产权为参照》,载《中国法学》2019年第4期(信息说)。

[2] 朱谢群编:《郑成思知识产权文集:基本理论卷》,知识产权出版社2017年版,第134页;〔日〕中山信弘:《多媒体与著作权》,张玉瑞译,专利文献出版社1997年版,第3页。Henry E. Smith, Intellectual Property as Property: Delineating Entitlements in Information, 116 *Yale Law Journal*, 2007:1742-1822.

这些信息可统称为"非物质形态的知识信息"①。当然，受知识产权保护的知识信息还需满足创造性、创新性或显著性等方面的条件。随着社会的进步，新的知识产权类型亦可能出现。知识产权现代化的一个趋向是"将知识产权向'信息产权'扩充"②。然而，无论知识产权在未来如何发展，其客体必须具有信息本质。可以说，"信息说"为理解知识产权的客体提供了一个独特的视角，揭示了它的本质。③著作权保护的作品虽然以文字等符号表现出来，但这不影响其信息本质。此处需要强调的是，"信息说"揭示的是知识产权客体的本质，而不是其表象。

在知识信息上设定权利，就导致信息具有双重属性，一方面是财产权的属性，另一方面是信息本身具有的自由属性。信息权利本质上是一种控制，构成了对信息自由传播的制约。

信息自由和信息权利在著作权法中的关系一直处于紧张状态。著作权保护可以激励创作，但会阻碍信息流通，这被认为是著作权制度的"先天缺陷"。④在互联网时代，许可文化和自由文化的冲突尤为突出。美国学者莱斯格指出："版权法的核心在于规制'复制品'……数字技术的核心在于制造'复制品'。"⑤"互联网最根本的精神在于自由和共享。"⑥依此理解，知识产权对信息产品的排他控制和互联网精神之间的冲突是根本性的。作品是文化艺术表达领域的信息，互联网的本质在于传播信息，因此信息权利化与促进信息传播之间的冲突在互联网环境中被放大。或者说，诞生于工业时代的知识产权制度并不能很好地适应互联网时代。⑦互联网对知识产权领域的最大冲击在于版权，网络版权法的研究已经颇具规模，便是明证。

---

① 吴汉东主编：《知识产权法（第五版）》，法律出版社2014年版，第6页。
② 吴汉东：《中国知识产权法律变迁的基本面向》，载《中国社会科学》2018年第8期。
③ 吕炳斌：《个人信息权作为民事权利之证成：以知识产权为参照》，载《中国法学》2019年第4期。
④ 王太平：《知识产权制度的未来》，载《法学研究》2011年第3期。
⑤ 〔美〕劳伦斯·莱斯格：《代码2.0：网络空间中的法律（修订版）》，李旭、沈伟伟译，清华大学出版社2018年版，第207页。
⑥ 李伦：《鼠标下的德性》，江西人民出版社2002年版，第76页。
⑦ 张平：《市场主导下的知识产权制度正当性再思考》，载《中国法律评论》2019年第3期。

二、许可文化与自由文化

权利意识下的许可文化与网络空间中盛行的自由文化存在着内在冲突。孤儿作品问题凸显于信息网络时代和数字化时代,其中也反映着许可文化和自由文化的冲突。

网络空间中的很多行为都涉及对文学艺术表达的复制,属于著作权法的规制范围。这也大大拓展了著作权法的适用空间。在互联网出现之前,著作权并非同每个人息息相关,它只是少部分人的权利,也只会规制少部分人的行为。互联网技术的发展,促进了创作的多元化、大众化,作品分享也不再限于朋友之间,而是可以非常便捷地面向不特定多数人传播。无论在创作环节,还是在传播环节,互联网技术都改变了著作权法赖以存在的生态环境。

在著作权法的发展过程中,我们一定不能忽视信息自由也为知识产权法所需要促进的目标之一。具体到孤儿作品问题,即在设计其解决方案时,我们不能一味地偏向许可文化,也要正视信息网络传播中盛行的自由文化,通过具体的规则设计和调整,在满足特定条件的情况下,促进知识信息的传播,甚至是自由传播。

当然,自由也并非绝对的。在孤儿作品问题上,尽管基于种种理由,可以在理念上更为注重文学艺术信息的自由传播,放宽许可要求和使用要求,但这并不意味着完全走向自由。规则的设计实际上仍然需要在许可文化和自由文化之间寻找恰当的平衡,既要维护权利概念内含的许可文化,又要促进信息的传播。只要权利存在,自由只能是相对的。在孤儿作品问题方面,在侵权责任豁免制度或侵权责任限制制度下,使用者的自由度更大;在有限例外模式下,特定主体获得了较大的自由;而在强制许可模式下,使用者获得的自由最小。强制许可模式仍然偏向许可模式,这是一种无奈的选择,毕竟"权利"本身是倾向于许可文化的。

上述分析的主要目的和意义在于认识孤儿作品问题的理论根源之一在于许可文化和自由文化之间的冲突。尽管我国未来应当是选择偏向许可文化的强制许可模式的,但仍可在具体的规则设计和适用中缓和各种要求。这其实是在维护许可文化的前提下,尽可能地促进使用者的自由。毕竟,自由文化不仅与信息网络传播技术相适应,也与知识信息的本质属性相符。

第三节 作者分化视野下的版权保护之反思

一、创作生态环境的变化与作者的分化

著作权法之初创,出自出版社的推动,根源于图书出版行业中的经济利益。从历史看,著作权法最初是围绕经济利益展开的,作者也被假定为需要通过创作来获利的人。

但是,信息网络技术不仅加快了作品的传播,还改变了智力成果生产的生态环境。信息技术的发展使知识产品的生产变得非常容易。正如日本学者中山信弘所言:"'万人出版者的时代'已经到来。"①随着创作大众化时代的到来,作者不再是职业群体,他可以是社会上的每一个人。作者也不再是经济利益的追求者,其创作动机和意图呈现出多元化。一部分作者不再通过追求对作品的控制实现经济利益,而是倾向于通过知识共享,促进知识的传播。有学者指出:"权利人的分化现象是网络时代著作权领域最为突出的特征。"②

在互联网时代,作品创作的大众化现象打破了创作者和消费者之间的分野。作品的消费者可以同时方便地成为新作品的创作者。创作者和消费者之间的利益也不再截然对立。"作品创作的大众化趋势,使得复杂和专业的版权法制度有些不适应。"③

著作权法尚未很好地回应作者权利意识分化的事实。著作权法关注的

---

① 〔日〕中山信弘:《多媒体与著作权》,张玉瑞译,专利文献出版社1997年版,第65页。
② 张鹏:《规制网络链接行为的思维与手段》,载《华东政法大学学报》2018年第1期。
③ 吴伟光:《数字技术环境下的版权法——危机与对策》,知识产权出版社2008年版,第38页。

似乎是专业文化,其最初架构也建立在职业化的创作和传播行为上。①"从历史上看,版权法一直专注于商业生活。它使非商业性或超越商业性的创造不受法律规制的约束。"②然而,事实上,专业创作活动并不是文化创作的全部,甚至连最主要的部分也算不上。③在我们的日常生活中,存在着大量的业余文化。这些业余文化的结果,很多都以文字、语言方面的形式表达出来,由此获得了著作权保护。

有些作者在创作时并无版权保护意图,反而希望创作成果能够无限制地加以传播,但版权法在立法上"一视同仁"地给予这些作者以版权保护。

如果一个作者在作品创作之后,保持沉默,著作权法则推定他不允许别人使用他的作品。如果作者希望作品传播,根据现行法律,他需要发表专门的声明,或者作出专门的告示。举例而言,如果一个作者希望作品被传播,就需要在作品中加入"欢迎传播""欢迎转载"等文字。如果作者没有就此表态,又失去联系,其创作的作品就沦为了孤儿作品。实际上,很多孤儿作品的权利人并不在乎其著作财产权,反而希望推进作品的传播。只不过,在现行法律制度下,其作品传播受制于权利的约束。

二、"容忍性使用"与著作权法的变革需求

法律制度不能脱离现实。法律本质上是规范人们行为的制度,权利和义务规范的存在旨在为人的行为提供指南。法律、权利均不能脱离现实基础,否则就会变成难以执行的法律,其实效性会大打折扣。著作权法在信息网络时代的失灵,在一定程度上可归结于脱离了现实。

从事实层面而言,当代著作权法的实践中存在着大量的"容忍性使用"(tolerated use)。所谓"容忍性使用",指的是作品的使用构成侵权,但权利人对此予以容忍的现象。④当代著作权法借鉴物化的财产结构,在文学艺术

---

① 熊琦:《中国著作权法立法论与解释论》,载《知识产权》2019年第4期。
② Lawrence Lessig, *Code: And Other Laws of Cyberspace*, Version 2.0, Basic Books, 2006, p.194.
③ Ibid., p.193.
④ Tim Wu, Tolerated Use, 31 *Columbia Journal of Law & the Arts*, 2008:617-635.

表达上设置了绝对性的排他权,这实际上已经超出了保护的需要。在实践中,很多作者实际上并无对其文学艺术表达进行排他保护的主观需求,他们更看重作品传播所带来的声誉提升的精神体验,对未经许可的作品使用行为不持反对态度。因此表面上看,虽然这些未经许可的使用行为构成侵权,但权利人却对此予以容忍或者默认。尽管著作权法为所有的作品都提供了版权保护,但并非所有的作者都意图享有这种保护或行使这种权利。在实践中,面对大规模的非法使用或侵权使用,的确存在着权利人的"选择进入"现象,①只有部分权利人会选择拿起绝对权、排他权的"武器",主张他人的行为构成对著作权的侵害,大部分著作权人则会选择容忍,选择不进入权利行使的阵列。

"容忍性使用"不仅仅是当事人对行使权利与否、起诉与否的选择问题,它有着复杂的背景。"容忍性使用"的出现源于现代技术的发展,随着复制设备、摄制设备已经触手可及,人们使用作品、传播作品变得十分便利,这已大大不同于著作权法诞生之初少数人才拥有复制设备、摄制设备的情形。但"容忍性使用"与真正的盗版相比,又有着本质的区别。就大多数"容忍性使用"而言,使用者无意侵权,而是不经意间触及了作品权利人的排他空间。"容忍性使用"所涉的版权价值往往也较低,甚至微不足道,这也是权利人持放任和容忍态度的原因之一。权利人容忍的原因还包括:权利人怠于处理,维权成本高于预计的损害赔偿,以及考虑到大规模的使用(尽管是未经许可的)能促进作品的传播。此外,网络传播极为便利,涉及面广,权利人如果起诉,可能引发众怒,丧失作品的追捧者,考虑到这种情况,也有作者选择"容忍性使用"。

"容忍性使用"可以说是法律上的一个巨大的灰色地带。就法律技术而言,使用者的使用是未经许可的,构成侵权,但权利人却采取放任和容忍的态度。有些"容忍性使用"已经成为人们生活中习以为常的一部分,比如在PPT中使用他人图片,通过电子邮件转发他人作品,或者在社交网络上转

---

① Ibid.

发他人作品。由这些典型例子也可见,社会中有着大规模的未经许可使用,但是这些作品往往价值较低。

"容忍性使用"这一术语由美国哥伦比亚大学法学院蒂姆·吴教授提出,他在提出这一术语之后,也提供了相应的解决对策,即"基于通知的财产权"[1]。形象而言,这就像权利人需要在房屋外面贴上一个"不得侵入"的告示才能阻止他人进入一样,否则他人进入该空间就不构成侵权。这种方案比较激进,与现有的财产权制度相去甚远。然而,在著作权法中,已经有"基于通知的财产权"的影子,比如避风港规则。在未经权利人通知之前,网络服务提供者处于一个安全的位置,即使该网络服务空间中存在侵权作品,网络服务提供者也不构成侵权。又如,就某些作品而言,权利人事实上采取了技术保护措施,著作权法则对破坏技术措施的行为加以规制。这种技术措施也可被视为作品外部的告示。接触控制型技术措施的存在可以被理解为权利人不允许他人随便接触作品。本来,排他权的存在,就已经意味着他人不得随意接触权利保护对象,但在技术面前,这种权利变得脆弱,容易受到侵害。因此,权利人必须用一个额外的接触控制技术措施对其作品加以保护。上述两个例子大致可以说明,绝对权意义上的传统财产权制度在处理无形的作品时存在一定的失灵,权利人需要额外的通知或告示,以维护其权利。

上述"基于通知的财产权"是一个带有变革性的观点,且不论其在一般意义上能否实现,在孤儿作品场合,该方法作用不大。在孤儿作品场合,连最初的产权告示、权利人身份告示都是缺失的,更不用说权利人基于保护权利目的的通知。当然,如果知识产权制度真的发展到需要权利人发布"不得侵入"告示的阶段,那么孤儿作品的数量自然会大幅度减少。但在可预见的将来,这种"基于通知的财产权"还不大可能实现。

总之,在事实上,权利人的版权保护意识已经出现了严重的分化,而著作权法上尚没有很好地作出反应。孤儿作品领域即是如此,有的权利人实

---

[1] Tim Wu, Tolerated Use, 31 *Columbia Journal of Law & the Arts*, 2008:617-635.

际上已经放弃了作品的版权,不署名可能就是一个证明,但法律仍然把全部权利人假想为要主张权利的权利人。版权法应当承认"分化的作者"这一事实。至于其应对方案,则是个难题。扎根于绝对权、排他权的知识产权制度很难被撼动,"分化的作者"中毕竟还有一部分是权利的需求者和积极拥护者,特别是电影公司、软件公司、网络游戏公司等版权产业中的企业。因此,在承认作者分化事实的基础上,对版权法的变革应当是渐进的。在允许的解释空间范围内,扩大合理使用的范围,允许人们在网络空间的交往中使用作品,在孤儿作品的使用中缓和勤勉查找要求,并且通过孤儿作品使用的反向登记制度来识别权利意识分化的作者,这些都是可行之策,在一定程度上也是在回应作者分化的社会现实。

第四节 著作权法的理论前提:从"经济人假设"到"社会人假设"[①]

一、对著作权法的理论前提进行反思之必要性

著作权法随着传播技术的发展而发展。[②]信息网络技术比起印刷技术、广播电视技术、录音录像技术而言,对著作权法的影响更为深远且重大。面对互联网技术的冲击,"著作权法已经迎来了需要进行彻底范式转换的时期"[③]。在我国,著作权法研究向来是知识产权法研究的主要内容。近年来,著作权法研究又以网络著作权问题为热点和核心,学界对侵害信息网络传播权的认定标准、深层链接的法律定性、体育赛事直播和网络游戏直播的著作权问题等网络版权法的具体问题展开了激烈争论,但尚未得出令

[①] 本节曾发表于《当代法学》2020 年第 6 期,题为《著作权法的理论前提:从"经济人假设"到"社会人假设"》,纳入本书时有修改扩充。

[②] 刘家瑞编:《郑成思知识产权文集:版权及邻接权卷(一)》,知识产权出版社 2017 年版,第 10—20 页。

[③] 徐棣枫、解亘、李友根编:《知识产权法:制度·理论·案例·问题(第二版)》,科学出版社 2011 年版,第 130 页。

人信服的通说。可见,著作权法的具体实施面临困境,"头痛医头、脚痛医脚"已无济于事。任何具体问题的困境都与理论基础相关,皆可从理论基础说起,因此是时候对著作权法的基本理论前提进行检视和反思。

随着信息网络技术的发展,著作权法赖以存在的生态环境已经发生剧烈改变。第一,信息网络的发展促进了创作的便捷化和大众化。信息技术的发展使知识产品的生产变得非常容易。在信息网络时代和创作大众化时代,作者不再是职业群体,他可以是社会上的每一个人。建立于职业创作时代、以产权激励理论为基础的著作权法的现实基础已经逐步瓦解,著作权法的理论基础亟待更新。第二,传统理论除了在创作环节已经出现失灵之外,在传播环节亦是如此。信息网络时代可谓是一个"流量为王"的时代,作品的传播本身就会带来价值,一律赋予作者对作品传播利益的排他控制,与互联网奉行的自由文化相冲突,[①]由此产生了很多困境,也造成了著作权在网络环境中的部分失灵现象。概言之,著作权法所依赖的生态环境和社会基础正在发生变化,这呼吁我们对著作权法的理论前提和理论基础进行反思和更新。

知识产权法中传统理论脱离现实基础、出现失灵的情况,在著作权法中尤为突出。当代知识产权法建立在激励理论基础上,旨在通过排他性财产权的授予,激励创新成果的产出和传播。下文将详细展开激励理论中蕴含的"经济人假设"的理论前提。于专利权而言,由于大多数发明创造属于企业活动或经济行为,因此激励理论可较为普遍地适用,未出现多大问题。然而,于著作权而言,在信息网络时代和创作大众化时代,激励理论已经很难解释广泛存在甚至已经占据主体地位的业余创作现象。有多少作品的创作是在响应著作权提供的产权激励?激励理论到底还有没有现实基础?著作权法是否仍然要以"经济人假设"为理论前提?本节即旨在对著作权法中的"经济人假设"展开反思,进而寻求更加贴合信息网络时代创作和传播环境的著作权法理论前提。

[①] 〔美〕劳伦斯·莱斯格:《代码2.0:网络空间中的法律(修订版)》,李旭、沈伟伟译,清华大学出版社2018年版,第207页。

二、著作权法中的"经济人假设"

(一)"经济人假设"在经济学中的地位和重要性

"经济人假设"(homo economicus)又称"理性人假设",指人以自身利益的追求和满足为行为的出发点和目标,并能以最小的成本去实现最大化的利益。经济学中所谓的"理性人",实际上与经济利益挂钩,"理性人假设"更直白地说是一种"经济人假设"。

"经济人假设"是"现代经济学大厦的理论基石"[①],也是法经济学的基本假定前提。[②]在"经济人假设"下,人的行为受制于利益的驱动。在西方近代思想史上,"利益"最初其实并不限于物质利益和经济利益,然而到了16世纪以后,"利益"的含义逐渐被限缩为物质利益和经济利益。于是进一步出现了以利己主义为理念的经济人假设。实际上,现实中的人不可能是绝对利己的,人性存在利己和利他的二元性。然而,现代经济学为了计量分析的方便,在利己、利他之间,仍然选择了利己作为人性的本质。经济学试图以计量的方式实现对人的行为分析的科学化,利己主义有利于实现这一目标,而利他主义在科学计量方面很难取得一致的结果。经济学中惯用的成本—效益分析也建立在付出的成本和得到的收益的比较之上,以利己主义为基础。若将人性论改为利他主义,则经济学和法经济学都将在计量上面临困难,失去计量方面的科学性优势。

概言之,"经济人假设"可以将人的行为和动因计量化,利己主义更是有利于进行成本—效益分析,有利于发挥经济学的优势,故这一假设是经济学家捍卫的基石。

(二)著作权法中蕴含的"经济人假设"理论前提

在法经济学的影响下,"经济人假设"的理念渗入私法领域,传统民法也

[①] 徐传谌、张万成:《"经济人"假设的发展》,载《当代经济研究》2004年第2期。
[②] 朱力宇:《论"经济人"假设在法学研究中运用的问题》,载《法学家》1997年第6期。

开始持"经济人假设中的行为目的论"①。财产权以"理性人假设"或"经济人假设"为正当性前提,著作权亦不例外。②"经济人假设"应用到著作权法中,即出现了作者会以利益为导向,在经济激励之下进行创作的假设。

"经济人假设"是版权制度与生俱来的,版权的诞生体现着对权利人经济利益的维护。版权最初是出版商的权利,版权保护之立法也源于出版商的推动。以权利化的方式对作品进行版权保护,不仅有利于实现出版商的利益,也满足了出版商追求利益最大化的诉求。

著作权是一种典型的知识产权。知识产权法的主流预设和价值判断中隐藏着"经济人假设"的前提。当代知识产权法的理论学说中,激励理论占据着主导地位。王坤在我国首部专门研究知识产权方法论的著作中表示:"激励说在知识产权正当性理论中最为盛行"③。国内外其他学者的论述中,也不乏如此表述:"知识产权的传统正当性解释是它们提供了激励"④;"占主导地位的知识产权合法性理论是基于实用主义的激励理论"⑤。激励理论不仅是一种知识产权的正当性理论,对知识产权法的立法和司法实践也颇具影响力。可以说,"我国知识产权制度设计主要是建立在激励理论之上的"⑥。

从比较法上看,著作权(版权)保护的正当性理论除了激励理论之外,还有自然权利理论等理论学说。⑦但是,"中国立法者实际上并没有接受劳动自然权学说的指引"⑧,对我国著作权法影响最为深刻的仍然是激励理论。

---

① 徐国栋:《民法私法说还能维持多久——行为经济学对时下民法学的潜在影响》,载《法学》2006年第5期。
② 熊琦:《著作权的法经济分析范式——兼评知识产权利益平衡理论》,载《法制与社会发展》2011年第4期。
③ 王坤:《知识产权法学方法论》,华中科技大学出版社2016年版,第143页。
④ Robert P. Merges, *Justifying Intellectual Property*, Harvard University Press, 2011, p. 300.
⑤ 梁志文:《反思知识产权请求权理论——知识产权要挟策略与知识产权请求权的限制》,载《清华法学》2008年第4期。
⑥ 孔祥俊:《论我国商标司法的八个关系——纪念〈商标法〉颁布30周年》,载《知识产权》2012年第7期。
⑦ 联合国教科文组织:《版权法导论》,张雨泽译,知识产权出版社2009年版,第7页。
⑧ 崔国斌:《著作权法:原理与案例》,北京大学出版社2014年版,第10页。

我国《著作权法》第1条规定的立法首要目的是"鼓励有益于社会主义精神文明、物质文明建设的作品的创作和传播"。在这条规定中,既没有自然权利理论的踪影,也未见大陆法系人格权理论的烙印。我国主流的著作权法教材也深受激励理论的影响,其中不乏这样的论述:著作权制度"保障了权利人能够从他人对作品或相关客体的特定利用行为中获得报酬,从而对作品的创作和相关客体的制作起到了激励、鼓励的作用"①。可见,激励理论是我国著作权法的基础性理论和主导性理论。

根据学界的一般理解,激励理论指向的是经济激励。这就使激励理论隐含着"经济人假设"的前提。有学者认为:"版权为信息的创作和传播提供了经济激励。"②也有学者认为:"为作者提供适当的、足够的经济上的激励,是著作权法关注的焦点。"③其中均涉及"经济"二字。甚至,一些学者直接将"激励理论"表述为"经济激励理论"或"经济激励机制"④。带有"经济"二字的"经济激励理论"被认为是传统的著作权法理论,⑤也被认为是"在知识产权的制度设计中得到广泛应用"⑥的理论。可以说,激励理论视作品为商品,认为创作者是一个"经济人",需要经济利益上的激励。那么,由于"传统的激励理论仅仅提供经济利益的激励",因此对精神激励的容纳只好通过对传统激励理论的修正来实现。⑦

具体到著作权法的制度层面,著作权的权利性质、权利结构和保护模式都体现着经济激励理论。第一,在权利性质上,著作权是一种私权,在体系定位上属于无形财产权。著作权法主要通过赋予权利人对作品上特定利益的排他控制来实现激励目标。与其他财产性权利一样,著作权体现着经济

---

① 王迁:《著作权法》,中国人民大学出版社2015年版,第1页。
② 李雨峰:《中国著作权法:原理与材料》,华中科技大学出版社2014年版,第152页。
③ 冯晓青:《知识产权法利益平衡理论》,中国政法大学出版社2006年版,第331页。
④ 梅术文:《网络知识产权法:制度体系与原理规范》,知识产权出版社2016年版,第41页;梁志文:《数字著作权论——以〈信息网络传播权保护条例〉为中心》,知识产权出版社2007年版,第10页。
⑤ 梅术文:《网络知识产权法:制度体系与原理规范》,知识产权出版社2016年版,第41页。
⑥ 冯晓青主编:《全球化与知识产权保护》,中国政法大学出版社2008年版,第107页。
⑦ 周贺微:《著作权法激励理论研究》,中国政法大学出版社2017年版,第56页。

激励的价值功能。第二,在权利结构上,著作权保护的是非物质化的客体,因此有别于有体物所有权,并不是对客体的圆满状态的控制,而是采取"行为规制权利化"的方法,①在特定使用行为上架构排他的利益保护空间。由复制权、发行权、信息网络传播权等组成的庞大的著作权权能体系旨在保障权利人的排他获利,其原理是用潜在的经济回报来激励作品的创作和传播。第三,在保护模式上,著作权和物权等绝对权一样,享有停止侵害和损害赔偿两大侵权责任的保护。停止侵害的保护模式旨在恢复权利人对作品上利益的排他控制,而损害赔偿的保护模式则更聚焦于修复著作权法的经济激励功能。可见,著作权法在制度架构上的确是扎根于经济激励的,蕴含着"经济人假设"的理论前提。

当代著作权法的主导理论之所以蕴含着"经济人假设",是因为激励理论不仅是一种哲学解释,也是一种经济解释。从经济学层面而言,首要的激励乃至最重要的激励是经济激励。在当代著作权法中,经济解释尤为盛行。智力成果生产成本高、复制成本低,存在市场失灵,这是需要对著作权进行保护的一种常见理由。②正如我国学者所说:"著作权法使用市场的经济报酬来激励新作品的创作和传播。"③当代版权法建立在激励理论基础上,在制度上赋予作品创作以经济回报和激励,这导致当代版权法是以权利人的经济利益为中心而构建的。可以说,版权这一概念中存在着"固有的利己主义"④。

总之,激励理论已经成为著作权法中的主导理论,它将作者假设为需要获得经济回报的"经济人",更为明确地说,这一理论中存在着"经济人假设"的前提。因此,可以说,当代著作权法是以"经济人假设"为前提的。

---

① 吕炳斌:《个人信息权作为民事权利之证成:以知识产权为参照》,载《中国法学》2019年第4期。

② Niva Elkin-Koren, Tailoring Copyright to Social Production, 12 *Theoretical Inquiries in Law*, 2011:309-348.

③ 冯晓青:《著作权法之激励理论研究——以经济学、社会福利理论与后现代主义为视角》,载《法律科学·西北政法学院学报》2006年第6期。

④ 〔美〕莱曼·雷·帕特森、〔美〕斯坦利·W.林德伯格:《版权的本质:保护使用者权利的法律》,郑重译,法律出版社2015年版,第111页。

三、"经济人假设"之反思

（一）法经济学分析工具依赖于其前提假定

法经济学是一种分析工具，它通过经济学的原理来解释法律问题，在法律制度的成本—效益分析等问题上具有广泛的应用空间。但法经济学只能作为法学研究的一种工具，如果让法学研究扎根于法经济学，可能会导致法学研究过于功利主义，还会导致研究的片面化。法经济学家波斯纳也认为，法律经济分析或"法经济学"是一门不成熟的科学，它在法学中的角色是辅助性的，比如提高我们对法律的理解、帮助法律改革等。①

对法经济学这一分析工具来说，其前提假定至关重要。"'法与经济学'的科学性以应用假说——演绎法为特色，因而作为前提的假定的现实性和价值标准的妥当性具有非常重要的意义。"②如果法律经济分析的前提假定的现实性已被破坏，那么对这种分析的妥当性就需要进行反思。具体到著作权法，以"经济人假设"为前提的激励理论的现实基础是否依旧，值得进行认真的审视和反思。

（二）经济学中对"经济人假设"的反思

"经济人假设"容易把利己和理性绝对化，呈现出"一根筋"式的思维模式，这在经济学内部也遭到批判。③

随着研究的不断深入，经济学也逐渐承认人的行为并非完全追求经济利益的最大化，而是会受到其他决策因素的影响。一方面，行为会受到环境的影响，比如信息不全面、信息不对称等。这些因素都可能导致行为人出现各种各样的认知偏见，从而影响行为决策。人不可能是完全理性的经济人，他的行为和决策也不可能是完全理性的，理性人或经济人的假设前

---

① Richard A. Posner, *The Problems of Jurisprudence*, Harvard University Press, 1993, p.63.
② 季卫东:《追求效率的法理（代译序）》，载〔美〕波斯纳:《法理学问题》，苏力译，中国政法大学出版社1994年版，第5页。
③ 赵磊:《"经济人假设"的五个误区》，载《学术月刊》2009年第9期。

提与现实情况并不相符。另一方面,行为人自身也可能存在利他主义的倾向。波斯纳认为,自利与自私是两个不同的概念,人的满足感也可能源自他人的幸福。①可见,利己和利他也并不是截然分开、互相对立的。人的行为模式存在多样性,不仅受制于经济因素,也会受到文化、政治等方面因素的影响,"经济人假设"应当被超越。②就人的理性而言,波斯纳指出:"'经济人',并不如同一般人设想的那样,只是纯粹受金钱驱使的个人,而是一个行为完全由各种动因决定的人;他的理性与鸽子或老鼠的理性并无什么不同。"③人的理性其实并不能归结为经济理性,也不可能完全按照理想化的、最佳的理性程度行动。因此,经济学对完全理性人假设进行了矫正,目前经济学中流行的是"经济人"有限理性假设。④

更进一步说,"经济人假设"的最大问题在于经济学与伦理学的分离,完全从利益角度去思考人的行为,忽视了伦理和道德因素对人的行为的影响。这是一种不够现实的考量。印度经济学家阿马蒂亚·森指出,当代经济学的一个重要缺陷源于经济学和伦理学的脱离。⑤"经济人假设"将人类的行为经济化、利益化,而没有考虑人类行为在伦理上的多样性,忽视了人类行为的非经济性的一面,尤其是道德情操方面的因素。⑥人不仅是"经济人",也是"伦理人",人的行为具有多种属性和动因,经济利益的激励并非唯一动因。⑦

对"经济人假设"的反思可能走向二元化甚至多元化。比如,一种反思和批判之后的结果认为,人性是二元的,既是利己的,也是利他的。然而,这种二元论的一个突出问题是,它在逻辑上破坏了理论的内在一致性。⑧捍

---

① 〔美〕理查德·A.波斯纳:《法律的经济分析(上)》,蒋兆康译,中国大百科全书出版社1997年版,第4页。
② 孟捷:《经济人假设与马克思主义经济学》,载《中国社会科学》2007年第1期。
③ 〔美〕波斯纳:《法理学问题》,苏力译,中国政法大学出版社1994年版,第476页。
④ 杨德才编:《新制度经济学》,南京大学出版社2007年版,第276页。
⑤ 〔印〕阿玛蒂亚·森:《伦理学与经济学》,王宇、王文玉译,商务印书馆2000年版,第32页。
⑥ 同上书,第2页。
⑦ 胡波:《共享模式与知识产权的未来发展——兼评"知识产权替代模式说"》,载《法制与社会发展》2013年第4期。
⑧ 赵磊:《"经济人假设"的五个误区》,载《学术月刊》2009年第9期。

卫人性假设一元论的学者认为，利己、利他只是人性的不同表现形式而已，人性的本质只能有一种。①正是基于此，主流经济学仍然选择了利己主义作为人性的假定前提。经济学已经承认自私自利的人性观存在问题，但仍强调人的行为追求利益的最大化。②这可能是因为经济利益分析在计量上具有优势。引入"伦理人"概念，会使人的行为动机产生多元化，造成经济学计量分析的困难。但如前文所述，法经济学分析只是一种工具，它不是法学的全部，甚至不能作为法学的核心研究方法。因此，为了理论的内在一致性而不顾社会现实，为了计量分析的优势而将人性假设片面化，并不具备充分的正当性和必要性。

总之，"经济人假设"在经济学中已饱受诟病，预设着"经济人假设"的激励理论在著作权法中也需要加以反思和改进。

（三）著作权法中的"经济人假设"之反思

1. 社会基础的改变：知识产权不再是少部分人的权利

著作权等知识产权的产生有着不同于物权的背景和社会基础。以土地所有权为典型的物权产生于农耕社会，具有悠久的历史和很强的社会基础，它与人们的生活息息相关。正因如此，以土地所有权为典范的物权法是民法中最为重要的组成部分。③而知识产权的历史相对较短，产生于商品经济时代，主要与商业活动相关，在社会普遍性上相对较弱，版权亦不例外。版权最初是出版商的权利，是一种商人的权利，是少部分人的权利。日本著名民法学者加藤雅信认为："所有权保护的社会意义和知识产权保护的社会意义是完全不同的。所有权的保护是普遍的，它对所有的人来说都具有一定的意义，但是通过知识产权保护获得直接利益的人却是极为有限的。"④

---

① 同上。
② 张旭昆：《经济人、理性人假设的辨析》，载《浙江学刊》2001年第2期。
③ 〔日〕加藤雅信：《"所有权"的诞生》，郑芙蓉译，法律出版社2012年版，第137页。
④ 〔日〕加藤雅信：《"所有权"的诞生》，郑芙蓉译，法律出版社2012年版，第137页。

版权制度从诞生之日起,就服务于版权产业的利益。以经济利益保护为导向的版权制度导致只有少数人或企业成为这一制度的主要获利者。本来旨在激励创新的版权制度,最终使得版权产业中的垄断企业获得了大部分利益。①

但是,前述社会基础正在发生改变。在信息网络时代和创作大众化时代,至少就著作权而言,它的普遍性正在增加,不再是少部分人的权利。因此,著作权法的社会基础不应限于追求自身利益最大化的经济人,而应囊括更为广泛的、有着不同偏好和行为动机的社会人。

2. 作者创作动机的改变:多样性和权利意识的分化

尽管对很多具有社会价值和经济价值的作品来说,经济激励是其诞生的重要原因,但这并非全部。

人们进行创作的动机多种多样,既可以是对经济激励的响应,即出于获取财产利益的目标,也可以是纯粹出自兴趣爱好,甚至可能是出于为社会做贡献的公益之心。即使是为了私利,创作者也可能并不看重经济回报,而更看重作品创作带来的个人荣誉和成就感。就某些类型的作品而言,对个人成就的满足,对个人获得社会公众尊重的渴望,都有可能促使作品的创作和产生。②"经济人假设"将作者假定为一个最大程度追逐物质利益的人,"忽略了那些为了其他原因生产知识和艺术商品的人"③。

可见,在经济激励下进行创作,只描述了部分创作者(职业创作者)的状态。对业余创作者而言,经济激励往往是次要的,他们也不期望通过创作来维持生计、养家糊口。在创作大众化时代,经济激励可能仅对部分作品的创作产生激励。国内外学者的研究也已经承认这一问题。李琛教授认

---

① 〔美〕罗纳德·V. 贝蒂格:《版权文化——知识产权的政治经济学》,沈国麟、韩绍伟译,清华大学出版社 2009 年版,第 104、256 页。

② Steve P. Calandrillo, An Economic Analysis of Property Rights in Information: Justifications and Problems of Exclusive Rights, Incentives to Generate Information, and the Alternative of a Government-Run Reward System, 9 *Fordham Intellectual Property, Media & Entertainment Law Journal*, 1998:301-360.

③ 〔美〕罗纳德·V. 贝蒂格:《版权文化——知识产权的政治经济学》,沈国麟、韩绍伟译,清华大学出版社 2009 年版,第 101 页。

为,即使在经济人、理性人的假设下,人所追求的利益也不应当限于经济利益。①科恩认为:"版权在激励创造性作品方面起着很小的作用。"②响应著作权法的激励而进行创作的人,少之又少。科恩还认为,既然"激励作者说"与事实不符,不如将之改为"激励资本说",即将版权的直接目的视为"激励文化的中介和私有化,同时将对文化的妨碍最小化"③。笔者的观点与之不同。"激励资本说"仍然只反映了作品创作的局部现象,相应的理论并不具有全局性和统率性。既然激励理论与创作的生态环境和实际状况不符,不如寻求其他理论支撑,不再拘泥于激励理论的束缚。

与创作动机的多样化相对应,作者的权利意识也出现了分化。在创作大众化、创作多元化的背景下,并不是所有的作者都在乎权利,都期待著作权的保护。很多作者并不追求经济利益的最大化,甚至不在乎权利保护,他们更期待作品的免费传播和分享。随着这些作者的增多,一律用"经济人假设"来建构著作权法,用激励理论来解释著作权法,恐怕已不合时宜。在著作权法的正当性解释中,还存在着社会本位的功利主义、人格理论等多种理论选择。也许,其他理论可以更好地解释当下的作品创作和传播现象,为制度和规则的完善提供更好的理论支撑。

3. 著作权法中已有的矫正努力

著作权虽然在体系上属于财产权中的无形财产权,但其权利结构和权利保护范围又存在诸多特殊之处。实际上,这些特殊之处是对在作品上建立财产权存在的不足之矫正,也是对著作财产权赖以构建的前提即激励理论的矫正。其特殊之处主要体现在两个方面:第一,著作权中除了财产权之外,还有人格权。人会追求利益的最大化,但"经济人假设"却将这个利益局限为经济利益,这带来了理念上和制度设计上的不妥。人所追求的利益除了经济利益之外,还有精神利益。在权利体系中,财产权和人格权均

---

① 李琛:《著作权基本理论批判》,知识产权出版社2013年版,第15页。
② Julie E. Cohen, Copyright as Property in the Post-industrial Economy: A Research Agenda, 2011 *Wisconsin Law Review*, 2011:141-165.
③ Ibid.

为人的基本权利,故人的经济利益和以精神利益为主的人格利益都需要加以保护,二者都是人们所看重的利益。第二,著作权的各种限制实际上也是对"理性人"或"经济人"唯利是图、不断追求私人利益最大化的规制和限制。

可见,法律一方面将著作权法建立在"经济人假设"之上,一方面又对这种假设可能产生的负面效应进行矫正。但现行著作权法中的矫正努力尚且不够。毕竟,现行著作权法仍然建立在激励理论的基础上,以维护作者的经济利益为核心,构建了庞大的著作财产权体系。真正矫正还需毫不避讳地针对这一理论基础及其隐含的"经济人假设"前提而展开。

四、从"经济人假设"到"社会人假设"

(一)"社会人假设"及其优势:体现人的社会性和行为动机的多样化

"理性人假设"或"经济人假设"是古典经济学中的一个基本假设,产生于工业化初期,具有特定的社会基础。工业化初期,人的行为目的主要在于逐利,并以利润最大化为追求的目标。然而,随着社会的发展,经济利益已不再是人的唯一追求,人的追求具有了多样性。因此,经济学家也开始主张"社会人假设",认为人是社会的人,是现实的人。[①]

一般认为,经济学中的"社会人"观念由哈佛商学院教授梅奥提出。[②]梅奥在1945年出版的《工业文明的社会问题》一书中,基于一项被称为"霍桑实验"的大规模实证研究指出,人具有合作和人际交往的本能,并认为在人的行为选择中,"进行人际交往的本能,很容易超越单纯的个人利益和逻辑思考",从而否定了"经济激励具有主要的基础性作用"的观点。[③]梅奥的研究重新发现了被传统经济学所忽视的人的社会需求,将人理解为社会人。19世纪末20世纪初兴起的行为经济学,更是旨在借助心理学、社会学的知

[①] 厉以宁:《社会人假设已取代经济人假设》,载《北京日报》2017年6月12日第14版。
[②] 厉以宁主编:《市场经济大辞典》,新华出版社1993年版,第317页。
[③] 〔美〕乔治·埃尔顿·梅奥:《工业文明的社会问题》,时勘译,机械工业出版社2016年版,第55、144页。

识来解释人的非理性行为,进一步将人定性为社会人,而不是纯粹的理性人或经济人。①

在"社会人假设"下,人生活在社会关系之中,不仅有物质需求,还有社会和心理需求,人的行为选择和行为决策会受社会和心理因素的影响。具体来说,在社会因素的影响方面,人的行为会受到社会关系的制约和影响。人是一种独特的社会动物,具有社会性的一面。人只有投入集体之中,才能实现价值和意义。因此,人会选择合作和利他的行为。争议发生时,人往往会首先考虑协商和和解;即使在商业活动中,企业在发生经济利益冲突时也可能选择和解,而不是斗争到底。在心理因素的影响方面,受社会因素的影响,人有获得身份认同、获得友谊、得到尊重的需要,荣誉、尊严和自我实现等难以用金钱衡量的心理因素在很大程度上将影响人的行为选择。

可见,"社会人假设"与"经济人假设"在方法论、人性假设、行为选择等影响因素的理解上都存在区别。第一,在方法论上,"经济人假设"奉行个体主义方法论;"社会人假设"则导向整体主义方法论。②第二,在人性假设上,"经济人假设"认为人以自身利益为出发点和追求目标,人是追求经济利益最大化的理性动物;"社会人假设"则抛弃了理性行为者模型下的经济人假设,使人性假设更符合社会现实。第三,在行为选择上,"经济人假设"奉行最大化行为假设原则,认为人会理性地追求成本的最小化和经济效益的最大化;"社会人假设"认为人的行为并不总是按照经济人的最大化行为假设进行的,人的行为未必是理性的,也未必是自利的,人的行为会受到社会关系和心理因素的影响和制约,典型的例子如炫耀性消费和"份子钱"。更进一步说,两种假设的本质区别在于对人的行为动机或目的的理解。"当经济学家试图用有目的的行动来解释事件时,最终必须将行动分解为

---

① 〔美〕理查德·塞勒:《"错误"的行为——行为经济学的形成》,王晋译,中信出版集团 2018 年版,第 VII、5 页;〔美〕彼得·戴蒙德、〔美〕汉努·瓦蒂艾宁编:《行为经济学及其应用》,贺京同等译,中国人民大学出版社 2013 年版,第 1—3 页。

② 杨立雄:《"经济人"还是"社会人"——经济学方法论的个体主义与整体主义之争》,载《经济评论》2002 年第 5 期。

个人的动机或目的。"①"社会人假设"的要旨即在于承认人除了追求经济利益之外,还有个人荣誉、自尊、情感、社会地位等方面的需求。有别于"经济人假设",在"社会人假设"下,经济利益并不是行为的唯一动机,有时甚至不是主要动机。在"社会人假设"下,社会性才是人的根本属性,经济性只是社会性的一部分。

"社会人假设"使人的行为模型从纯粹理论假设回归了社会现实,与我国的社会背景和制度理念也更为贴合。马克思主义中也存在"社会人"思想。②的确,人不可能孤立地存在,人的生存依赖于社会,人生存的意义也包括获得社会的认可和尊重,成为社会中融洽的一员。

"社会人假设"完全可以解释作者创作的动机多元化和权利意识分化,更为贴近信息网络时代的著作权生态环境。人是社会人,获利不是唯一目的,人与人之间的交流也是生存必不可少的。人的创作动机不只是为了获得经济利益,而是多种多样的。"社会人假设"可以巧妙地将以不同目的为出发点而进行创作的作者囊括其中,而"经济人假设"只适合解释为了经济利益而创作的现象。

在"社会人假设"下,现行著作权法理论难以圆满解释的一些问题也可以得到更好的诠释。比如,"知识共享"就不需要被解释为游离于法律之外的道德行为,③而可以被视为著作权法应当包含的现象。法律应当对此有所回应,予以鼓励。这是因为知识共享不仅符合"社会人假设"的理论前提,还有利于促进著作权法终极目标的实现。

(二) 在著作权法中落实"社会人假设"的基本构想

1. 提倡"社会人假设"的基本立场和态度

提倡"社会人假设",不是要将现行版权制度推倒重来,也不是要放弃在

---

① 〔美〕罗伯特·墨菲:《第一本经济学》,程晔译,上海财经大学出版社 2011 年版,第 25 页。
② 朱力宇:《论"经济人"假设在法学研究中运用的问题》,载《法学家》1997 年第 6 期。
③ 有学者基于知识共享的自愿性、非强制性,得出知识共享属于伦理体系,有别于具有强制性的法律体系。胡波:《共享模式与知识产权的未来发展——兼评"知识产权替代模式说"》,载《法制与社会发展》2013 年第 4 期。

作品上构建产权制度。提出"社会人假设"的目的在于重新审视著作权法的理论基础和假定前提,使其更贴近社会现实。

尽管在信息网络时代,业余作者增多,甚至在规模上可能大于职业作者,但维护职业作者的利益,使其得以从作品的网络传播中持续获利,仍然非常重要。①毕竟,职业作者提供了较高质量的创作成果,并且这些成果往往是业余作者进行后续创作的基础。仅凭这一点,著作权法仍然需要为作者提供经济激励,但同时也需要在具体的制度设计中注意和考虑作者创作目的在事实上的分化。

由上可知,著作权法依然是一种财产权制度,并不需要彻底推倒重来。但是,经济人毕竟只是社会人的一种,人的行为动机具有多样性,著作权法在具体制度设计上也需要落实和反映这一基本理念的变化。提倡"社会人假设",需要的是重新寻找著作权法的理论基础,调整优化著作权法的个别制度和规则,以落实这种理念。

2. 强调社会本位的功利主义观

激励理论的背后蕴含着功利主义思想,因此功利主义和激励理论也常被知识产权学者画上等号。②其实,在功利主义理论下,法律为创作或创新提供产权激励,不仅仅是为了满足私利,更是为了促进公共福利。但如前所述,著作权法的理论常常忘记这一点,多数时候将为创作者提供经济激励作为核心和根本。

循着"社会人假设"的整体主义方法论,激励理论可以被修正为基于社会本位的激励理论。在版权制度中,经济激励只是手段,不是目的。有美国学者主张,版权制度的主要目的不在于提高分配效率,而在于支持文化。③更明确地说,这种范式将版权法视为旨在增强公民社会中个性独立和

---

① Robert P. Merges, *Justifying Intellectual Property*, Harvard University Press, 2011, p. 264.

② 孔祥俊:《知识产权法律适用的基本问题——司法哲学、司法政策与裁判方法》,中国法制出版社2013年版,第314页。

③ Neil Weinstock Netanel, Copyright and a Democratic Civil Society, 106 *Yale Law Journal*, 1996:283-387.

文化多元的国家举措。①作品创作的繁荣是社会文化发展的一个重要方面。作品为民众提供精神食粮,维持着社会的运行。此外,美国最高法院在判决中曾如此表述,"制宪者意图将版权本身作为自由表达的引擎"②。作为高度全球化的版权制度,其促进表达自由和文化发展的宗旨不可忽略。我国著作权法同样不可忽略版权制度中所强调和旨在维护的表达自由与文化发展,这些都属于社会人所需要的社会环境的重要组成部分。在社会本位功利观旨在促进的表达自由、文化发展等目标面前,对作者提供经济激励只是手段,不是目标。把手段当作理论基础的谬误自不待言;当手段不能实现目标时,则需以目标为重,重新审视手段或纠正手段。

社会本位的功利主义观已被表达在著作权法的立法目的中。著作权法的终极目标是促进社会文化艺术的发展,这一目标为各国立法普遍认可。我国《著作权法》第 1 条亦不例外,其中规定的立法目标就包括"促进社会主义文化和科学事业的发展与繁荣"。这实际上体现了社会本位的功利主义观。③著作权法的最终目的是促进文化的繁荣,这在立法者和研究者之间也很容易达成共识。

但是,在著作权法的理论和实践中,学者和法官又时不时地受其他理论观念的影响,将对作者的经济激励视为著作权保护的中心思想。知识产权的私权定位是个人本位的财产观的反映。由于包括著作权在内的知识产权的权利架构和保护模式都是借鉴绝对权模式,以物权法中的所有权为范本,因此具体的权利保护中体现着个人本位的财产观。社会本位的立法理念和个人本位的财产权理念之间存在着一定的冲突。对此,我国现行著作权法中也存在矫正措施,法定许可、合理使用等限制性规定即旨在纠正个人主义财产观的不足。但这些个别规则上的调整尚显不够,立法者和司法者还需要在著作权法中全面落实著作权法的社会本位理念,将促进文化发展和繁荣的目标定位纳入具体规则的制定和适用中。社会本位的功利主义

---

① Ibid.
② Harper & Row, Publishers, Inc. v. Nation Enters., 471 U. S. 539, 558 (1985).
③ 崔国斌:《知识产权法官造法批判》,载《中国法学》2006 年第 1 期。

观不仅仅是一种立法上的宣示,更应成为著作权法立法论和解释论的理论基础,全面渗透于著作权法的规则体系之中。总之,著作权法中的激励理论需要从个人本位矫正为社会本位,强调社会本位的功利主义观。

在孤儿作品场合,若以社会本位的功利主义观为指导思想,则应当尽可能采取措施促进作品和知识信息的传播和利用,打破"先授权、再使用"的个人主义财产观的束缚,在终极目标的指引下设计一套促进孤儿作品利用的法律制度。

3. 替代性理论选择:重拾人格理论

除了将著作权法的激励理论从个人本位矫正为社会本位,从而强调社会本位的功利主义观之外,作为另一种理论选择,人格理论也可成为著作权法的主导理论,并可统率著作权法的规则设计。

人格理论是大陆法系国家著作权法的基础理论。尽管我国立法者倾向于社会本位的功利主义观,在立法目的中未体现出受人格理论的影响,但独创性判断的个性标准等具体规则上有着人格理论的烙印。由此可知,我国著作权法的理论基础是复合的、杂糅的。

人格理论揭示了人格利益与创作带来的荣誉感、成就感也是作者所追求的。能够对人的创作动机的多元化问题进行解释,这正是重拾人格理论的意义和价值所在。

在现行著作权法的基础理论中,人格理论并不占据主导地位。一种理由是人格理论难以解释著作财产权。其实,针对人格特征商业化利用的现实需求,人格权在理论上早已作出了更新,承认了人格权中亦可具有附属的财产利益。[①]据此,用人格理论解释著作财产权是完全没有障碍的。

人格权商业化和人格权财产利益的产生源于实践需要,是实践倒逼理论革新的结果。随着肖像、姓名等人格特征或要素在商业领域中使用的增多,人格权中附属了财产性的价值或利益。这个事实在德国和美国等不同法系的国家都得到了认可,并形成了不同的保护模式。德国学者一般承认

---

① 吕炳斌:《个人信息权作为民事权利之证成:以知识产权为参照》,载《中国法学》2019年第4期。

人格权的财产利益。比如，拉伦茨认为，姓名等人格特征是个人本身所具有的人格财产。①在德国，人格权财产利益的认可得益于学说和判例的互相支持，但通说仍持一元论，即认为非财产利益是人格权的核心，财产利益不能脱离核心利益而单独存在。②美国判例法则发展出"公开权"，使之与隐私权对立，③形成了在人格利益和财产利益上分别设权的二元保护模式。我国学者多承认人格特征的财产利益，只不过在保护人格权财产利益的模式选择上存在争议。④

将人格的保护内容从精神利益扩大到财产利益，是对人格特征商业化利用现状的回应，也是对传统理论的修正。对人格权的财产性质的承认，在一定程度上打破了人身权和财产权的严格区分，因此需要有理论上的正当化理由。从目的论而言，人格权旨在维护人的尊严和人格的自由发展。人格权财产利益的保护，如果能维护和促进这一目标的实现，则可以具有正当性。人格权商业化导致人格权中附加了财产利益，由自然人对之加以控制，自然人的经济自主和人格发展得到维护和尊重，这正是德国、美国承认人格权中附加的财产利益的主要理由。⑤可以说，保护人格权中的财产利益，实际上是为了促进人格的自由发展，⑥而人格的自由发展是人格尊严的外延所在。

若以人格理论作为著作权法的理论基础，人格权商业化理论就可以用于解释著作权中的财产性权利。作品是人格的外在表达，也是人格的外在标志，可为人支配和利用，有积极使用的价值和利益，需要赋予相应的财产

---

① 〔德〕卡尔·拉伦茨：《德国民法通论（上册）》，王晓晔等译，法律出版社2003年版，第166页。
② 姚辉：《人格权法论》，中国人民大学出版社2011年版，第372—375页。
③ Peter L. Felcher, Edward L. Rubin, Privacy, Publicity, and the Portrayal of Real People by the Media, 88 *Yale Law Journal*, 1979:1577-1622.
④ 例如，房绍坤、曹相见：《标表型人格权的构造与人格权商品化批判》，载《中国社会科学》2018年第7期；温世扬：《论"标表型人格权"》，载《政治与法律》2014年第4期。
⑤ 王泽鉴：《人格权保护的课题与展望——人格权的性质及构造：精神利益与财产利益的保护》，载《人大法律评论》2009年第1期。
⑥ 岳业鹏：《论人格权财产利益的法律保护——以〈侵权责任法〉第20条为中心》，载《法学家》2018年第3期。

性权能。这些财产性权能的存在可以被理解为是为了维护人格利益的完整性和人格的尊严及自由发展。

在人格理论下,法律还是要赋予作者对作品的控制权,但更强调人格利益意义上的控制,而不是财产利益意义上的控制,这对促进信息产品的流通有重要意义。

在人格理论下,著作权的精神权利不容贬损,这一基本立场应当普遍适用,对孤儿作品也是如此。既然著作财产权的理论基础可以被理解为人格权的商业化利用,那么在理论上著作财产权就应当只适用于商业领域,因此个人使用并不侵权。我国《著作权法》规定的合理使用例外的第一种类型"个人使用例外"大致可印证这一观念。当然,依据现行著作权法,并非所有的个人使用都构成侵权例外,个人在网络上未经许可传播作品,即使未获利,仍然构成对权利人信息网络传播权的侵害。如果以人格理论统率著作权法,非商业性使用就不属于侵害著作权的行为。但允许个人无休止地在网上传播作品,又可能会影响作品的商业化使用。在人格理论下,一种可能的做法是将作者的精神权利和作品中的经济权利相分离。对作者的精神权利应当予以普适性的保护,而作品中的经济权利则需要限制。如何在人格理论下,具体设计个人使用例外的限度是一个另外的主题。基于本书主题所限,在此不详细展开。

无论如何,人格理论可以用来弥补激励理论、功利主义财产观的不足。英美法系并不奉行人格理论,它认为"版权是法律赋予的基于作品的权利",与作者的权利相互独立。[①]有美国学者指出:"美国版权法中主要的理论缺陷无疑是没有考虑作者的人身权利。"[②]即使按照版权体系的传统,将著作权(版权)定位为财产权需要与其他财产权具有相通的理论解释,人格理论也可以成为解释著作权制度和问题的有益补充。

如前所述,若以人格理论为统率和指导,他人无论以何种方式使用孤儿

[①] 〔美〕莱曼·雷·帕特森、〔美〕斯坦利·W. 林德伯格:《版权的本质:保护使用者权利的法律》,郑重译,法律出版社2015年版,第98页。
[②] 同上书,第183页。

作品都需要尊重作者的人格利益,这具体体现为对已发表作品的署名权、保护作品完整权的尊重。然而,若是非商业性地使用孤儿作品,则应当作为版权保护的例外。个人在私密空间独立观看、欣赏作品,哪怕产生复制件,这在现行法下也不构成侵权。问题在于,个人在信息网络空间传播作品,根据现行法,会构成侵权,这是阻碍孤儿作品使用的一大障碍。

也许在未来,我们可以设计出针对孤儿作品的更为宽泛的例外制度。但法律制度的变革以渐进为宜,目前仍然应当聚焦于如何确立和完善孤儿作品的强制许可制度。

4. 促进对作者分化的识别:重新挖掘登记制度的活力

"社会人假设"承认作者群体出现了分化,不再是纯粹的、单一的经济人。因此,需要在具体制度上促进对作者分化的识别。

历史上存在的版权登记制度的一个重要功能即识别功能。登记制度潜伏着这样一个假设,只有部分作者会寻求权利的登记和保护,大多数作者都不需要这种权利,因此也不会去登记。相反,当代著作权法下,版权登记制度的缺失导致识别不同作者群体的机制也缺失了,进而致使法律将所有作者都推定为追求经济利益的"经济人",从而脱离社会现实。从功能上看,版权登记制度有利于识别在乎经济利益的作者以及不在乎经济利益的作者,这一制度非常契合目前作者群体出现分化的现状。

但是,在现行法下,正如前文已经多次提及的,著作权的自动产生原则已经成为根深蒂固的制度原则,难以撼动。因此,重建版权确权登记制度几乎不可能实现。然而,基于版权登记制度的内在功能,可以重新激发这一制度的活力。版权登记制度仍然可以变相发挥作用,美国的版权登记制度就是例证。如前所述,美国《版权法》在接受《伯尔尼公约》的自动产生原则后,仍通过诉讼规则、证据规则、侵权赔偿规则等方面的措施激励版权的自愿登记。美国式的版权登记制度显示出,在维护权利自动产生的前提下,仍可通过其他方面的激励措施,鼓励登记,从而发挥出版权登记制度的价值。

在当代版权法下,如何在保持版权自动产生的同时,发挥登记制度的活力，是一个重要命题。除了美国基于侵权救济目的而鼓励登记之外，还可以考虑基于交易的目的去鼓励登记，构建一种基于交易的版权登记制度。在网络时代，随着在线版权交易的发展，在线版权交易平台基于合理注意义务，有必要采取版权登记和审查措施，以避免侵权作品的在线交易，进而避免可能的侵权责任纠纷，这有助于发展出一套基于交易的版权登记制度。①随着信息网络技术的发展，若能进一步形成大型的乃至"一站式"的版权交易平台，就可以更为方便地向公众表示作者对财产权利的重视。

虽然当代著作权法已经放弃了强制性的确权登记制度，但并不排斥从侵权救济、作品交易等其他环节入手，去促进和鼓励登记，从而发挥版权登记制度的内在价值和功能。从交易环节入手的版权登记制度无疑可以识别出以经济利益为目的的作者，而美国式的将登记作为侵权救济前置要件的制度，也有助于识别在乎权利、企图通过诉讼程序保护其权利的作者。这些从其他环节入手的登记制度并不违背版权自动产生原则，在现行法下即可展开，可以弥补当代版权制度的不足，起到促进作品登记的作用，进而促进对作者分化的识别。

当然，从侵权救济、作品交易等其他环节着手的登记制度毕竟不是强制性的确权登记制度，只能识别部分在乎经济利益的作者。因此，还应发挥"知识共享"等弃权制度的功能，使作者可以便捷地放弃全部或部分版权，从而向社会公众宣告作者对经济利益的态度。上述变相的版权登记制度和弃权制度相互配合，有利于识别不同的作者群体。这种识别有助于降低作品使用的交易成本。

就孤儿作品而言，前文已经提出过孤儿作品使用的反向登记制度，这其实也是一种识别职业作者和业余作者的机制。他人经过勤勉查找后，在准备开始使用孤儿作品之前需要进行登记预告。在乎经济权利的职业作者和版权企业自然可以提出异议，而不在乎经济权利的作者则可以保持沉默。

作者分化的事实已无可争议，问题是如何识别在乎权利的作者和不

---

① 吕炳斌：《版权登记制度革新的第三条道路——基于交易的版权登记》，载《比较法研究》2017年第5期。

在乎权利的作者。或许,孤儿作品使用的反向登记制度可以实现这一使命。

5. 促进作品在社会交往中的使用

"社会人假设"相比"经济人假设"而言,更注重人的社会角色,也更关注人的社会交往。在当代社会,作品创作不仅是牟利的手段,在很多场合还是社会交往的需要。在信息网络时代,人们的社会交往已离不开对文字、图片、视频等作品的使用。

为了促进作品在社会交往中的使用,著作权的保护范围和例外需要重新修正。在这方面,"社会交往例外"就可以成为一种基于"社会人假设"的著作权保护例外。有学者在研究微博上的著作权问题时指出,微博上的作品虽然短小,但仍可以满足独创性条件,从而获得著作权保护;但由于微博上的交流具有"日常对话性、即兴以及非营业性特征",因此可以成为著作权保护的"社会交往例外"。①也有学者针锋相对地指出:"著作权法上从来就不存在所谓的'社会交往例外'。"②的确,我国《著作权法》采明文列举方式对著作权的限制和例外进行了规定,社会交往例外已经超出现行法中存在的个人使用例外,即表面上看,这种社会交往例外并不存在。但如果进行仔细研究可以发现,社会交往例外也具有较为深厚的理论基础。第一,在书信交往以及现代的电子邮件交往中,附上或转发他人享有著作权的文章,并不构成侵权,这已成为默认的规则。这实际上就是学理上所谓的"社会交往例外"。权利人很难追究这种行为的责任,因为书信交往发生在私人之间,虽然已经超出了著作权法意义上的个人使用的范围,但仍然属于个人隐私。第二,"社会交往例外"涉及言论自由、信息自由等更高位阶的价值,如果他人在交往中使用作品信息,但对著作权人利益的损害可以忽略不计,那么将这些微小的利益纳入著作权保护范围可能超出了必要范畴。著作权的保护范围应当适当,一旦进入他人非营利性的社会交往领域,即应止步,否则可能影响他人行为自由,侵蚀公共领域。第三,我国现

---

① 刘文杰:《微博平台上的著作权》,载《法学研究》2012 年第 6 期。
② 李宗辉:《论微博的版权问题》,载《电子知识产权》2015 年第 Z1 期。

行《著作权法》虽然没有明文规定"社会交往例外",但根据国际条约中的三步检测法(我国《著作权法》也已引入三步检测法)①,某一特殊行为只要不会影响作品的正常使用,也不会不合理损害权利人的利益,则可属于著作权保护范围的例外。在三步检测法下,"社会交往例外"是可以证成的。第四,即使法律上没有明文规定,法律解释上也模糊不清,"社会交往例外"也可被认为是一种"活法"。奥地利法学家埃利希在其《法社会学原理》一书中提出了"活法"的概念,认为"活法不是法条中确定的法,而是支配生活本身的法"②。网络空间中是存在"活法"的。由于物理空间的规则并不能全盘照搬至网络空间,而且网络空间中会出现法律不能调整或难以调整的现象和行为,因此网络社会会形成一些"自生自发秩序",这也可被理解为是"活法"。在法社会学意义上,这也是"法律"。这些"自生自发秩序"或"活法"可借助于"习惯"等概念进入司法裁判,成为法律的一部分。

在信息网络时代,信息的传播效率大大提高。在保持传统著作财产权的基础上,促进分享的便利化,是一种优选的方案。③让著作权法既能为权利人提供产权激励,又能方便作品的传播和分享,是著作权法一直以来孜孜以求的目标。然而,在产权保护和促进传播这两大目标之间,著作权法不可能一直处于一个最佳平衡点。法律制度的设计本身有可能存在偏差,社会现实的变化也可能使原来几近平衡的规则在利益分配上产生新的失衡。因此,版权保护的范围和例外也需要不断微调。将对作者权利影响微乎其微的社会交往中的作品使用作为例外,免去许可、授权的烦恼和障碍,可大幅降低信息传播的成本,提高传播效率。

于孤儿作品而言,在一般情况下,拘泥于"先授权、再使用"的默认规则已产生不少问题,因此在社会交往的特殊情形下,更应当将孤儿作品的使用作为例外。否则,将大大降低信息传输的效率,影响作品社会价值的发

---

① 《与贸易有关的知识产权协定》(TRIPS)第13条,我国《著作权法》第24条。
② 〔奥〕欧根·埃利希:《法社会学原理》,舒国滢译,中国大百科全书出版社2009年版,第545页。
③ Robert P. Merges, *Justifying Intellectual Property*, Harvard University Press, 2011, p. 228.

挥,也给权利人带来了不便,因为其中的经济利益微乎其微,对权利人利益的影响也几乎可以忽略不计。

人是社会中的人,创作作品也是为了交流,每个人都应当可以互惠地使用他人的作品信息进行社会交往。在法律上认可"社会交往例外",不仅符合人的"社会人"定位,也将促进信息传播的便捷,提升效率,信息传播的社会成本也将降低。站在"社会人假设"的立场上,承认事实上已经存在的"社会交往例外",是一种明智之举。

总之,互联网技术的发展导致作品创作的生态环境发生改变,作者群体也出现了分化。著作权法的理论前提应当从"经济人假设"转向"社会人假设",这将使著作权法的理论前提更为贴近现实基础。为落实这一理念,需要转变传统激励理论仅提供经济激励的局限性认知,强调社会本位的功利主义观,以便对经济激励理论作出修正。作为替代性理论,人格理论亦可以重新成为著作权法的主导理论和统率性理论。在具体制度设计上,也叫进行一些相应的调整,以反映"社会人假设"这一理论前提。孤儿作品的反向登记制度实际上就是一种识别机制,可以识别出在乎经济利益的职业作者和不在乎经济利益的业余作者。源于社会现实的"社会交往例外"也体现着人的"社会人"定位,叫在法律中予以止式承认。当然,提倡"社会人假设",会丧失"经济人假设"所具有的计量优势,但人和社会本来就不是用来被计量的,人的很多行为和社会中的很多现象都不能用经济计量来简单解释。

第五节 著作权作为绝对权的负面效应及其化解

孤儿作品的版权困境是"先授权、再使用"的财产权规则造成的。按照大陆法系民法的财产权理论,物权、知识产权、债权等均属于财产权。在我国《民法典》编撰过程中,我国知识产权法学界曾就《民法典》中应否专设知识产权编展开论证和讨论,①这促进了我国学界对知识产权的民事权利属性认识的深化。知识产权法"隶属于民法部门"②,"是民法不可分割的一部分"③,这样的观念日益深入人心。可以说,知识产权法正在向民法回归。根据民法中的权利理论,物权、知识产权属于绝对权,即在效力上具有绝对排他性;而债权属于相对权,即在效力上具有相对性。绝对性被民法学者称为"物权的基本性格"④,也被知识产权法学者定性为"知识产权与所有权的共同特征"⑤。知识产权为绝对权,意味着知识财产为权利人所控制,他人如要使用知识产品,需要取得权利人的许可。长久以来,这一"先授权、再使用"的财产权默认规则未被发现明显问题或缺陷,但在孤儿作品场合却暴露出问题。可以说,孤儿作品问题表面上看是权利人信息不明或难以联系而造成的,但在本质上源自著作权的绝对权结构。

一、在信息上架构绝对权的负面效应

知识产权的保护对象在本质上可以被理解为是一种信息。⑥著作权保护的作品虽然以文字等符号形式表现出来,但本质上仍为一种信息,"信息说"揭示的正是知识产权客体的本质,而不是表象。

信息的含义多种多样,有语义信息(作为含义的信息)、信号信息(作为信号的信息)等。⑦与知识信息最为贴近的概念是语义信息。信息要有一定

---

① 例如,刘春田:《我国〈民法典〉设立知识产权编的合理性》,载《知识产权》2018年第9期;邓社民:《我国民法典分则编纂中的知识产权立法构想》,载《法学评论》2017年第5期。
② 吴汉东:《民法法典化运动中的知识产权法》,载《中国法学》2016年第4期。
③ 刘春田:《知识产权作为第一财产权利是民法学上的一个发现》,载《知识产权》2015年第10期。
④ 王泽鉴:《民法物权(第二版)》,北京大学出版社2009年版,第15页。
⑤ 吴汉东主编:《知识产权法(第五版)》,法律出版社2014年版,第13页。
⑥ 吕炳斌:《个人信息权作为民事权利之证成:以知识产权为参照》,载《中国法学》2019年第4期。
⑦ 〔美〕马克·布尔金:《信息论——本质·多样性·统一》,王恒君、嵇立安、王宏勇译,知识产权出版社2015年版,第6页。

的含义或内容。笔者认为,信息由内容和表达构成,①信息要表达出来才能被人感知,也才有可能得到法律的保护。知识产权所保护的信息都可以有外在的表达,但"表达"仍然属于信息的范畴。②以著作权为例,通说认为,著作权法保护的作品是一种表达。这种表达还需要进一步依附于一定的载体,如传统的纸张或者电子数据文档等。信息有别于载体,信息的表达层面也有别于载体。作品载体的灭失不等于作品(表达)的灭失,即在作品载体灭失后,受著作权法保护的作品或表达依然可以存在。③概言之,知识产权的客体可被理解为是表达特定内容的信息。

信息在本质上有共享性,这也是信息与物的最为根本的区别。④知识产品也具有"公共产品"属性,一旦生产,可以在不损害原件的情况下产生无数多个复制件,非竞争性地为人所用。⑤这其实是非保密状态的信息的共性,因此有知识产权学者直接将这一点表述为"信息具有'公共产品'的特性"⑥。这种"公共产品"或具有公共性的信息在理论上可被无数多个人同时使用,无法被个人独占,这与有体物形成了鲜明的对比。⑦

尽管知识产权的客体是信息,有别于有体物的客体,但知识产权的权利结构是借鉴物权的,以所有权为参照和原型。包括著作权在内的知识产权实际上汲取了物权结构中的绝对权、排他权,在信息上构建起了一种排他性的权利。这在权利体系上具有优势,解决了包括著作权在内的知识产权如何融入民事权利体系的问题,但将绝对权思维模式运用在信息客体上,

---

① 郑成思教授认为,"作为知识产权保护客体的信息,既有形式又有内容"。如果把形式理解为表达形式,这一论述与笔者的观点就大致相同。郑成思:《信息、知识产权与中国知识产权战略若干问题》,载《法律适用》2004 年第 7 期。
② 吕炳斌:《个人信息权作为民事权利之证成:以知识产权为参照》,载《中国法学》2019 年第 4 期。
③ 同上。
④ 朱谢群:《信息共享与知识产权专有》,载《中国社会科学》2003 年第 4 期。
⑤ Jessica Litman, The Public Domain, 39 *Emory Law Journal*, 1990: 965-1023.
⑥ Mark A. Lemley, Property, Intellectual Property, and Free Riding, 83 *Texas Law Review*, 2005: 1031-1076.
⑦ 吕炳斌:《个人信息权作为民事权利之证成:以知识产权为参照》,载《中国法学》2019 年第 4 期。

也会产生一些副作用。

哈耶克曾警告,"把有体物中发展出的财产观念,盲目地适用于知识财产,已经导致了垄断的增加……如果需要有效的竞争,可能需要大刀阔斧的改革"①。哈耶克表达的担忧,主要针对的是专利。但这一观点也同样适用于版权。在信息这种客体上盲目地借鉴在有体物上形成的财产权制度,会增加信息财产上的排他效能,不仅将影响竞争对手的利益,还会影响社会公众应当享有的信息自由。美国知识产权学者认为,将知识产权作为排他的绝对权是一个陷阱。②澳大利亚著名知识产权学者达沃豪斯和布雷斯韦特曾指出:版权法发展不当,极有可能步入"信息封建主义"。③我国学者亦指出,将有形财产的观念套用到无形的知识财产上,会"致使公共领域在不知不觉中消遁"④。有体物的财产权有着清晰的边界,对公共领域的入侵较为有限。而无形财产的边界模糊,存在很大的不确定性,很容易侵入公共领域。逐渐地,公共领域在无形财产权的包围之下会不断地缩减。可见,在信息上建立绝对权意义上的财产权,可能存在负面效应,这已引起国内外学者的注意。

可见,知识产权是一种人为创设的法律制度。将知识产权作为绝对权,难免会在制度架构上借鉴已经存在的物权,在认知结构上与物权进行类比,而这容易产生负面效应。⑤

所有权的权能包含着积极和消极两个方面,其积极权能为占有、使用、收益和处分,消极权能则体现为排除他人之干涉,后者为绝对权的特征。⑥排除他人干涉的主要方法,就物权而言,为物上请求权;知识产权也有类似

---

① Friedrich A. Hayek, *Individualism and Economic Order*, University of Chicago Press, 1948, p.114.
② Mark A. Lemley, Property, Intellectual Property, and Free Riding, 83 *Texas Law Review*, 2005:1031-1076.
③ 〔澳〕彼得·达沃豪斯、〔澳〕约翰·布雷斯韦特:《信息封建主义》,刘雪涛译,知识产权出版社2005年版,第16页。
④ 黄汇:《版权法上的公共领域研究》,法律出版社2014年版,第130页。
⑤ 吕炳斌:《商标财产化的负面效应及其化解》,载《法学评论》2020年第2期。
⑥ 王泽鉴:《民法物权(第二版)》,北京大学出版社2009年版,第112—113页。

的停止侵害请求权。知识产权和所有权在消极权能上呈现出一致性。实际上，知识产权重在消极权能，其本质在于排除他人之干涉。知识财产的"自用权"并无法律保障之必要。就著作权而言，其重心不在于保护权利人的自用，而在于排除他人的侵权性使用。在消极权能上，著作权可谓一种典型的绝对权。

在积极权能上，尽管著作权和所有权在权利的具体内容上存在区别，但也有类似之处。有学者将知识产权的权能概括为"控制、使用、处分和收益"①。尽管作品作为一种无形财产，无法在物理意义上被占有，但权利人仍然享有法律意义上的控制，在这一点上与物权并无本质区别。②其余的使用、处分和收益的权能和物权基本一致。

绝对权的制度架构不仅影响到著作权的结构，还深刻地影响着著作权的保护模式。在保护模式上，停止侵害的禁令救济参照的是物权法中的"物上请求权"，凝聚着绝对权保护的特色。此外，停止侵害、停止侵害著作权还不考虑行为人主观过错，③体现着绝对权的特征。这截然区别于作为相对权的债权请求权，侵权之债（侵权赔偿请求权）的提出以过错为要件。可见，著作权从权利架构到保护模式都体现着绝对权的特征，深刻反映着绝对权的理念。

将著作权作为一种绝对权所产生的影响并不限于绝对权的定性和制度架构本身，更重要的是绝对权认知结构产生的影响。日本有学者将民事法学大致分为"民事认识论""民事政策论""民事立法论""民事法解释论"四个方面。④认识论不仅影响立法，还影响着法律的解释和实施。绝对权作为著作权认知的支点，对著作权法的实践影响深远。

绝对权的认知结构可能产生一些负面影响。第一，绝对权理念预设了

---

① 张玉敏主编：《知识产权法学（第二版）》，法律出版社2011年版，第12—13页。
② 尹田：《论物权与知识产权的关系》，载《法商研究》2002年第5期。
③ 此处按照大陆法系民法传统区分侵害（infringement）与侵权（tort）。作为侵害，只要进入他人权利范围，即成立，英文单词以"in"（进入）开头，也较好地表达了这一点；侵权责任的成立则需以过错为要件。
④ 〔日〕星野英一：《现代民法基本问题》，李诚予、岳林译，上海三联书店2012年版，第290页。

强有力的私有财产权保护,这为著作权的强化甚至扩张埋下了种子,有可能产生负面效应。第二,人类认知具有惯性,对财产权固有的思维定式和认知习惯会影响著作权的立法和司法实践。尽管新型财产权不断涌现,但"物权—债权两分法"在现代民法中根深蒂固,仍然是当代财产权理论和实践的主流思想。①所有权作为绝对权的原型和典范,也影响着包括著作权在内的知识产权的制度架构。日本知识产权学者田村善之将"典型的知识产权法制度"归纳为"将行为规制物权化的方法"②。可见,物权的理念和制度深深地影响着知识产权法。著作权的认知结构中也难免或多或少地被打上传统的物化财产权的烙印。绝对权是两者之间的连接点,而绝对权的认知结构又难免习惯性地受到物权的影响。第三,可能产生认知偏差,认为著作权要受到最强有力的私权保护。绝对权存在强弱之分。著作权虽然是一种绝对权,但其绝对权的强度在知识产权内部要弱于专利权和商标权。对可能的认知偏差的纠正措施是强调著作权的限制。任何权利都存在限制,物权也不例外。绝对权意义上的财产权并不意味着权利人享有绝对的、不受限制的权利。著作权涉及他人的表达自由和行为自由,自然需要一些特殊甚至更多的限制。

二、著作权作为绝对权的负面效应之化解

（一）不受绝对权理念的拘束

尽管在作品(表达信息)上构建绝对权存在负面效应,但不能因噎废食,而是要正视这些负面效应。作为绝对权、排他权的著作权并没有异化到需要被彻底抛弃的地步。著作权仍应以民法财产权原理中的绝对权为支点,但应当基于其客体即信息的特性,以及著作权与言论自由、行为自由之间存在的张力,更加强调著作权的个性,在一些情形下使其免受绝对权理

---

① 吴汉东:《财产权的类型化、体系化与法典化——以〈民法典(草案)〉为研究对象》,载《现代法学》2017年第3期。

② 〔日〕田村善之:《知识产权法的理论》,李道道译,载吴汉东主编:《知识产权年刊(创刊号)》,北京大学出版社2005年版,第32页。

念的拘束。

在表达信息上构建绝对权、排他权,不仅可能影响他人的表达自由和行为自由,还可刺激机会主义行为,导致前文所述的挟持问题的出现。因此,有必要在特定情形下打破绝对权理念的拘束。当然,其前提是有更高位阶的价值或利益需要保护。换言之,不受绝对权理念之拘束,需要存在允足的正当性理由。

民法上的绝对权只是意味着权利具有绝对排他性,他人不得侵害,并不在任何程度上说明权利是绝对不受限制的。对权利限制的理解,有外在理论和内在理论两大观点。①根据外在理论,权利是先于国家法律而存在的,或者也可理解为,权利是一种自然权利,国家法律可以在权利的外部设定限制。在这种理论下,法律限制的不是权利本身,而是权利的外在边界。内在理论认为,权利本身必然包含着限制,法律确定权利,必然也确定了权利的边界和限制。虽然两种理论的观察角度不同,但相同的是,二者都认为权利受制于法律的限制。权利是法律上的概念,受法律保护,同时又受到法律的限制。正是在保护和限制之间,法律架构起了利益保护的平衡空间。

知识产权与物权在绝对权的强弱上存在区别。即使是专利权,其所获得的权利也弱于物权。著作权虽是一种财产权,但并非"物权化"的权利。其实,在知识产权内部,著作权相比专利权、商标权而言,其绝对权强度较弱,最为明显的体现即在于"独立创作例外"。著作权法允许"如有雷同、纯属巧合",允许一个作品上分别成立两个权利,互不干涉,互不排他,只要两人是分别独立创作的。可见,著作权是一种排他性强度较弱的绝对权。

著作权虽然借鉴所有权的绝对权结构而设立,是一种绝对权,但将不加纠正的绝对权思维模式应用到著作权案例中,会产生负面效应,导致著作权保护的不当扩张,影响他人的言论自由和行为自由,影响作品的传播和使用。因此,要在认知上打破绝对权理念的拘束,避免物权化的思维模式。

---

① 张晓阳、贾国发:《民事权利限制的时间界限》,载《当代法学》2009年第6期。

（二）停止侵害的绝对权救济方式之限制

落实到著作权的保护上，最为重要的是，停止侵害的绝对权救济方式需要加以限制。停止侵害之禁令救济是绝对权保护的核心。对知识产权禁令之反思源于美国 eBAY 案。美国最高法院在此案中将专利禁令从绝对化回归到衡平救济原则，对专利禁令之颁发施加了若干限制条件。这一判决对全球专利法产生了影响，对知识产权的其他领域也有着深刻的影响。在 eBAY 案影响下，我国学者也产生了对知识产权停止侵害请求权进行限制的普遍态度。①

从理论上看，著作权的绝对权强度较弱，不能当然地享有物权式的停止侵害之禁令救济。著作权的排他性弱于专利权，因此理论上其排他权的保护力度也应弱于专利权。在我国司法解释已经明确对专利禁令进行限制之后，②仍然绝对化地支持著作权的停止侵害之禁令救济，并不符合财产权具有强弱之分的理论逻辑。

目前，我国著作权法对停止侵权仍采取绝对化的表述。我国未来的法律修改或司法解释可以考虑引入例外情形，其适用条件可以参考借鉴美国在 eBAY 案中明确的要件，即原告的损害程度、赔偿救济是否足以补偿损害、原告行使权利的动机、被告的主观状态以及公共利益等。对著作权停止侵害请求权之限制不可能一步到位，但只要通过司法解释或指导案例在例外情形中对此加以限制，就会削弱其威胁力，缓解著作权作为绝对权的负面效应。

三、著作权权利性质之反思对解决孤儿作品问题的意义

在权利性质上对著作权展开反思，对解决孤儿作品问题亦具有特殊的

---

① 例如，梁志文：《反思知识产权请求权理论——知识产权要挟策略与知识产权请求权的限制》，载《清华法学》2008 年第 4 期；杨涛：《论知识产权法中停止侵害救济方式的适用——以财产规则与责任规则为分析视角》，载《法商研究》2018 年第 1 期；李扬：《知识产权请求权的限制》，载《法商研究》2010 年第 4 期；杨红军：《版权禁令救济无限制适用的反思与调适》，载《法商研究》2016 年第 3 期；陈武：《权利不确定性与知识产权停止侵害请求权之限制》，载《中外法学》2011 年第 2 期。

② 《最高人民法院关于审理侵犯专利权纠纷案件应用法律若干问题的解释（二）》第 26 条。

意义和价值。

在"信息说"下,维持信息的可辨别性具有重要意义。权利人信息是信息产品的一个重要组成部分,信息缺乏和信息过时都会影响信息产品的流转。信息具有公共产品属性,信息生产的宗旨并不是将信息进行保密,而是将之传播。在孤儿作品领域,权利人的信息不明或难以联系,可能是因为权利人已经放弃了对其作品的版权保护,甚至自始就不在乎著作财产权,因此法律如果一概按照绝对权、排他权模式对此类作品进行保护,负面效应较大。

此外,如前文已经详细分析的,在孤儿作品场合,还有可能产生权利人突然出现索取高额许可费,进而进行挟持的情形。简言之,绝对权理论和挟持理论之间存在张力。在孤儿作品场合,要改变停止侵害之禁令救济普遍适用的绝对权规则,就要在原则上拒绝这一救济。这一观点可以从前文对著作权的权利本质的反思中得到进一步的支撑。

结　　论

本研究以问题为导向,从孤儿作品的问题说起,进行分析并提出解决方案,之后又进一步地对著作权法的基本制度和理论展开反思。行文至此,已可对全文内容和观点作出总结:

当代著作权法奉行权利自动产生原则,废除了百余年前曾实施的著作权强制登记制度,虽然方便了对作品权利的保护、免去了登记和审查的制度成本,但同时也产生了孤儿作品问题。孤儿作品问题可谓当代著作权法的一个内在缺陷,也是当代著作权法面临的主要挑战之一。信息网络技术和数字化技术的发展使这一长期隐身于当代版权制度中的问题得以暴露和凸显。

孤儿作品问题扎根于当代版权制度,是个全球性问题,我国也不例外。我国的一些特别因素还加剧了孤儿作品的产生。在我国,孤儿作品问题尚未在立法上得到妥善解决。立法上面临困境,意味着学界需要加强对该问题的研究,为其解决方案的形成提供更多的理论支撑。

著作权是一种绝对权、排他权意义上的财产权,在"先授权、再使用"的财产权规则下,孤儿作品权利人的信息不明或难以联系造成了孤儿作品的许可、授权难题,阻碍着此类作品的传播,亦不利于著作权法促进文化传播和繁荣之宗旨的实现。对大规模数字化项目而言,孤儿作品问题更是严重障碍。如何解决孤儿作品问题,既促进孤儿作品的使用,又确保给予权利人恰当的保护,是当代版权制度难以回避的一个根本性问题。

孤儿作品作为一个特殊问题,呼唤着特殊制度安排和例外规定的出现。但是,现行著作权法中的合理使用制度、图书馆例外条款都难以解决孤儿作品问题,民事法律上的"反向占有"或"时效取得"、默示许可规则亦难以适用于孤儿作品场合。法律的解释论也无法解决孤儿作品问题,至少无法为之提供系统性的解决方案。因此在解决孤儿作品问题上,需要对传统的著作权法进行制度创新和变革。

孤儿作品问题是具有全球共性的当代版权法难题。综观全球,其解决方案已呈现出三大模式:一是肇始于加拿大的强制许可模式;二是欧洲已经大规模实施的有限例外模式;三是美国曾经提议的权利救济限制模式。比较之后可发现,强制许可模式具有普遍性和确定性的优势,在国际上也为较多国家所采纳。我国也宜选择强制许可模式。虽然由权威机关介入的孤儿作品强制许可制度会产生一定的行政负担,在使用上也有所不便,但孤儿作品的强制许可模式仍是一种相对较优的选择。我国可以对孤儿作品解决方案进行改进,从而提供"孤儿作品"强制许可制度的中国式改良版本。

孤儿作品解决方案的具体设计涉及不同利益之间的平衡。一方面,法律应保护合法使用者在遵守使用孤儿作品的条件后,不再承担版权侵权之责任;另一方面,应确保对版权权利人的有效保护。关于后者,应设计合理的勤勉查找要求和许可费分配机制,以确保对权利人的合理保护。在方案设计上,还需注意的另一点是,一个令人满意的解决方案应可适用于大规模数字化项目。

本研究对孤儿作品解决方案展开了具体探讨。第一,孤儿作品特殊规则的适用对象应包括所有类型的作品,且应将未发表作品和外国作品也包含在内。第二,使用者在获得孤儿作品强制许可、进行使用时,仍应注意尊重和保护孤儿作品中的精神权利。第三,在勤勉查找要求方面,应该设计一个程度合理的要求,潜在的使用者并不需要穷尽所有的方法去寻找权利人。在设计勤勉查找规则时,尤其需要关注使用者进行勤勉查找时所需承担的成本,尽可能降低使用者的查找成本。在设计和实施勤勉查找要求时,还需要考虑到使用者查找的便捷性,如允许使用者在一般情况下依赖于前人的查找成果,允许孤儿作品状态的跨国界认可等。第四,在降低勤勉查找要求后，为了减轻负面影响，本研究提出"反向登记和公告制度"，作为合理勤勉查找规则的补充。合理勤勉查找的第三方认证并不可行，因为它会显著增加使用者的成本。"反向登记和公告制度"是一个更好的选择。使用者可以在公众监督下提供勤勉查找的证据和结果。如果在一段时间后没有人反对这种查找的合理性，那么这种查找将被认定为符合勤勉查找要求。第五，指定机关对于授权许可的条件和条款有一定的自由裁量权。当然，这种自由裁量权需要受到行政法基本原则和一般法律原则的约束。但只要指定机关的行为在程序正义和实体正义的框架下进行，指定机关就有权设定它认为合理的许可条款和条件。指定机关可以颁发孤儿作品的独占许可，但相应地，使用者应当预缴更多的许可使用费。在许可的地域性问题上，为了避免因法律产生域外管辖效力而遭到外国的抵制，我国指定机关不宜颁发外国人在外国使用我国孤儿作品的许可；但可以参照比较法上的做法，颁发中国人使用外国孤儿作品的许可。在许可的期限问题上，指定机关也享有一定的自由裁量权，在期限设定上可参考市场惯例。比如，对于复制权而言，复制行为并不需要持续太久，因此相应的复制权许可期限也应较短。对信息网络传播权而言，基于网络空间的开放性、网络传播的持续性，其许可期限则可相应较长。在许可费的支付问题上，孤儿作品的强制许可费应以事先支付为宜，并专款专用。设立专门的托管账户，或者设立专门的机构，或者委托著作权集体管理组织对此进行管理，都是可行之道。在许可的溯及力问题上，一般地，孤儿作品的强制许可应当没有溯及力。然而，在特定情形下，如果孤儿作品强制许可的溯及力有益于权利人利益和社会公共利益，就应当允许强制许可溯及力的产生。在许可使用的署名和标注问题上，使用者应当尊重作者的署名，并以适当的方式标注该使用获得了法律规定的强制许可。在许可的撤销和终止问题上，为了防止公权力的行使可能产生的错误，需要在制度上设计撤销和终止的相应程序。在许可的转让问题上，应当允许孤儿作品使用的转让许可，并允许相应中介代理服务的存在。第六，解决方案应当确保对权利人的补偿，但若权利人在规定的期限内未出现，无人认领的许可使用费可用于维护公共可访问的版权信息数据库或建设公共数字图书馆等公益目的。第七，孤儿作品的使用制度作为著作权法中的一个特殊安排，在一定程度上会影响权利人的利益，因此需要注意预防和避免各种滥用行为。只有这样，这一制度才能运作有序，并实现制度设计的初价值和目标。

孤儿作品的大规模数字化使用涉及两大问题，即资金来源问题和勤勉查找问题。在资金来源问题上，公共文化机构开展的大规模数字化项目可寻求公私合作。为了化解使用者面临的勤勉查找问题，一条路径是引入延伸性集体管理制度。国外对此已有相关尝试，延伸性集体管理制度亦可以与其他解决方案并存，形成综合性的解决方案。如果我国著作权法无意引入普适性的著作权延伸性集体管理制度，那么退而求其次，可以对大规模数字化项目适用较低的勤勉查找要求。这样的区别对待具有正当性和合理性。作品大规模数字化的社会效益更好，社会公众将获得的好处也更多，作为对价，大规模数字化工程的推进者和执行者也能够获得相应的好处和便利，即享受较低程度的查找要求。但对孤儿作品的大规模数字化项目降低勤勉查找要求可能存在负面影响。对此，笔者也已提出，要配之以"反向登记和公告制度"，作为较低查找要求的补充。在这样的配套制度保障下，较低查找要求的负面效应可以被控制在最低水平。

此外，随着新兴技术的发展，区块链、人工智能等技术将有助于破解孤儿作品的使用难题。这种将区块链技术、人工智能技术引入解决孤儿作品问题的方案，在本质上是一种技术驱动型方案。第一，区块链技术可以将一个中心化和以行政机关为主导的作品登记体系化解为一个去中心化的技术体系，用于完善孤儿作品使用制度中查找情况的记录和登记，并有助于形成公示公信的结果。它还可以与不同的孤儿作品问题法律解决方案相结合，形成法律和技术互动之后的优化结果。第二，人工智能除了可以进行孤儿作品的自动化勤勉查找之外，还可用于运行完全自动化的孤儿作品许可系统。这些都是在未来可能实现的。随着未来技术的不断发展，孤儿作品使用制度中的一些难题也许可以由技术来解决。至少，技术应当作为解决方案中的辅助工具。

上述分析将作品的权利人视为一个善良的权利人，但现实中权利人也可能是机会主义者，甚至可能做出挟持行为。本研究引入挟持理论，为孤儿作品问题的研究提供了一个新的理论视角。在挟持理论下，孤儿作品使用的真正问题不在于权利人和作品之间的失联以及如何使二者"重聚"，而在于使用者被突然复出的权利人挟持的潜在风险。这种挟持风险从一开始就会威慑和影响作品的使用和传播，影响著作权法宗旨的实现。基于这一发现，孤儿作品问题的解决方案，无论是"勤勉查找要求"，还是停止侵害禁令和定价机制，都应全方面地努力降低权利人的挟持杠杆。降低杠杆并非消除杠杆，不会走向权利人利益得不到保护的另一极端，却会"倒逼"权利人采取措施，保持其可识别性和可联系性，从而在源头上避免孤儿作品现象。

从根本上看，孤儿作品问题源于版权强制登记制度的缺失。因此，版权登记制度的革新和完善在一定程度上也有利于化解孤儿作品问题。本研究将"基于交易的版权登记"作为版权登记制度革新的第三条道路。这种登记可以作为在线版权交易平台为了避免自身侵权责任的行业自律规范而存在，无须法律修改即可实施。这种登记模式的顺利运作将依赖于构建一个跨部门、跨行业和综合性的一站式在线版权交易平台。如果能实现这种制度，那么至少对作品有价值的作者而言，其大多数希望交易或正在交易的作品都将得到登记，并向公众展示。登记信息必然也包含权利人信息，这有助于化解孤儿作品问题。如果上述提议的基于交易的版权登记制度无法实现，那么就只能采取更为保守的策略，对现有的自愿登记制度进行完善。如果能对现行的版权自愿登记制度进行一定程度的优化和完善，其利用率就会得到提高；越多的作品进行登记，越多的权利人信息就可被获取，孤儿作品的数量也会相应减少。当然，版权登记制度无论怎么完善，只要是非强制性的，就最多只能局部解决孤儿作品问题。因此，对孤儿作品问题的解决，仍然有赖于强制许可等新规则的构建和适用。当然，这两类制度或规则可以互相补充。

孤儿作品问题牵一发而动全身，不仅涉及著作权法的具体制度和基本架构，也涉及著作权法的理论基础。借由孤儿作品问题，也可对著作权法的理论基础展开反思。第一，在公共领域理论视角下，孤儿作品问题的解决方案需要考虑促进公共领域的发展和维护公共利益，也需要在孤儿作品使用的社会效益和作者权利与经济利益的维护之间进行平衡，为权利人提供足够的保障。将公共领域理论纳入孤儿作品问题解决方案的考量之中，至少可以确保相关方案是经过利益衡量的。第二，从许可文化与自由文化之间的关系看，权利意识下的许可文化与网络空间中盛行的自由文化之间存在着内在的冲突。孤儿作品问题凸显于信息网络时代和数字化时代，其中也反映着这一冲突。尽管我国未来应当是选择偏向许可文化的强制许可模式的，但仍可在具体的规则设计和适用中缓和各种要求，比如缓和勤勉查找要求，这其实是在维护许可文化的前提下，尽可能地促进使用者的自由。第三，孤儿作品问题反映了作者分化的事实。在实践中，权利人的版权保护意识已经出现了严重的分化，但著作权法尚没有很好地反映这种分化的事实。孤儿作品场合即是如此。有的权利人实际上已经放弃了作品的版权，不署名可能就是一个证明，但法律仍然把所有的权利人都假想为是要主张权利的。版权法应当承认"分化的作者"这一事实。缓和勤勉查找要求、促进作品的使用，并且通过孤儿作品使用的反向登记制度来识别权利意识分化的作者，都是可行之策，可以在一定程度上回应作者分化的社会现实。第四，著作权法理论前提中存在的"经济人假设"，值得反思。激励理论是当代著作权法的主导理论，它将作者假设在需要经济回报的前提基础之上，其中存在着"经济人假设"的前提。对于法经济学这一分析工具而言，其假定前提至关重要。"经济人假设"的假定前提已与社会现实不符。著作权法的社会基础正在发生改变，一方面，知识产权不再是少部分人的权利；另一方面，作者的创作动机也更加多样，只有部分作者是响应激励而创作。因此，笔者提倡将"社会人假设"作为著作权法的理论前提，并通过调整优化著作权法的个别制度和规则落实这种理念。比如，孤儿作品的反向登记制度实际上就是一种识别机制，它可以识别出在乎经济利益的职业作者和不在乎经济利益的业余作者。第五，孤儿作品的版权困境是

"先授权、再使用"的财产权规则造成的。著作权作为排他权、绝对权可能存在负面效应。因此,需要在认知上打破绝对权理念的拘束,避免物权化的思维模式,在具体制度中纠正绝对权思维模式。因为绝对权理论和挟持理论之间也可能存在张力,孤儿作品的权利人可能会作出挟持使用者的行为。在孤儿作品场合,要改变停止侵害之救济普遍适用的绝对权规则,就要在原则上拒绝这一救济。

还需说明的是,孤儿作品的制度将会成为版权保护的例外或特殊安排,但任何版权例外或特殊安排均应符合《伯尔尼公约》、TRIPS等国际条约规定的版权例外的三步检测法。该检测法的三个标准是:(1)例外或限制仅限于特殊情况;(2)与作品的正常使用不冲突;(3)它不会不合理地损害作者的合法利益。由最低程度的勤勉查找要求、反向登记、特定的许可安排以及补偿机制等具体规则构成的孤儿作品问题的解决方案,仅限于孤儿作品特殊情况使用。该限制有着明确的界定,在范围和适用上受到限制。在勤勉查找、公告和事先预缴许可费等制度要素的保障之下,孤儿作品的使用并不会与正常的作品使用产生冲突。实际上,对真正的孤儿作品来说,由于权利人的缺失,已经不存在正常的作品使用。关于三步检测法的第三步,对其判断应引入某种形式的比例性的衡量,其中涉及对第三方合法利益和公共利益的考量。如果在合理的勤勉查找之后依然无法识别或找到权利人,那么使用作品的整体公共利益应比权利人的假想利益得到更多的考虑。通过费用补偿机制,权利人的损失可以被控制在可接受水平,不会不合理地损害作者的合法利益。

最后,仍需强调的是,解决孤儿作品问题的方案应注意在保护和使用之间进行协调。孤儿作品当然不能被随意使用,其使用应当符合特定的条件。探索孤儿作品的使用制度是各国立法者和执法者面临的问题,也是本研究试图解决的问题。实际上,如果允许他人在特定条件下使用该类作品,并设计出一套使用费托管制度和对权利人的补偿机制,缺失的权利人的利益可能会得到更好的维护。

后　　记

本书是国家社科基金资助的"孤儿作品的版权问题研究"项目的最终成果。该项目于2014年6月立项,2020年2月结项,并获"优秀"等级。结项之后,我又对书中内容作了少许修改。本项研究持续多年,一方面是因为孤儿作品问题牵涉甚广,研究难度较大,另一方面也是因为我的学术兴趣有些广泛,在对本项目进行研究的同时,我就其他一些热点问题写了一些"应景"之作,耽误了对本项目的研究。然而,正如本书多次强调的,孤儿作品问题是当代著作权法的内在困境,也是当代著作权法亟待解决的一个重大问题,对此问题的研究,无论何时,亦不算晚。或许,正是这些年断断续续的思考和研究,加深了我对该问题的理解,让我能够写出一部有新意、有价值的著作。

在写作过程中,我逐渐认识到孤儿作品问题并不是著作权法中的一个孤立的问题,而是"牵一发而动全身"的问题。因此,本书虽然围绕孤儿作品问题展开,但也从制度和理论上对著作权法进行了反思。其实,我更希望本书中关于反思著作权法的内容能产生一定的价值。然而,我也知道,理论反思和理论构建是一个艰难的任务,可能比解决孤儿作品问题还要艰难。本书提出的关于著作权法制度和理论的反思仍然只是我的一些初步想法。构建自己的知识产权理论体系,是我的一个梦想,可能也是我毕生努力的目标。

本书尽管是我独立完成的,但正如我的学术观点所言,作者不可能孤立地进行创作,人是社会中的人,创作也是一种社会化的活动,这中间会受到各种各样直接或间接的帮助。首先,南京大学法学院浓厚的学术氛围使我能够安心研究,在此要对我有幸相处的各位同事表示由衷的感谢。其次,在本书所依托的项目研究中,南京大学法学院研究生梁蒙娜、张守莲、刘琳、黄宇杰、玛丽亚木·艾斯凯尔、邓韬、黄敏、马奔、颜文青承担了一些辅助性研究工作,在此也予以感谢。最后,我妻子和我的父母承担了大部分家务,没有他们的支持,我也许不能完成本书的写作,我也要对他们表示感谢。

作为国家社科基金项目研究成果,本书的阶段性成果曾发表于《比较法研究》《当代法学》《暨南学报》《人民论坛·学术前沿》《山西师大学报(社会科学版)》等核心刊物。在此特向这些刊物的编辑和外审专家致以谢意。本项目最终被评为"优秀"等级,也谨此感谢匿名评审专家对本研究成果的肯定和鼓励。本书的出版离不开北京大学出版社的大力支持,尤其是姚沁钰编辑在编校上的辛勤付出。没有他们的支持和付出,本书的出版将无法顺利实现。再次向所有给予支持的人表示衷心的感谢。

本书写作过程较长,在校对期间,我对引用的网络资源进行了查验核对,对个别注释的网址出处进行了更新。也许,等本书正式出版之时,个别网址又会"搬家",读者可自行通过标题检索的方式查找最新出处;我也保存了写作时引用的网页资料,亦可向需要的读者提供。

由于能力所限,本书难免存在不足之处,欢迎各位专家和读者指正。